广东省中小学『百千万人才培养工程』系列丛书

育见生命 激扬生命

书信文化在班级管理中的运用

金玲 著

SPM
南方传媒

广东人民出版社

·广州·

图书在版编目（CIP）数据

育见生命　激扬生命：书信文化在班级管理中的运用／金玲著. —广州：广东人民出版社，2023.10

（广东省中小学"百千万人才培养工程"系列丛书）

ISBN 978-7-218-16740-4

Ⅰ. ①育…　Ⅱ. ①金…　Ⅲ. ①小学—班级—学校管理　Ⅳ. ①G632.421

中国国家版本馆 CIP 数据核字（2023）第 128476 号

YUJIAN SHENGMING JIYANG SHENGMING——SHUXIN WENHUA ZAI BANJI GUANLI ZHONG DE YUNYONG

育见生命　激扬生命——书信文化在班级管理中的运用

金玲　著

出 版 人：肖风华

责任编辑：王庆芳　范先鋆
责任技编：吴彦斌　周星奎

出版发行：广东人民出版社
地　　址：广州市越秀区大沙头四马路 10 号（邮政编码：510199）
电　　话：（020）85716809（总编室）
传　　真：（020）83289585
网　　址：http://www.gdpph.com
印　　刷：广州小明数码印刷有限公司
开　　本：787 mm×1092 mm　1/16
印　　张：17　　**字　　数**：250 千
版　　次：2023 年 10 月第 1 版
印　　次：2023 年 10 月第 1 次印刷
定　　价：58.00 元

如发现印装质量问题，影响阅读，请与出版社（020-85716849）联系调换。
售书热线：（020）85716863

本书为广东省中小学"百千万人才培养工程"专项科研项目《基于"激扬生命"理念的高中班级管理策略研究》（项目编号：BQW2021MBG026）的研究成果，也是广东省金玲名班主任工作室研究成果，深圳市金玲名班主任工作室研究成果。

■ 总　序

求实笃行，守正创新
做扎根岭南大地的时代大先生

教师是教育改革发展的第一资源，教师强则教育强。近年来，党和国家对教师队伍建设的重视达到前所未有的历史高度，党的二十大更是把加快建设教育强国、科技强国、人才强国，作为全面建设社会主义现代化国家的基础性、战略性支撑。作为置身改革开放前沿的教育大省，广东省始终积极响应国家的教育发展战略，把教师队伍建设、教育人才建设摆在极其重要的位置，以培育一批教育家型教师、卓越教师和骨干教师为目标引领，2010年至今已先后实施三批广东省中小学"百千万人才培养工程"，通过提炼教育改革典型经验与创新理念，打造具有鲜明岭南风格与广泛影响力的教育特色品牌，致力于为推进中国式教育现代化事业贡献智慧。

作为人才强教、人才强省的一项重要改革举措，广东省中小学"百千万人才培养工程"的深入实施，就是要持之以恒地通过教育人才培养机制的创新，探索名优教师成长规律，优化教师专业发展的环境，激发教师竞相成才的活力，真正形成让教育家型教师不断涌现的良好教育生态。

十多年来，中小学"百千万人才培养工程"通过不断完善培养机制，形成了较为科学的"顶层设计"，建立了省、市、县三级分工负责、相互衔接的中小学教师人才培养体系，坚持"系统设计、高端培养、创新模式、整体推进"的工作理念，遵循"师德为先、竞争择优、分类指导、均衡发展、公平公正"的工作原则，统筹安排好集中脱产研修、岗位实践行动、异地考察交流、示范引领帮扶、课题合作研究等"五阶段"，并注重理论研修与行动研修相结合、导师引领与个人研修相结合、脱产学习与岗位研修相结合、国外学习与海外研修相结合、研修提升与辐射示范相结合的"五结合"，从而有效解决了传统教师培训存在的问题与矛盾，让"百千万人才培养工程"成为助力教师队伍整体素质提升、助推全省教育现代化的"标杆工程"。

教育现代化首先是"人"的现代化，推进中国式教育现代化建设呼唤数以千计、数以万计教育家型教师的示范与引领。什么是教育家型教师？2021年4月，习近平总书记在清华大学考察时强调，"教师要成为大先生，做学生为学、为事、为人的示范，促进学生成长为全面发展的人"。这实际上是为广大教师提出了职业发展的高标准，一个教育家型教师一定要胸怀"国之大者"，关心学生的精神成长、着眼于学生的全面发展和终身发展，立德树人，笃志于学，努力做新时代的大先生。

开辟新学，明德新民，岭南大地是一片有着优良文化传统的教育改革热土，生逢中华民族走向伟大复兴的新时代，今天的教育人更应该赓续初心，勇于担当，借助于"百千万人才培养工程"的制度赋能，立足于充满希望的教育实践原野，努力书写"立德、立功、立言"的精彩教育人生。

第一，要求实笃行，做勤学善研的育人者。

岭南大地向来有着求真务实、勤勉笃行的文化传统，正是凭着这样的实干精神，创造了经济社会发展的一项又一项奇迹。浸润在岭南文化精神中，广大校长教师始终笃守着为师的道义，躬身教育实践，用心用情地教书育人，并不断地思考、凝练和升华，同样创造出富有岭南教育文化特色的改革实践与教育理念。透视这些实践与理念，其中蕴含着真学习、真研究、真实践的教育价值导向。

　　深入研究学生，是育人之根。所有的校长教师，都应以学生为本来推进教育教学实践改革，关注学生的个体差异，包括智力、性格、情感、行为等方面的差异，了解他们的发展特点和需求，以便为他们提供个性化的教育；注重学生的生活体验和情感需求，帮助他们解决心理问题，调整情绪状态，创造良好的学习和生活环境，培养健康的心理素质和人格品质；关心学生的综合素质和发展潜力，引导学生参加各种活动，以培养其领导能力、创新能力、团队协作能力等非学科能力，提升其全面素质和可持续发展能力。我们坚信，一个育人之师必须要研究学生，为学生健康而全面成长服务。

　　深入研究课堂，是立身之本。课堂是育人的主阵地，也是师生共同成长的主要空间。校长和教师一定要沉潜在课堂一线，关注师生的课堂生活质量。从学生的学习兴趣和需求出发，引导学生主动参与课堂教学，激发学生的学习热情，使其在学习中得到满足和成长；要不断创新教学方法和策略，灵活运用不同的教学策略和技巧，提升学生的学习能力和思维品质，促进知识的内化与能力的输出；同时还要对课堂教学的内容、形式、效果等方面进行全面的评估和反思，不断提高课堂教学质量和效果。优秀的校长和教师的生命力在课堂中，脱离了课堂教学，任何教育创新都是"无本之木"。

　　深入研究管理，是兴教之源。教育管理，事关一所学校的"天地人和"，能够让每个人各展所长、各种资源得到适当调配，让人财物完美契合。这就要求校长教师要注重教育的发展战略和规划，善于构建教育愿景，以此来制订教育教学计划，为学生提供更优质的教育服务；注重管理机制和制度的建设，从招生到课程安排，从班级管理到教学管理等，无不体现规范与科学；此外还要注重自身与队伍的终身发展，不断提升团队建设水平，优化组织文化，在协商共治中走向教育治理，用良好的组织文化引导人、凝聚人、发展人。

　　第二，要守正创新，做知行合一的自强者。

　　教育是一项继往开来的事业，既需要继承传统，循道而行；又需要开创未来，大胆创造。一个优秀的校长或教师要掌握并尊重教育的基本规律，包括党和国家关于教育的方针政策、发展方向以及制度规定等，唯有如此，才能行稳致远，保障教育高质量发展。同时面对教育中不断出现的新情况、新问题和新挑战，要有改革思维与问题意识，发挥好主动性和创造性，在不断破解问题中实现教育的新发展。

一方面，要做好教育传承，弘扬教育文化自信。党的二十大报告提出，坚持和发展马克思主义，必须同中华优秀传统文化相结合。这启示我们，办好教育必须珍视既有的文化传统，植根于本民族、本区域历史文化沃土。岭南是传统文化蕴藉深厚之地，有着丰富的地域文化可作为教育的资源，也经一代代教育人的探索形成了许多宝贵的教育经验与理念。这些都是帮助我们办好今天教育的精神财富，作为校长和教师一定要通过学习，研修了解岭南教育的传统，做好教育资源的调查研究，用本土化、特色化的教育实践彰显教育文化自信，做有根的教育。

另一方面，要推进教育改革，以新理论指导新实践。教育要培养面向未来的一代新人，因此必须常做常新，满怀热忱地拥抱新生事物，要在不断学习中适应新情况、创造新经验。勇立潮头、敢为人先也是岭南的文化精神之一。广大校长和教师要敢于迎难而上，主动作为，面对教育工作中的问题或困难不抱怨、不懈怠、不推诿，充分激发成长的内驱力；要认识到所谓的问题恰恰是改变的契机，我们的教育智慧、我们的教育事业都是在不断破除困难、解决难题中得以发展；要不惮于说前人没有说过的话、做前人没有做过的事，不断拓展认识深度和广度，力争创造出更多教育改革的"广东经验""广东智慧"，这才是教育家型教师应有的胸怀胆识。

第三，要海纳百川，做担当使命的引领者。

优秀的校长、教师与班主任，在一定程度上都是先进教育文化的代表，这就意味着我们在"百千万人才培养工程"这个项目平台上，必然要承担更大责任，履行更大使命，有更高的精神追求。除了在高水平研训活动中完善自我、提升自我之外，还要胸怀天下、海纳百川，凝练自己的教育教学实践成果，升华对教育教学的思想认知，形成具有示范性、影响力的教育特色品牌，带动更多的学校和教师共同成长，一起不断地提升教育品质，推动教育高质量发展。

凝练教育特色品牌，从经验积累走向理论思考。一位优秀的教育者必然要做到知其然并知其所以然，不断增进对所从事教育工作的规律认知和价值思考。我们的名校长、名师和名班主任要立足自己丰富的实践经验，不断学习、不断反思，在专家指引和同行启示下，结合教育学、心理学、社会学等学科理论，将个人的实践经验凝练和表征为富有内涵的概念与符号，确立起具有鲜明个性特点与自我风格的教育教学品牌性成果，从行动自觉走向理论自觉，并用自我建构的理论或工具去指导实践、印证实践、优化实践，从"名师"走向"明师"。

用好教育特色品牌，从个体实践走向群体发展。实践经验范型一旦表征化为符号、概念，就立刻具有凝聚力、解释力与普适性，这就有助于引领、启发和影响更多的教师，结成教育发展的共同体，共同优化教育教学实践。各位名校长、名师和名班主任要发挥教育特色品牌的示范性，依托工作室平台，不断地吸收新生教师力量，不断地影响更多教育同行。正所谓独行速，众行远。以品牌建设为纽带，让每一位名师都发挥"磁场效应"，真正达到造就一位名师，受益和成长起来一批优秀教师的局面。让这些在岭南大地上星罗棋布的名师交相辉映、发光发热，照亮广东教育的美好未来。

升华教育特色品牌，从著书立说走向文化传播。近代以来，无论是岭南文化还是岭南教育，始终开一代风气之先，形成了许多影响全国的好经验、好理念和好的发展模式，同时也在教育文化的交流传播中更好地促进我们自身的发展。今天的校长和教师是岭南教育文化新的代表，也要有一种开放的胸怀和眼光，在教育全球化、信息化的背景下海纳百川、兼收并蓄，同时也要积极传播自身教育的优秀成果，在更大的教育发展平台上与名师名家、教育同行、社会各界交流对话，发出教育的声音，讲好教育的故事，扩大教育的传播力与影响力，增进不同教育文化的理解与互鉴。

正因此，看到又有一批"百千万人才培养工程"的优秀教育成果即将付梓面世，作为这项工作的管理者、参与者和见证者，由衷感到骄傲和自豪。古人云，"言而不文，行之不远"。希望我们广东的优秀校长和教师更加重视教育教学成果的凝练升华，这本身就是一件创造性的工作，也是更好地激发自身教育潜能、唤醒更多教育人生命活力的有效途径。愿这样的优秀教育成果能够发挥更大品牌效应，引领更多教育人不忘初心，潜心育人，参与到中国式教育现代化的伟大事业中，为中华民族的伟大复兴做出教育人应有的贡献。

是为序。

吴颖民

2023 年 5 月

前　言

当今人文主义教育的三大目标分别是人格尊严、能力发展、智慧生成。全国政协委员唐江澎提出：好的教育应该是培养终生运动者、责任担当者、问题解决者和优雅生活者，给孩子们健全而优秀的人格，赢得未来的幸福，造福国家社会。其实两种教育目标的共同点都是把教育的对象指向生命个体本身。全国模范教师叶澜教授曾说：教育是通过教天地人事，育生命自觉，实现生命质量的提升。钱理群也提出：教育的本质是提升人的生命，把人的内在的一些美好的东西，把学生内在的生命美好的情思发掘出来，提升起来，就是善于直面自我、直面自己的生命。

教育就是一个个生命个体的遇见，激扬出学生对生命价值的深层认知和探索。十多年的班主任工作实践，我建立了自己的"激扬生命"班主任工作品牌。激扬生命教育理念，是在主体教育哲学理念的指引下，立足高中阶段学生身心实际，采用多元教育策略，指向学生发展的关键能力、素养养成、健全人格、道德品质，最终促进学生全面发展，为学生生命成长铺上底色。

高中阶段的学生正值青春期，他们的身心急剧变化，独立意识和自我意识逐渐增强，情感丰富，处于探索自我和世界的重要时期；但是由于学业压力大，学习时间紧张，存在沟通能力比较弱、情感比较淡漠等问题，需要教师创造更多的机会，提升他们的交往能力。

　　班主任的工作繁琐，但其实都离不开与学生打交道，帮助学生处理各种问题。因此，与学生沟通也是班主任工作中的一个重要部分，可以说班主任所做的每一件事都是在与学生进行着各种沟通。沟通是班主任的基本功，师生之间有效沟通是教育成败的前提，没有沟通的管理是无效的，增强沟通能力，事半功倍，有效的管理在沟通，有效的沟通在共情。

　　找到一种学生乐于接受、效果好的沟通方式，为班级管理赋能，成为摆在班主任面前的一大课题。尤其是在人工智能、互联网时代，智能手机、电脑等简单快捷工具流行，微信、QQ 等智能化、网络化的通信手段盛行，人与人之间的沟通似乎缺少了什么。在传统与现代的碰撞中，我在班级管理中找到了中国传统书信文化的独特价值，十多年的班主任工作中我通过书信书写实践，感受到了书信的力量，挖掘出了传统书信文化在班级管理和学生教育方面的德育价值。

　　我们知道，自古以来，书信都是一种保留情意的独特沟通方式。以"信"为载体，传递的是"信仰、信念、信守、自信"。一点一墨，一行一句，流露出来的是浓浓情意，流淌的是中华上下五千年的文化积淀。

　　书信是我国古代人与人沟通的主要手段，古人对书信也有很多浪漫的想象和别称，比如鸿雁、鲤鱼、尺素。李清照说："云中谁寄锦书来？雁字回时，月满西楼。"在那个通信尚不发达的年代，人们把思念、惆怅、期待、祝福都一并藏在书信中，等待它跋山涉水到达收信人的手中，而那些凝聚了真情的文字，也必将跨越时空，与你我相逢。书信中藏着最美丽的风景"风烟俱净，天山共色"，我想把身边所有的美好都给你；书信中彰显自我的思考，法国画家塞尚在写给朋友的信中说："我每天都在进步，尽管百般艰难"；书信中有傅雷对儿子的谆谆教诲："我想时时刻刻随处给你敲个警钟，做面忠实的镜子"，有梁启超写给孩子们的"莫问收获，但问耕耘"。

　　在今天，虽然我们有了即时通信的方式，但是总有些情谊还是要通过书信来传达。总有些深情只有笔端才能懂得。书信之所以动人，在于自己关心的那些最美好的回忆、最真挚的祝福、最浪漫的期待，都要以真心作为底色。那就让我们一起拿起笔，把秋日悄悄装进信封，把对学生的期盼用文字进行表达。

书信可以成为班主任与学生进行真诚有效沟通的一种手段。书信与面对面交流和其他沟通方式相比，可以以一种含蓄隽永的方式，向人们表达真诚、温情和安宁；在一种润物细无声的气息中向人们传递温暖和力量；在一种耳濡目染的氛围中让人们感受文字的力量；在一种平等的心态中进行真诚有效沟通；在一种含情脉脉中进行及时教育，并让我们的教育深远持久。

书信在班级管理中有足够的时空感。在时间上，书信不受时间早晚限制，能够把一些问题交代得更加透彻；而且书信能够长期存放保留，能够在相当长一段时间内对学生起到教育和指导作用。在空间上，书信能够让教师与学生有足够的空间感，尤其是对于性格比较内敛的学生、不喜欢言语表达的学生，他们在书信交流和沟通中能够有更充足的信心，教师也可以在书信中构建更广阔的空间，挖掘更多的教育资源，从而让交流更加充分。

字词知冷暖，句句皆有情。书信不仅仅是我们与学生沟通的有效手段，它更是心声、心桥。它在营造的一种平等、和谐、友爱的氛围里传递着爱心、诚心、信心、耐心；它在营造的一种仪式感、对话感、参与感中传递着牵挂、欣赏、期盼、呼唤。书信更重视学生情感的需求，更容易走进学生心灵，通过书信，教师可以与学生展开一场生命的对话。

书信作为一种独特的情感表达方式，能成为人与人之间的情感纽带，在书信里我们可以大胆直白地袒露自己的感情，展示自己的内心真实想法。书信也可以让学生展开一场心灵独白，让学生在文字的表达中学会与自己和解；书信也可以让师生、生生之间、父（母）子之间展开一场相互倾诉，增添彼此的理解与包容，消除代际隔阂，促进师生关系、亲子关系融洽发展。

本书是我在多年班主任工作实践中，在"激扬生命"教育理念下，大胆尝试用书信与学生持续沟通交流，对学生进行教育引导，进而探索书信在学生生命成长中的作用，挖掘书信文化在班级管理中的当代价值。从班级建立之初，遇见生命，一封封充满期待的信，师生彼此真诚袒露心声，期盼着学生在新的班级中获得新的生命舒展；在班级日常学习活动中，我在尊重学生、理解学生的基础上，通过书信，与学生展开双向生命对话，让学生感受到老师特别的关爱和理解，从而达到体悟生命的效果；在尊重生命成长规律和教育规律的基础上，针对学生成长不同阶段出现的特殊问题，一封封"见血封喉"的信，帮助处于青春期迷茫中的学生找到了生命成长的方向，学会和自己和解；抓住特殊的教育节点和场域，挖掘特别的教育素材，带领学生探寻生命的意义和价值，从而唤醒生命，让学生获得自我认知，更好地规划未来的人生道路；通过高中三年的交流，用文字激发出学生的生命激情，师生用生命温暖并鼓励彼此，从而获得生命的双向奔赴和成长。

一封封书信见证了学生的生命成长，一段段生动的文字以更大的力量浸润了孩子们的心灵，引领他们的成长。他们在充满向心力、凝聚力的班集体中，激发了潜能，培养了优秀品质，树立起崇高的理想信念，提高了生命自觉性。希望学生们带着这些滚烫的文字，继续奔走在人生的长河里，书写出属于自己的人生新华章。

本书在"激扬生命"教育理念下，重在挖掘书信文化在班级管理中的育人价值，希望广大一线班主任能够在中国优秀传统书信文化中寻找一丝灵感。

那就让我们一起感受班级管理中文字的魅力、文字的温度、文字的力量，用真情打动学生的心灵，让学生回忆起来热泪盈眶，让班主任工作事半功倍。

金 玲

C 目录
ONTENTS

第三章

尊重生命　理解成长　122

第一章
遇见生命　期盼成长

第一次接触陌生人或事物形成的印象，对人们后来的认识起到了先入为主的作用。

——卢钦斯

卢钦斯阐述的是著名的心理学效应——首因效应，指交往双方形成的"第一印象"会对今后交往关系产生重要影响，并且决定着以后双方交往的进程，这也就是生活中"良好的开端是成功的一半"的道理。因此在教育领域，我们也都非常重视新学期开学典礼、新生入学仪式、开学第一课等活动。那么作为班主任，在接手一个全新的班集体时，我们通过怎样的方式来打开局面，以期在学生心目中树立良好的个人形象和班级形象，这应该成为班主任在与学生还未谋面时思考的问题。

我常常用"邂逅"这个词来形容班主任与学生的相遇，或在一个风和日丽的春天，或在一个秋高气爽的秋日，有那么一群朝气蓬勃的十五六岁的年轻人，带着对未来美好生活的期盼与向往，来到了一所新的学校、新的班级，遇见了你我，这何尝不是一场生命的遇见呢？请大家闭上眼睛回忆这一次次的遇见，多么美好，多么亲切！

关于"遇见"，在文人笔下都有美好的描述，张爱玲曾说：于千万人之中遇见你所要遇见的人，于千万年之中，时间无涯的荒野里，没有早一步，也没有晚一步，刚巧赶上了。席慕蓉笔下的"遇见"：如何让你遇见我，在我最美

1

丽的时刻，为这，我已在佛前求了五百年。桐华这样描写遇见：世上有许多种遇见，最美好的，莫过于在我最美的年华里与你相遇，时光在每一秒的绽放与流动中变得珍贵而隽永。我觉得班主任与一届届学生们的遇见正如文人笔下的"遇见"，如此生动和美好。难道学生不正是在他们最美的年华里与我们遇见吗？难道这不也是没有早一步，也没有晚一步吗？难道与他们的相遇不也是一种缘分吗？

面对新的学校，新的环境，新的班级，新的老师，其实这何尝不是学生们生命的一个全新的起点呢？面对着这全新的一切，师生之间、生生之间都是陌生的。作为班主任的我们，想以怎样的开端开启一下这神圣而光荣的遇见？在这样一个充满仪式感的人生重大阶段，我们拿什么来迎接这些鲜活的生命呢？班主任们，你们做好准备了吗？

今天就让我们拿起纸笔，用一封封书信开启我们与学生之间的生命遇见吧。我们可以用美好的期待来消除彼此的芥蒂；我们可以用深深的鼓励来赢得彼此的信任；我们可以用赞赏的语言带来彼此的喜欢。一封封深情饱满的书信，就是送给我们之间"遇见"的最好礼物，开启我们之间生命的遇见，搭建起师生沟通的桥梁，共同诉说对生命成长的期盼。

这里可以有对自我的立体介绍，让学生了解一个温暖的班主任；这里可以有对班级的期许，让学生提前走进这个未来的生命场域；这里可以有对高中生活的规划，让学生对未来充满信心；这里也可以邀请家长们写下殷殷祝福，让孩子们体会到"儿行千里母担忧"的良苦用心；这里也可以有孩子们写给我的回信，看看初次谋面，我这个班主任会在他们的眼中、心中以怎样的"人设"走进他们的世界。

于是这一封封书信共同开启了一场遇见，一场生命的遇见，一场坦诚的心与心的交流，一次对生命成长的期盼。写在刚刚迈进高中时刻，写在文理分班之后……他们这样向我表白，一封封家书寄托父母的美好祝福！

新的起点，遇见更好自己

——写给刚刚迈进高中校园的你

2022 年 9 月，我又回到高一，迎来了一批高一新生，担任高一（9）班的班主任。我们都知道高一的新生，除了面对新班级、新老师、新同学，还面临着初高中衔接的新问题，无论是学习上、生活上，还是心理上都面临着一些新的挑战，尤其是深圳的高中生还面临着开始寄宿生活，这无疑又加大了学生们的适应性困难。更要紧的是 8 月份深圳开始的新冠疫情零星多点暴发，学生们没有按照原计划时间开学，而是在线上开展了为期两周的线上学习，这期间我们在线上召开过一次家长会和两次班会，就连学生高中的开学典礼都是在线上举行的。所以 2022 年的迎接高一新生显得如此特殊，我们在还没有正式见面的情况下，已经在线上相识，其实这都加大了班主任教育学生的难度。经过两周的线上教学，终于在 9 月 15 日学生们如期返校复课，我才算真正与可爱的高一（9）班同学们遇见。面对这么坎坷的遇见，我有好多憋在心里的话要说给孩子们听，于是提起笔写下了《新起点，遇见更好的自己——写给刚迈进高中校园的你》。在信中，我带领学生们一起回忆了 10 多天网课的不易，并向学生们介绍了我自己，表达了我愿意倾听他们的心声，最重要的是对接下来的高中学习生活提出了一些切实可行的意见。开学第一天，我为他们读了自己写给他们的信，再次拉近了我和学生之间的心理距离。

亲爱的高一（9）班同学们：

你们好！

首先恭喜大家，也欢迎大家经过九年多的拼搏与努力，考进南方科技大学附属中学，加入玲珑 9 班这个温馨大家庭。我是你们的班主任金玲老师，大家可以叫我"玲姐"，也可以叫我"金公主"。真的没想到我们的高中生活在疫情之下，以这样的一种方式打开，还未见面我们已然成了"最熟悉的陌生人"，因为至少在过去的10天里，我们在网上几乎每天相见，我天天看着屏幕前的大头像和名字，隔着屏幕想要认识并熟悉"犹抱琵琶半遮面"的你们，确实是力不从心。于是我们在家天天盼着"清零"，后来发现最早清零的是冰箱，后来清零的是钱包，就连话费也要清零了……终于在希望还没清零的今天，我迎来了你们，我的孩子们。

首先来说说金老师这个人吧。"这人能处，有事儿真上！"尤其对自己的学生，金老师绝对会"路见不平一声吼，该出手时就出手"！你们在生活中、学习上有任何困难都希望大家敞开心扉，和我交流，可以来办公室找我，也可以给我写信交流，我愿意做你们的倾听者。哪个班的同学欺负自己了，父母搞大家长制对自己态度蛮横啦，大家尽管来我这儿诉苦。你们的家长和你们估计有代沟，但是放心，金老师不会，因为我的心理年龄也就十六七岁哦！而且，我会永远站在你们的立场上考虑问题的！因为在接下来的日子里，金老师陪伴大家的时间绝对比你们的父母还多哦！或者你们想吃点儿学校食堂吃不到的好吃的，可以和我说哦，我请客！前提是你们一定要听话哦！

再说说你们哦！来到高中了，千万别再"摆烂"啦。虽然我知道，网课期间有几名同学总在那里"摸鱼"，我也了解到你们在座有好多同学，在初中阶段由于各种原因，也许是努力不够，也许是重视不够，导致中考发挥失常，才坐在现在的位置。那么，现在，对，就是现在，请重新振作起来。也许你的初中前两年都没有特别努力，初三一年的努力足以让你坐在这里。但是高考却没有这么简单，可以说你现在每一分努力的积淀都会在三年后迸发出不一样的结果，而金老师不希望你们留下任何遗憾。

好了，接下来说一下摆在大家面前的崭新的高中生活吧！针对大家刚进入高中可能普遍存在的共性问题，金老师给出一些中肯的建议。

1. 第一次离开父母，自己独立生活，我该怎么办?

进入高中，不像初中小学那样，大家每天都可以回家，很多事情都是家长代劳。有人曾说过，世界上所有的爱都是为了相遇、相聚，唯有父母对子女的爱是为了离别。父母的生养、爱护，到最后都是让我们进入社会，学会独立，让我们更好地离开他们。从现在开始培养自己的独立能力。例如洗衣服、整理房间等等，现在开始练就自己独立生活的能力吧。尤其是大家在学校住宿，大家不仅要自己洗衣服、整理床铺，还要处理好与室友之间的关系。因此，很多同学可能一下子适应不过来，希望同学们能够慢慢克服，逐渐地培养自己的独立能力，能够顺利地度过这一阶段。当大家在某一方面存在疑惑和困难时，请大家随时来找金老师倾诉。

2. 班里的同学都是陌生的，我该怎么和他们相处?

高中阶段，同学们也要处理好与周围同学之间的关系。尤其是 9 班的同学，金老师希望你们亲如手足，彼此珍惜缘分和这来之不易的情谊。希望同学们能够做到以下几点：

第一，求同存异。每位同学从小到大的生活环境不同，个人性格特点不同、脾气也不同，这一切决定着我们之间不可能没有摩擦和隔阂。面对同一件事情，由于我们的知识储备不同，利益出发点不同，我们也可能会仁者见仁，智者见智。我们知道五个手指头还有长短呢，更何况是人呢？因此当你和同学之间存在争议时，一定要坚持"求同存异"原则，学会换位思考，学会站在对方的角度思考问题，多理解别人的处境和困难。

第二，真诚地对待你的同学，与同学之间和睦相处，互相帮助。

人与人交往最重要的原则就是真诚，将心比心。面对生活或者学习上的困难，我希望你们能够"肝胆相照，荣辱与共"，拿出彼此的真心对待彼此，包括老师在内。

第三，诚实守信，严于律己。不搞小团体，不拉帮结派，同学之间应该都要把主要精力放在学习上。我希望高一（9）班的所有同学都能互相团结、互帮互助。不要搞小团体，不互相排挤对方。独行者快，众行者远。希望我们有困难一起克服，有成就一起分享。

3. 高中知识难度深度加大，我该怎么学？

面对无论深度和广度都不断加大的高中各科学习，大家一定要努力探寻适合自己的学习方法。"履不必同，期于适足。"勤奋很重要，但比勤奋更重要的是方法。在高中阶段，更多地强调同学们要养成一种独立思考的能力。因此，同学们在学习的过程中，一定要善于分析，善于总结，形成一套适合自己的学习方法。在探索的过程中，大家也要学会交流和分享，因为思想和思想的碰撞一定会收到不一样的效果。

4. 父母对我的期待很高，压力大，怎么办？

保持一个良好的心态。高中学习是一个漫长的过程，三年中大家会面临选科分班、各种模拟考试等各种考验，在这一过程中同学们可能会遇到许多考验，许多困难，许多曲折……有风有雨是常态，风雨兼程是状态。同学们一定要保持一个良好的状态和心态，不要有畏难情绪，积极地寻找解决的办法。另外，在面对家长的高期待的时候，同学们也要有一个良好的心态去应对。不能因此而产生不必要的焦虑，从而影响到自己的学习。可以说，高中的学习，良好的心态必不可少。"你有什么样的心态，就有什么样的人生"，所以学会放下、看开、想开，明天一定阳光灿烂。

5. 面对将来的选科我该怎么办？

在每个人的一生中，我们会面对无数次的选择，有的人选择了不止一次，可能反反复复，兜兜转转；有的人可能因为一次选择获得新生；也有的人因为一次选择遗憾终生……听过这样一句话："如果你知道去哪里，全世界都会为你让路！"说的就是选择的重要性。在人生的十字路口，我们可能跌跌撞撞，有过麻木，有过悲伤，有过困惑，有过遗憾……在我们面对曲折、迷茫时，如果能找到一种最符合自己生命特征的方式，来演绎我们精彩或平凡的一生，是何其的幸运和幸福。因为只有选择正确时，我们才能强烈地感受到生命中的归属感、成就感以及安全感。请永远记住："喜欢者胜。"唯有热爱，才能坚持，热爱比付出更重要，方向有时比努力重要。金老师最不喜欢自己的学生活成下面的样子：把所有的选择都基于别人，或者别人希望自己成为的样子，而把真正的自我深深埋藏。越是成长，我们越要学会在"做自己"和"取悦他人"之间找到平衡，我们不要总去做那些所谓对的事情，而要学会去做自己真正想做的事情。

　　所以请大家不要轻易给自己下结论。高中学习的内容与初中有很大区别，方法也与初中大相径庭，不要用初中的眼光评价高中各科，有些学科初中觉得好学，到了高中不见得如此。而且不要轻易给自己下定论，一定多尝试，多给自己创造点儿机会，不妨都试一试。这样真正到了自己选择的时候，才可能更加科学合理。对于选择，一定要遵循自己的内心，热爱比什么都重要！

　　好了，啰啰唆唆和大家说了很多，我想大家未必都能记住，具体的要求待我们一起慢慢述说。

　　新学期，新起点，希望我们都能遇见更好的自己。青葱岁月，携手同行，站在一个梦想的起点，奔向每一个新的起点！玲珑9班，久久为功！

爱你们的班主任：金　玲

2022 年 9 月 14 日

新的班级，带来全新希望

——写给分班后新班级同学的信

　　高一的学生们在适应了高中的学习生活后，即将面临选科分班。有的学校是在高一上学期结束之时，有的是在高一下学期结束时。选科分班，意味着我们要打乱原来的行政班，学生们进入新的班级，班主任们即将迎来一群已经初步适应了高中学习生活的学生。这其实又是一个全新的开始，也即将面临新的挑战。

　　2012年，还没有实行新高考，但是学生们依然面临着原始的文理分班。我们学校是在高一上学期结束时进行分班的。明天就要正式分班了，说实话自己心里很忐忑，因为自己即将离开原来的班级，接手一个全新的班级，这也意味着又一批新的学生即将走入我的教育生涯。这次接手新班级的班主任们还会面临一个新的挑战，那就是经历了一个学期的高中学习生活，学生们一定对新的班级、新的教师、新的同学充满了更高的期待，而且他们也会习惯性地把新班级与旧班级，甚至是新班主任与原班主任进行对比。因此第一次和新班级的孩子们见面，我们更应该高度重视，因为这个班级是学生在未来两年半学习生活的地方，这个班级是我们将学生送往高考的班级，这个班级也几乎是学生在高中待的时间最长的班级。我们以怎样的开端开启分班后的班级生活显得更加重要。所以班主任一定要送给学生们一点儿不一样的东西，既给他们带来新的期盼，也想给他们提出新的要求，让他们感受到我这位班主任的不一样，让他们感觉在新的班级里更踏实，更有归属感，于是拿起笔给我明天即将见面的学生们写了第一封信。

亲爱的同学们：

　　你们好！

　　在经历了半年高中生活的历练与洗礼后，在经历了过五关斩六将的一路拼搏和努力后，看着你们些许倦怠的脸庞，看着你们充满期待的眼神。作为你们新班级的引领者的我——你们今后两年半的班主任，由衷地说："欢迎你们加入高一（29）班！"

现在就由我和你们共同组成了一个战斗团队。

欢迎你们，从此与我并肩作战，我愿敞开心扉与你们交流，一起书写未来人生新的篇章！

欢迎你们，从此与我并肩作战，我愿成为你们的启蒙之师，在你们逐梦的路上助你们一臂之力！

欢迎你们，加入这个由47人组成的新的家庭。从现在起，你们将成为兄弟姐妹，我就是你们的家长！佛说过：前世五百次的回眸才能换来今天的擦肩而过。我希望你们珍惜我们前世修来的缘分，互帮互助，宽容理解，相互尊重！

恭喜你们，从此与我并肩作战！我相信，你们遇到了金老师，我会给你们带来福音！

是战士就要上战场。从现在起我们开始了一场没有硝烟的战争。人生离不开拼搏，我们不能拒绝成长。同学们，请珍惜每一个晴朗的早晨，用生命中最浓的激情，最美的期待迎接日出，教室里琅琅的读书声是我们献给青春最好的礼赞，晶莹的汗珠是我们迎接未来最甜的情歌，那灿烂的朝阳预示着我们6月最美的绽放！

在新的时节，我对你们提出新的希望。

我希望你们做一个脚踏实地的人！

也许，昨天你曾拥有辉煌，但那已成为枕边一段甜蜜的回味；也许，昨日你曾遭受挫折，但那已成为腮边几滴苦涩的泪痕。忘记以前的成功与失败，从此刻起，你们就又重新回到同一起跑线上，天道酬勤，那就从现在起，一步一个脚印，珍惜属于你的分分秒秒，哪怕是多背一个单词、一个数学公式、一篇古诗文、一个公式原理，你都要坚信自己又朝梦想迈近了一步。

我希望你们做一个负责任的人！

人生是一列单程列车，世界上也无后悔药可买。我希望你们做一个对自己负责任的人。对自己的一言一行负责，对自己的学习习惯和学习成绩负责，对自己因懒惰怠慢而犯下的细小错误而负责。以前父母替你们承担得太多，甚至你们都忘记了属于自己的许多。那就让我们对自己负责一次，因为我们总要学会慢慢长大。

我希望你们做一个勇于担当的人！

毛主席曾经用早上八九点钟的太阳比喻年轻人：世界是你们的，也是我们的，但是归根结底是你们的。既然世界是你们的，你们又拿什么来承担？所以我希望你们要勇于担当。担当身边的小事。你们是学文科的，将来要在各个领域担当大任，那么就从现在开始，从身边的小事开始历练，让自己羽翼渐丰，以接受来日的狂风暴雨。

我希望你们做一个心存感恩的人！

感恩是一种情怀，心存感恩，才能真心付出。想想你身边值得你感恩的人吧！首先是父母，还记得刚刚结束的2012年感动中国十大人物陈斌强的事迹吗？相信每位同学都会为之动容。难道你们一定要等到父母老了，记不清我们是谁了才去回报他们吗？我想，答案是否定的。那么从现在开始吧，打个电话报个平安。回家后对父母的一句关心，而不是唯你独尊。其实不用刻意地去做，最好的方式就是沉下心来努力学习，不是为别人，而是为了自己的未来，因为父母竭尽全力就是希望你们有一个美好的未来。

我希望你们做一个有理想的人！

理想对于我们的学习来说就是灯塔。只有树立良好的理想信念，才能更加坚定我们努力的信心。要问西游记中谁的本领最大，大家都应该说是孙悟空吧？但是为什么唐僧却成了整个西天取经中的核心人物？就是因为他为西天取经确定了一个又一个目标，才使大家最终修成正果。我们的学习也是如此。那就从现在开始订立自己的目标吧！你要考哪所大学？什么专业？从事什么职业？你准备好了吗？

　　我希望你们做一个珍惜时间的人！

　　还记得你们刚刚踏进实验中学校门时，还剩下三年的奋斗时光，确切地说剩下两年零八个月，而现在就只剩下两年九十天了。所以我们没有理由不珍惜高中时代的分分秒秒。莎士比亚说过："放弃时间的人，时间也放弃他！"所以不要为了一些琐碎的事情浪费时间了。老牛亦解韶光贵，不待扬鞭自奋蹄！

　　我希望你们做一个自律的人！

　　与他律相比，自律是人成长的标志。从嗷嗷待哺、幼儿园、小学、初中，我们的成长离不开纪律和规则。但如果我们总是在一种被要求的环境中学习，是很难进步的。所以我们要学会自我约束自己，自己管理自己，变被动为主动。毕达哥拉斯说过：不能约束自己的人，不能称其为自由的人。所谓自律，一是要独立，在学习上一定要学会独立思考，独立解题；二是要自觉，自觉听讲、预习、复习，行为习惯上自觉遵守校纪班规，在外表上干净、整洁、大方，以体现中学生之气质。

　　想说的太多，留给两年半的时光细说。"动人以行不以言"，我愿意用行动证明！你们呢？

　　著名的文学家柳青在他的《创业史》中曾说过：人生的道路虽然漫长，但关键处常常却只有那么几步，特别是当人年轻的时候。对于我们在座的每一位同学来说，现在就是你们人生中关键的那几步。决战的号角已经吹响，三分天注定，七分靠打拼，爱拼才会赢！也许我会对你们有更加严格的要求，甚至严厉的批评。但，请相信我，我会像一个麦田守望者，守望着你们一步步成长！

你们今后两年半的班主任　金　玲

2013 年 3 月

致金老师，我们深情表白

——创设情境主动邀请学生回信

经过两周的线上教学接触，学生对我这个班主任也有了一个大体的了解。但是，说实话，我只能勉强对应上每个学生的名字，他们的性格如何？他们的爱好是什么？他们上的初中是哪所？他们在过去的岁月里表现得怎么样？他们的亲子关系好不好？他们的家庭环境是否和谐？这一切我都不了解，所以说我对他们还真算不上熟悉。于是，我想起这个老办法，邀请高一新班级的学生们给我写一封信《致金老师，我们深情表白》，我对文字数量没有提出具体要求，但一定要敞开心扉，在信里可以和我畅谈一下对高中生活的憧憬，可以全面细致地介绍一下自己，或者对班集体的建设有什么好的建议……总之，只要真情实感，不要敷衍了事。

我的邀请函发出后，就陆陆续续地收到了孩子们对我的表白，一封封情感丰富、展露青春美好年华的信件展现在我面前。透过真诚的文字我了解了他们。信里有他们对过去生活的回忆，有值得他们骄傲的成绩，也有对过去的懊悔；有他们对未来高中生活的展望，有自己的美好期许，也有对未来的担忧；有他们对自己的全面介绍，有的介绍个人兴趣爱好，也有的剖析自己的不足。总之，透过学生写给我的一封封信，我真的迈进了他们的生活和心灵。我们似乎一下子熟悉起来，这么亲切，这么生动。

一、书信拉近了我与学生之间的心理距离，赢得了学生对我的信任，为班级管理做好铺垫

说实话，刚接手一个新的班级，学生很希望得到我们对他们的认可，我们何尝不想得到学生们对我们的认可呢？我们在他们眼中到底是怎样的形象呢？

是温柔的，还是严厉的？是具有亲和力的，还是拒学生于千里之外的？总之，学生对班主任的评价，会影响我们与他们之间的关系，当然也会影响我接下来的班级管理。

学生是有灵性的，"亲其师，信其道"也是我们的教育先辈留给我们的至理名言。班级刚刚组建，学生对我们存在陌生感，我们更应该主动了解学生，主动和孩子沟通，从而赢得学生的信任和尊重。我相信封闭自己的老师很难赢得学生的崇拜。反之我能断言，凡能通过主动地和学生沟通、赢得学生信任的教师定能获得事业的成功。所以每天我们都该反问自己：今天，我和学生沟通了没有？

随着时代的发展，大家已经习惯于用移动自媒体进行沟通，静下心来、落到笔头的交流越来越少。然而，书信，仍然是最有情怀、最有温度的表达方式之一，一笔一画写的是心声，传递的是真情实感，打动的是人心。透过阅读学生们的深情表白，我感受到了学生对我这位新班主任的信任，他们觉得有我在，他们的心里感觉踏实。有的学生在信中直接表达了他们对我这个班主任的认可和喜爱，我想真情流露的话语如果真的让学生站在我面前表达出来几乎是不可能的，但让他们写出来效果就真的不一样了。

言这样写道：

金老师：

您好！

我们虽然只认识了 20 天不到，但在您亲切的话语中，我感受到您对学生们的爱。您刚一见到我们时，就对我们说了很长的一段话。您在教育行业的坚守和热爱在话语间透露出来，我再一次明白了为什么我和许多人一样，对老师这个职业永远有一份敬佩，永远饱含敬意。

记得和学生们在线上召开的第一次班会，我向孩子们全面介绍了我自己，包括我的人生经历，我的兴趣爱好，我的教育理念，我管理班级的风格。我还给他们播放了我自己唱的一首歌曲《这世界有那么多人》。没想到就是那次介绍深深地吸引了我的学生们，看来在新班级组建时，不仅是我们想了解学生，估计学生们也想全面"窥视"我们呢。

因此班主任要想了解学生，就要真诚地敞开心扉向学生介绍自己，我想不了解班主任的学生，又怎么会愿意向班主任讲述自己呢？莎士比亚说过：那脑袋里的智慧，就像打火石里的火花一样，不去打它是不肯出来的。这启发了我，于是我便在第一次班会的过程中向学生毫无保留地展示自己，这像一块轻盈的石头在新班级的水面上激起了丰富的水花。

小凡这样说：

金老师，在第一堂班会课上，您就是以莫文蔚的一句歌词展开来的，说实话，我个人很喜欢这种方式，因为我也很爱听音乐，我真的认为音乐十分有魅力，需要用心体会才能领悟。

我觉得我很幸运，分到了这样一个班，有这样的班主任，还有这样的舍友。班内的学习氛围会让自己不自觉地也开始学习起来，虽然是在被自律的同学卷着，但也总比躺平摆烂好。说实话，我觉得金老师您的教育思想十分先进，在听到您阐述完您的教育理念后特别开心激动。

看来我的"激扬生命"教育理念深受学生喜欢和认同，而且我和大家说我喜欢唱歌和运动，立即迎来了一批志同道合者，主动向我靠拢。的确如此，相同的兴趣爱好往往能够把人们聚合到一起，师生之间也是如此。所以班主任们应该在自己的工作之余丰富自己的兴趣爱好，我们不应该变成枯燥乏味的教书匠。回想起这么多年的班主任工作，我的爱好的确曾帮助我与学生走得更近。我喜欢打羽毛球，就利用体育课带着班级的羽毛球爱好者到体育馆打球，我还曾经早早来到馆里帮孩子们"占"场地，感动了他们好长时间；我喜欢朗诵，就带领学生熬夜写朗诵稿件，与学生同台演出，在学生的高中记忆中留下浓重的一笔。

婕这样表白：

初入新班级，在视频会议中看到金老师的那一刻，您的笑容驱散了心中的许多不安，心中慢慢充满了自信，同学们在线下的友好交流更让我对高中有了更多期待与信心。虽然与您的相处不过短短几天，但您已和我们讲述了许多道理，都让我获益匪浅。刚住宿舍的第一晚，您推开宿舍门，温暖的笑容给了我莫大的安慰与信心。"这世界有那么多人，多幸运我有个我们"，在陌生的南方科技大学附属中学，遇见亲切的您，也是我的幸运。相信在您的带领下，我能够在高一遇见更优秀的自己，也能有一个更美好的高中生活！

婕两次提到了我的笑容，所以在初次见面时我们一定要注意自己的表情和状态，因为每天当我们走近班级，就会被 50 双眼睛考量着。还记得前一阶段网上流传了一段视频，一位男教师在走近班级教室之前，瞬间"变脸"，上一秒还疲惫不堪，下一秒马上笑容满面。耸肩、挺胸、整理衣服，最后扶了一下眼镜，大踏步走进教室。这位老师的举动让无数网友动容，变的是脸，走的是心啊。我们以怎样的姿态展现在学生面前会直接影响学生的心态，所以我们一定以积极阳光的心态来面对我们的学生，向学生传递满满的正能量，即使我们曾受过许多委屈。尤其是班级刚刚组建，我们一定要杜绝冷冰冰，因为这时我们与学生之间本来就有陌生感，冷酷的表情一定会加深我们的隔阂，我们一定多向孩子们微笑，这样既增加了我们的亲和力，同时也会增强学生的安全感和信任感，消除学生们很多的顾虑，也才能进一步让学生愿意向班主任打开心扉，向班主任倾诉心事，向班主任寻求帮助，向班主任介绍自己，这样，班主任才能真正走进学生的心里。学生对班主任的信赖绝不仅仅只对学生个体产生影响，更重要的是会给整个集体带来一种正向的团队氛围，会使整个班级都更倾向于听老师的话，支持老师的想法。这样，班主任对班级的设计，无论是学习任务的安排，还是课外活动的安排，学生都乐意积极响应和默默配合，这才是一个班级力量的根本来源。

亲爱的金老师：

　　您好！

　　在得知我们的班主任是您之后，其实我对高中的顾虑就已少了。您和蔼可亲的外表和慈善的笑容，让我对您充满了安全感和信任。但线上开学和线下开学还是不一样的，在线上还没有和同学还有老师进行面对面的交流，没有那么的令人不安和害羞，线下开学难免会有些担忧。

　　作为班主任，能够在班级刚刚组建之初，这么短的时间内得到学生如此充分的信任，真的是我的幸福。我想如果不是我主动创造一种让学生主动表达的机会，我怎么才能知道孩子们对我的这份信任呢？我们知道信任是管理的前提和基础，因为"亲其师，信其道"，这份信任，一定能为接下来的班级管理奠定良好的情感基础。有了这份信任，我这个老班主任也会在接下来更好地教育和引导学生中多一份自信。所以请广大年轻班主任一定记住，在新班级成立之时开动脑筋，用真情赢得学生们的信任吧。

二、透过学生们的书信，我了解到了学生立体的生命个体，为因材施教奠定了基础

　　教育的前提是了解学生，因此在班级成立之初，我们都要尽可能快速地了

解每一个学生，比如用心记下孩子们的名字，通过表格填写了解孩子们的兴趣爱好，等等。这当然不可或缺，但要深入了解，我们仍然推荐书信。我觉得书信是一个非常好的途径。通过阅读学生们写给我的信，我了解到一个个独具个性的生命个体。学生们全面介绍了自己：有的介绍自己从小到大的成长历程，有的介绍自己的兴趣爱好，有的向我展示着自己的优点，也有的剖析自己的缺点和不足，还有的向我发出了"求救信号"。是这些可爱、优秀、极富个性的孩子推动着我不断学习，教会了我与各种学生打交道，教会了我提炼自己的思想，促使我不断在这个岗位上真情付出。我真的把同学们当成了我的孩子、朋友来对待。他们年轻、积极、乐观、高昂的精神面貌也在时刻影响我，正因为有这样的一个个正面的影响，我回馈他们的自然也是满满的正能量。

彤彤这样介绍自己：

我现在不算外向，但相比初一，已经好了太多。那么，在高中的新目标，就是更加自信，坚信自我。不害怕出错，要敢于迈步。小学时学了很多喜欢的东西，像舞蹈、古筝。初中就没有再练习了。随着年龄增长却还是发现，自己还是很喜欢，当时似乎不应该放弃。那么，希望高中，能继续将兴趣爱好当作治愈自己的良方，能够多登上舞台，展现自己。

这样一名兴趣爱好广泛的学生就展现在我的面前，我们全面了解学生的兴趣爱好，会为接下来的班级管理提供很多便利。例如口才好的，我们可以在班级升旗仪式时安排他去主持和演讲；打篮球好的，班级篮球赛时就可以充当主力；能唱会跳的，在组织班级大型文艺汇演时就可以大有可为……我们的班级建设需要这些多才多艺的学生们的有力支撑，当然我们也要尽量给孩子们搭建展示自己才艺的舞台。

很高兴能成为您的学生。我是一个乐观积极的人，平时喜欢阅读书籍，我读过很多书，从文学名著到社会学巨著，从科幻小说到政治经济学等等。我最大的愿望就是能够利用我的知识，为祖国和人民服务，成为一个对社会有用的人才。

我对任何事物都感兴趣，所以爱好十分广泛。我吃软不吃硬，虽然这不是啥好习惯，但也确实改不掉。我比较爱玩，还很懒，不过幸好分到了这个超级卷的班，还有您执教。哦，对了，还有更重要的一点，我很容易犯困，不过我会尽量去改的。

以上两名同学和我"交代了"他们的性格特点，这也是我们班主任需要第一时间了解的。因为学生的性格特点决定了我们对他们采取的教育措施和方式。对于性格内敛的学生，我们尽量采取柔和的教育方式；对于个性张扬的学生，我们可以采取浓烈的教育方式……所以我们多么期待学生向我们交代自己的性格特点啊，否则我们一定要经历漫长的观察期才能进一步掌握这一信息。

尊敬可亲的金公主：

您好！

我是涵涵。非常荣幸能成为您的新一届学生。我来自深圳的一个边陲小镇——松岗。我自认为我是一个比较外向、乐观、开朗、阳光的女孩，但是人无完人，我也觉得自己自控力差，做事拖拉，我妈也说，这些习惯会害死我……不过我也会尽力去改正这个致命的坏习惯。

您说您已经是我们父母辈的老师了，那我更加认为您是比我们先行一步的同路人。是师长，也是同伴。小学的理想是当教师，初三有一段时间想当新闻工作者。我的选科好像已经确定了呢。如果成绩足够好的话，现在有想法，去学法学吧。那么零零碎碎说了这么多，我亲爱的老师，亲爱的学习路上的引领者，未来的三年，请您多多关照哦！

　　孩子们大胆地向我剖析自己的不足；真诚地向我发出"多关照"的求助。我想，如果不是通过书信，这么丰富的信息，我们得经历多少次沟通、花多长时间才能掌握呢？不掌握这些信息，我们又怎样走近孩子们呢？不走近他们，我们又将如何因材施教呢？

　　孔子说过："知之者不如好之者，好之者不如乐之者。"这说明兴趣是一种特殊的意识倾向，是学习的情感动力、求知欲的源泉。因此教师在教学中不但要教给学生知识，而且要使学生会学、爱学，培养学生学习的兴趣，激发学生学习的动机，这是提高学生学习效果的有效途径。

　　心理学研究证明，成功的体验能够使人增强信心、克服自卑感，淡化挫折、失败带来的心理压力。人们从事任何活动，都有一种要达到目的的愿望，当活动取得成功、愿望达到的时候，就会有一种心理上的成就感。这种成就感又会产生一种追求，即想继续取得成功的需要，这就产生了进一步的动机和兴趣。学习也是如此，缺乏学习动机和兴趣，学习上便很难取得成功。教师的信任能对学生起到导向和激励作用，而要达到这一点，则必须将其变为学生自身的要求，并化为具体的行动。教师要善于为学生创造种种成功的机会，引导学生参与教育教学活动，发现和发展自己，把期望和要求变成有形的事实。教师既可以在课内运用"低起点、小台阶、多活动、快反馈"的方法，通过增加学生动手尝试、动口回答问题为学生创造成功的机会，也可以在课外开展多种形式的、有层次的、适合后进生特点的活动，为他们发展兴趣爱好、发挥特长、取得成功提供机会。

三、通过学生们的回信，我能够感受到，处在青春期的他们也喜欢用文字与老师进行沟通

高中生处于青春期，在沟通交流方面，他们变得相对保守。我发现书信能够成为我们与这些有着丰富想法的孩子们进行有效沟通最适切的方式。刚开始写信的时候，我自己也曾经质疑过，学生们是否愿意用这种方式来表达内心的想法？经过多年的实践，我发现孩子们普遍乐于接受这种方式，他们通过写信的方式能够尽情展示自己的内心世界，真诚表达自己的丰富情感，毕竟有些语言是很难说出来的。

例如高一（9）班的孩子们在写给我的回信中这样描述：

金老师您好，我很高兴能以这样的方式与您交流，有许多话是我与别人面对面说不出口的，我也在信中写给您了。上面的这一段话，是从我见到您第一眼开始，就感受到的，但我从未说出来过。我从来不会和我的好朋友一样，将自己的情感直白地说出，可能是害羞吧，哪怕面对我的家人们，我也常常说不出口一些话，我很想改变，但我还是说不出口，今天一股脑写出来觉得轻松多了。

亲爱的金老师，您好！虽然与您的初见隔着冰冷的屏幕，但您的话语与笑容却使我倍感温暖。为了与您一起度过一个更加美好的高一，在读完您为我们写下的信后，我也想为您写一封。

我想这是这个年龄阶段的学生的普遍特征吧，他们不愿意在公开场合表达自己的心声。我们通过书信为孩子们开辟了一块"自留地"，他们得以自由地表达，这是一件多么开心的事情啊。

四、通过书信，我走进了学生真实的内心世界，感受到了他们年轻的坚定信念

美国著名心理学家林格伦在《课堂教育心理学》一书中指出：教育，正像其他的社会过程一样，它的成效依靠交往。所以作为 21 世纪的教师，要一改过去高高在上的作风，放下师道尊严的架子，尊重学生、信任学生、爱护学生，多与学生交谈，学会倾听学生的心声，试着走进学生的心灵。

新步入高中的学生的内心都在想什么？孩子们通过书信尽情表达着自己的真实想法。有的表达了自己刚来到高中时的迷茫；有的表达了对繁重学习任务的担忧；有的抒发着对寄宿生活的恐惧。但是我也更能感受到他们对新的学习生活的期待和憧憬，因为年轻的心里面是坚定的信念。

对于高中的住宿生活，我既期待，又有些许担忧。我期待我能在宿舍获得良好的友谊，我担忧我能不能快速适应高中的住宿生活和繁多的学习任务。

我在进入高中校园之前对高中生活抱有很大憧憬，但我也担心以后的自己会安排不好活动与学习的时间，担心同学们太优秀自己会吊车尾，更担心自己的内向会错失许多机会与喜爱的东西。

是啊，学生们第一次在学校住宿心理上或多或少有一些担忧，面对初中高中学业上的不同，知识难度的加深，知识容量的加大，这种情况我非常理解，因为在写给学生的第一封书信中我就有所交代，所以对学生展开适应性教育是十分必要的。也有学生是以期待为主，他们对高中的社团生活、宿舍生活、课后活动、同学之间的友谊都充满了憧憬和好奇。这并不足为奇，因为十五六岁的年龄本身对一切新鲜事物都充满了好奇心，那就让他们带着这份宝贵的精神品质开启美好的生活吧。

步入高中，心中除了忐忑，更多的是期待。对新班级的紧张，对社团、宿舍生活的向往共同编织了我对于高中的美好梦想。对于高中生活，我最担心的就是住校，一是不能每天回家，会不习惯。二是在宿舍这种和同学并非家人一起的环境中会没有私人空间，连洗澡都要排队并且限时间，我需要很长时间适应；而且同学不是熟悉的，会担心该怎么相处，当然以上问题都会随时间而解决；在学习方面，我会在无人监督时控制不住自己，在理科方面（物理）一直不是很擅长，能"偷懒"的很难不"偷懒"等一堆问题……

我其实对学校的课后活动是最为期待的。我希望有机会能进入南科大附中的篮球校队，我对打篮球是极其热爱的。但是令我担心的是我从未进行过专业的篮球训练，身体素质还极其一般，我应该只有极小的可能进入篮球队。但出于我对篮球的热爱我也愿意尝试一次。就算没有成功，也不留遗憾，而且还有别的很多我想进入的社团可以参加。总而言之，我对高中生活总体还是非常期待的，对于不适应的地方我相信随着时间的推移我总能很好地适应。

通过阅读孩子们的真挚而热烈的文字，我读出了学生们对我的信任，对新的班集体的高度评价，对学校的喜爱，对高中生活的憧憬，也有对高中生活的迷茫甚至担忧……最重要的是通过这一封封信，我认识了一个个立体的、性格迥异的生命个体。孩子们有的畅谈他们的小学、初中生活，有的聊自己的家庭，有的聊自己的兴趣爱好，有的聊自己的性格特点……在一封封信中，我走进了孩子们的生活，孩子们也走进了我的教育生涯。

站在"高"处，而自己并没有感觉到自己站在"高"处，这是很多新教师容易出现的问题。即使和学生交流时身体是俯下或蹲着的，但心里依然是"站"着的。凭借师道尊严固然可以让学生一时信服，但很难长久维持。要想让学生心悦诚服，就必须要知道学生喜欢并尊重怎样的老师，只有从学生的角度思考问题，才有可能解决学生的问题。渊博的专业知识、良好的沟通技巧和平易近人的态度，都是学生心里好老师的标准，也是我们老师吸引学生的亮点。很多老师其实已经意识并体会到专业知识对于站稳讲台的重要性，而且还会从老教师的课堂教学中发现自己存在的缺陷，这就是进步和提高的基础，因为没有发现问题就不可能解决问题。教书如此，育人更是如此。师生之间推心置腹的前提是信任，只有学生充分地信任老师，感受到老师真正的关爱，教师的教育才有意义，才有可能改变学生的行为和想法。当然，无论是教育，还是教学，都难免存在遗憾和不足，只有自我反思，才能使自己进步和提高。一次反思就是一次提升，一次反思就是一次蜕变。但不变的是"我是一枚绿叶"，为繁花和硕果无怨无悔地提供着自己的营养，直到悄无声息地随风凋落、化作春泥。教师是职业，更是事业；育人是工作，更是情怀！

当我翻出当初与他们的书信往来时，脑海里不断出现他们的身影，有欣慰、有喜悦、有激动、更有泪水……教育意味着一棵树摇动另一棵树，一朵云推动另一朵云，一个灵魂唤醒另一个灵魂。我与学生的书信往来，也在起着类似的作用吧。我是一名普通的高中老师，我做的事情也极其平凡琐碎。然而九层之台，起于垒土；合抱之木，生于毫末，立德树人、教书育人是一个需要长久坚持的事业。每一个热爱教育、热爱学生老师的点滴努力，必定会汇成汪洋大海，推动教育的进步，影响学生的生命成长。

一封家书，亲情赋能成长

——搭建平台共邀父母书写家书

2022 年 9 月，一批可爱的高一新生从深圳的各个区域汇集到了南方科技大学附属中学，开启了全新的高中生活。面对着初高中生活的巨大差异、不熟悉的校园环境、陌生的人际关系，面对着繁重的高中学习任务，面对着第一次住宿的集体生活……孩子们心里一定充满了对未知的不适或者恐惧。如何给孩子们适当的指导，协助他们适应环境、调整心态，以良好的开端开启高中阶段的学习生活呢?

除了运用自己的教育来帮助孩子们尽快适应高中适应环境外，我们还可以调动哪些资源和力量参与高一新生的适应性教育活动呢?

苏霍姆林斯基曾说过：教育的完善，它的社会性的深化，不是意味着家庭作用的减弱，而是意味着家庭作用的加强。只有在这样的条件下才能实现和谐的全面发展：两个教育者——学校和家庭不仅要一致行动，向孩子提出同样的要求，而且要志同道合，抱着一致的信念，始终从同样的原则出发，无论在教育的目的、过程还是手段，都不要发生分歧。著名班主任李镇西也曾经说过：班主任除了教育学生，还有一个重要任务，那就是影响家长。

人受教育的过程既是一个动态的管理过程，又是一项系统的教育工程。家庭教育与学校教育缺一不可，它们相互联系、相互作用、相互影响、相互制约，二者是辩证统一的关系。

家庭不但是子女生活的地方，而且是子女接受教育的地方。家长的有意识与无意识行为构成了家庭教育的影响过程。无论是在教育时间、教育内容，还是在教育方式上，家庭教育都具有优势，是学校教育、社会教育不可替代的。

学校不仅是学生学习文化知识的场所，而且它还承担着培养学生心理素质、思想品德、道德修养等职责。培养出合格的社会成员是家庭教育与学校教育共同的教育目标。家庭教育和学校教育是培养青少年的两个重要因素。在整个培养社会人的教育过程中，家庭与学校相互联系、相互配合、相互促进。家校合作不仅有利于帮助家长更好地教育子女，而且又可以使教师更全面地了解学生，从而达到教育学生的目的，又帮助家长更好地进行家庭教育；家庭教育与学校教育的合作使得它们相互支持，密不可分，相互渗透，融为一体。

当家庭教育与学校教育的方向一致、家长与教师的关系融洽时，学校所形成的合力就越大，对受教育者的积极影响越大。

事实上，家庭教育与学校教育的相互关系有以下三种情况：

首先，分开责任。家长默默地支持老师的工作，但要与学校保持一定的距离，不干预学校的内部事务。其次，一般联系。学校要求家长到学校参与家庭教育指导和学校活动。再次，积极推进。家长与老师共同致力于学生发展的目标，都是教育学生的主角。

家校合作不同于传统的家校联系，它是全新的关系理念，也是一种崭新的行为模式。

作为一种崭新的行为模式，家校合作是家庭教育与学校教育的相互配合，是一项双向活动。学校要发挥主导作用，家长要对学校教育给予支持，对家庭教育做出指导。在这样一种联系方式中，家长、学生、老师之间的情感交流非常重要；家校合作应考虑家庭和学校双方的活动；但学生是该活动的中心环节，是家长和学校服务的共同对象，该活动的最终目的是促进学生的全面发展。

作为一种关系的理念，家校两者是合作伙伴关系，在教育中的地位是平等的；家长和学校的共同目标是促进学生的全面发展，家长与老师是孩子教育中的天然合作者；家庭教育与学校教育各有其优势与局限性，在教育孩子时，既要相互分工，又要互补合作；家长既要在家庭中承担教育孩子的责任，又要对学校教育进行参与、监督。

　　家庭是人们有生以来所接触和生活的第一个环境，是人们出生的场所。对子女而言，家庭是不可选择的，通常是难以摆脱的生存环境。此外，家庭是以血缘关系与经济关系为基础的面对面的生活群体。子女在家庭中既受家长的控制，又受其保护。

　　在纷繁复杂的社会环境因素中，家庭教育对人的身心发展有着最直接、最深刻、最持久的影响。家庭对学生的影响有如下特征：家庭作为学生生存和发展的第一个环境，其所施加的是一种"先主性影响"；家庭作为学生的生活群体，其一切活动均发生于过程之中，家庭生活的所有侧面都影响着学生的发展。因此，家庭所施加的是一种"生活化了的影响"；作为一对一、面对面的小群体，家庭成员之间可进行全员直接来往，学生和家庭其他所有成员均能进行频繁互动，又由于我国现阶段多为独生子女，家庭对学生的影响是一种"聚合性影响"；家长往往会自觉不自觉地将物质奖惩作为增强其影响力的方式，故家庭影响不仅有家长的社会地位优势和亲子情感，而且还有物质作后盾。

　　美国科尔曼等人在《教育机会公平》中，开创性地研究了家庭背景对学生的影响。研究指出：影响学生学业成就的诸因素中，一个非常重要的要素是家庭背景，甚至是决定性的要素。因为家长的教育价值观和学术程度、工作习惯等对学生的智力有重大影响。它还将会影响到学校的发展，因为学生会把他们的价值观和工作习惯带到学校来，并在其他学生中传播。

　　如何发挥家长在教育孩子中的作用，形成家校合力，这也是我在班级管理中一直思考的问题。我始终坚信家长与班主任在教育孩子问题上是同盟，因为我们的教育目标是一致的，那就是一切为了孩子；班主任与家长又是队友，无论在哪个教育战场，只有家校一起作战，才能共赢；班主任与家长还是战友，高考是一项系统工程，只有家校守望相助，力量才会生生不息。而且对于每一个家庭来讲，孩子们进入高中，也是一个重大的有着非凡的意义的事情。于是我想邀请高一（9）班的全体家长，发起了"一封家书，亲情赋能成长"活动。家书，顾名思义是家人、亲人之间相互往来的书信。从古至今有"曾国藩家书""傅雷家书"，家书不仅是维系亲情的纽带，也往往是家庭教育的一种延伸。于是，我发起了活动邀请：

家长朋友们：

　　大家好！

　　即将迎来高一年级的开学，我们的孩子们也即将开启一段新的人生旅程，面对紧张而活泼的高中生活，面对孩子们第一次离开家长开启寄宿生活……您有什么心里话想讲给孩子听？您有什么殷殷期盼？您有什么深情嘱托？……在开学来临之际，高一（9）班将开展一期"一封家书，亲情赋能成长"活动，我们将用一封书开启孩子们未来三年的高中生活！为高一（9）班的学生们迅速适应高中生活，为他们的高中生活赋能增力，现诚挚地邀请高一（9）班的家长们拿起纸笔，亲自写一封家书……

　　开学第一周学校进行了军训，一天晚上，我到运动场看望孩子们，看着他们一个个累得耷拉着脑袋。我知道他们除了劳累，一定是想家了，于是我给他们读了这一封封充满亲情的家书。

　　一封家书开启了全新的高中生活。走心的文字，真挚的情感，给学生带来的是感动和震撼，给他们的成长带来了无穷的力量。有的学生在读到父母的信时，偷偷扭过头，擦拭着腮边的泪水。

　　下面请大家一起欣赏和聆听来自父母的良苦用心！

一、信里有父母对孩子过往成长经历的深情回忆，那是对生命成长的一种陪伴

大作家雨果说：人间没有爱，太阳也会死。也就是说，没有爱就没有世界。对孩子来说，首先是爱父母，特别是爱妈妈，因为在抚养孩子的过程中妈妈最辛苦。从十月怀胎到含辛茹苦把孩子养大，到关心孩子的健康、学习、前途和婚姻……可以说，母亲给了孩子一切，父母的爱是孩子的品德之源，教会孩子爱与被爱，这是立德树人的第一步。

当我阅读这些滚烫的文字时，我感受到了父母对孩子们浓浓的爱。小时候父母包容孩子所有的脾气，守候着孩子慢慢成长，父母用心细数着孩子们成长的点滴，那是一段倾注了爱与关注的过往。从呱呱落地到亭亭玉立，从婴幼儿到童年再到少年，从幼儿园到小学再到初中，父母用文字丈量着时间，用自己的陪伴践行着父母的责任，用真情诉说着对子女深沉而浓重的爱。如今用文字表达出来，相信会给予学生无穷的爱的力量！

亲爱的言：是不是很惊喜，今天居然在高一的课堂上，听到妈妈给你写的家书。时间过得真快啊，转眼间，你已是一个高中生了，这时间啊，就像是一道光，一闪经年；她也像一条河，慢慢地流淌。而时间，更像一条弹力极强的弹力带，你玩儿的时候，忽略了她的弹性，你好好利用她的时候，你可以把她拉得很长很长，任你畅想。曾几何时，你从 15 年前呱呱落地的小婴儿，长成了亭亭玉立的大姑娘了。3 年前，你独自推着旅行箱，到了初中住校，当很多亲人责怪我"心太狠"时，妈妈却看到你与宿舍小伙伴谈笑时开心的脸庞。这 15 年间，你受家人宠爱，但从不娇气；你受家人庇护，却从不依赖他人。妈妈经常在想，你的主见、你的坚韧，是我从来不曾想到的，但是你就是这么一个孩子：自主、独立、有思想！

　　这里有父母对孩子们成长每一个瞬间的呵护，有情绪上的关注，彷徨也好，喜悦也罢；有对成长历程的关注，或成功，或失败；也有对每一分努力和收获的赞赏与肯定；同时也有对自己缺少陪伴而发出的深深自责。心理学上讲，人类最大的爱的需求就是无条件的爱。什么叫作无条件的爱呢？其实就是一种我们常常形容的母亲对子女爱的表现。人类最大的恐惧就是被遗弃与被遗忘。这种母亲的爱，是无条件的包容，这种无条件的爱，会使人感受到很深的"安全感"。人一旦有了安全感，自信、稳定、自在的感觉也会继而产生。如此人才能勇敢地冒险，不怕艰苦。所以说，这种爱的需求是人类的最基本需求。

　　其实学生们在这一阶段特别在意他人的评价，包括老师的评价、同伴的评价，尤其希望得到父母的正向评价。通过书信，孩子们看到了父母对自己的不仅仅有唠叨和指责，更多的是认可和表扬，这是怎样的心情，这对于化解亲子矛盾起到了重要作用。

　　宝贝你好！曾几何时，还在回想自己年少青春，付出的汗水，曾有的彷徨，成功的喜悦，失败的神伤，回头释然。如今这一切已归于身边渐渐长大的你，感同身受，你会有属于你的经历，你的成长，你的收获。小学、初中这一路走来，妈妈始终相信你的潜能，一开始成绩并不优秀的你，慢慢通过努力，一步一个脚印，总算不负自己的坚持，甚是欣慰。如今踏上了南科大附中的这片土地，赛道依旧，风景更美，需要付出的努力更多，妈妈希望你，不忘初心，勇于面对一切困难，就像《平凡的世界》里所说：人的生命力，是在痛苦的煎熬中强大起来的。这是一种强大而优秀的品质，会成为指引你前进道路的明灯，在你努力奋斗，累了、倦了的时候，一直坚持下去的精神力量。

　　亲爱的宝贝，高中生活已经开启，回首，从小到大在校园中长大的你，在众多人关爱你的环境中，你从不骄纵，你有较好的合作与交流能力，能够与同学、老师、家长进行良好的交流、合作、相互交换意见与看法，相互促进。看着你的成长与进步，其实爸爸妈妈内心一直很愧疚，因为我们工作太忙，陪伴你的时间真的不多。而你自小就很自主独立，确是家里的好帮手。

我们爱自己的孩子，正如诗歌的语句那样美丽。孩子心灵最美丽的地方，只有爱才能照亮；而爱，要从无条件地接纳孩子开始。只有无条件地全部接纳孩子，在理解的基础上，才能去帮助孩子成长。

美国亲子教育专家盖瑞·查普曼和罗斯·甘伯认为：无条件的爱，就是无论孩子的情况如何，都爱他们。亦即不管孩子长相如何，天资、弱点或缺陷如何，也不管我们的期望多高，还有最难的一点——就是不管孩子的表现如何，都要爱他们。当然，这并不表示我们喜欢孩子的所有行为，而是意味着我们对孩子永远给予并表示爱，即便他们行为不佳。

二、信里有父母对孩子成长史的梳理和回顾，在孩子的成绩和逆袭经历中，找寻前行的动力

"以史为镜，可以知兴替。"人类总是能够从历史中寻找前进的动力。历史并不一定是国家才有，我们每一个人的成长其实都是一部生命成长的历史。如何正确看待自己一路走来所经历的一切，会为当下的生命成长提供借鉴意义。但是随着时间的推移，孩子们在自己的成长过程中有些记忆变得模糊；而父母却有可能记录孩子们成长的点滴得失。那就让父母与孩子一起遨游在记忆的海洋中，尽情回忆一路走来所取得的成绩，这绝对不是在炫耀，而是想利用这些成绩为孩子接下来开启全新的高中生活增强信心，减轻担忧。是啊，我们的孩子们是多么需要在自己的过往成长中找到自信啊，我觉得我们要引导孩子把自己树立为自己的榜样。

小童的妈妈在信中就历数了女儿已取得的辉煌成绩，并提出了自己的希

望。之所以回顾过去的成绩，一是希望小童能够珍惜以往的收获，保持自信，在新的学习生活中，发挥自己所长；二是希望她能够重新出发，在新的学校创造自己不一样的精彩。于是她在信中写道：

接下来，妈妈想和你一起回顾你以往取得的成绩，曾经的你通过自己的努力被评为学校的"优秀班干部"、"深圳市优秀少年"和广东省"最美南粤少年"等，为你的母校、班级争光，作为家长，我们为你骄傲。但以往的成绩都属于过去，在新的高中，更要严于律己，遇见的良师益友都将是一生的贵人，好好珍惜，保持拥有一颗感恩的心，你不仅会在学业上有所获，在社会中更将有所获。因此，你需要更加清楚，社会首先是人与人之间的交流，尊重、守礼、感恩是人类特有的，但不是天生的，要多读书；出生自带的资源是无法改变的，如果要获取更多的资源，唯有勤奋、努力地读书；科技发展衍生出令人眼花缭乱的互联网平台，会让人迷失，但是父母老师会帮助你，如果要更加自律，多读书；坚持和放弃是一瞬间，错过了读书的时光，永远就没有了，家长和学校不放弃，你要自己坚持和自律。更好地激发自我优势和潜能，成为一名品学兼优的青春少年。亲爱的宝贝，勇于面对未来，创造属于自己的精彩人生。

每个孩子都有生命的独特性，他们的成长轨迹也大不相同。不是所有的孩子在成长的过程中都取得了辉煌的成绩。学生过去走过的弯路如果经过挖掘一样可以用来激扬生命，那些在逆境中逆袭的经历，也可以成为为他们打气加油的完美素材。小一的母亲就带领着孩子一起回忆了他经历中考前的麻痹、懊恼，经过自己顽强的调试，逐渐从颓废中走出的经过，当然这里少不了父母的陪伴与鼓励。家长在教育孩子时，对孩子的要求要符合孩子身心发展的规律和实际能力，不能过高，更不能操之过急。当孩子面临着挫折或学习困难时，不要一味地批评、抱怨、贬低，而要鼓励他们去克服困难，帮助他们去分析问题，寻找解决问题的办法，尤其对他们那种不怕困难、敢于向困难挑战的精神，要给予充分的肯定和鼓励。对已经形成习得性无助心态的孩子，家长和老师要改变过去那种只看到孩子的短处，经常歧视、贬低他们的做法；而要观察和发现他们的长处和进步，给予肯定和赞扬，让他们重新体验到成功的乐趣，帮助他们重拾自信。

我想父母今天能够冷静地把这些经历梳理出来，让孩子回过头来看到自己的坚强，领略到父母在这些经历背后的内心煎熬，一定会在自己接下来的成长过程中学会直面困难与挑战，学会用理性战胜麻痹。

中考于你而言，是初中三年遭遇到的"滑铁卢"。表面上，你用"鱼的记忆"快速拍掉身上的尘土，拂去悲伤的眼泪；但实际上，你用了整整两周的时间来麻痹、懊恼、反省、说服、调试、激励自己。7月23日，你给我写了一封长长的信，满纸皆是颓废与无助。我开导了你两次后，便放任你的随性与"堕落"，因为我认为，你需要一个发泄口，应该为自己的结果买单；我也相信，时间能治愈你的忧伤。果然，你没有让我等待太久。8月初，你列出学习计划，找出3年后高考的进军目标，便一头扎入学海中。但在学数学的过程中，你又陷入了困境。以往寒暑假的数学是我带着你学陪着你学的；但高中，我坦言要放手，让你独自通过网课学习。可能一开始你不习惯这种学习方法，习惯性地遇到卡壳的地方就问我：妈妈，这不懂！好几次，看着你渴望的眼神，我很想改变计划，仍陪着你学数学。但大器之成，有待雕琢，高中知识重在理解与应用，需要独立思考和深度思考。终究我狠下心说：我也不会！你先是失望、烦躁，反复几次后，你知道了我的意图，便也潜下心来，慢慢"啃"你遇到的难题，见你时而展颜微笑，时而愁眉紧锁，我知道你接受了这种自我探究的学习方法。为此，我从心底祝福你成为南科大附中的"荣誉学子"。

很多家长常说："小孩子能想些什么啊？就知道玩！"其实不然，孩子的心灵世界跟大人一样复杂，充满了成长的烦恼。被同学欺负了、被老师批评了、受委屈了、没有完成作业的恐惧、没有当上升旗手的懊恼等等，一些在家长眼中微不足道的事情，都在困扰着孩子，这也很可能就是孩子不听话、不想上学的原因所在。所以，想要理解孩子，我们还是需要先走进孩子的心灵，而放下架子，是基本要求。

"如果您放弃权利，放弃您的优越感，那么您得到孩子的信任和尊敬的机会就更大。"德国心理学家黑尔加·吉尔特勒这样告诫我们。

三、信里有父母面对孩子们即将远离的不舍，用渐行渐远的分离诉说着父母之爱

寒窗苦读数十载，一朝春尽两别离。出门在外，孩子必然会面对各种各样的困难和挫折，要努力去战胜它们，既需付出体力，又需付出心力。在这个过程中，他们会体会到做人的基本道理，不奋斗、不吃苦是不会成功、不会前进的。做人不能总是轻松愉快，一帆风顺。孩子必须面对实际深入实践，解决一个又一个具体的问题，既需要知识，又需要能力。在实践中，许多不知道的东西知道了，许多不会做的事情会做了。知识增长了，本领也提高了，能力也越来越强了。父母创设一切条件，拼尽一切全力，只为送孩子离开，这是怎样的一种依依不舍！是啊，十五六年一直陪伴在左右，突然面临只有周末才能见一面，父母一定有不舍和惦念。

一个人一生有两个独立期，一个是发生在两岁，一个则是发生在十二三岁。这两个时期的发展若是受到阻碍，则会影响其一生。当然这两个时期对父母、对子女都是最困难的时期，孩子要开始走出父母的安全保护伞下，向外独立去探索，这不是件容易的事；而父母开始体会到孩子渐渐远离自己，也会感到不适应。这个时候父母要有更大的耐心与雅量，要允许他们走出家庭与依赖

的小世界，并能随时给予关怀、支持与鼓励。这个独立自主的需要是非常重要的。如果一个孩子在这两个阶段不受鼓励与支持，他的自我感就会出现混淆、困扰甚至薄弱的现象。当他成长之后，就会有做决定的困难，很难信赖自己与别人，常常要依赖别人的意见看法来行事，自己很难有独立不同的看法。如此，内心的冲突会影响到他与外界的互动。

这不禁让我想起了在网上看到的这句话："这世间所有的爱都指向团聚，唯有父母的爱指向别离。"我相信这些分别都是充满期待的。我们都知道陪伴是最好的教育；而对父母而言，随着孩子年龄的增长，能够陪伴的有效时间在不断缩短。父母通过书信把这样的不舍表达出来，让孩子感受到被牵挂、被惦念的幸福。

亲爱的宝贝，高中生活，新的舞台，新的开始，不同的是这一次你要独自面对的更多，虽然妈妈不算是一个细心体贴的妈妈，但当想到你从小到大未曾离家，心中还是难免会有一丝忧虑。纪伯伦说过：儿女是生命对于自身渴望而诞生的孩子，他们借助你来到这世界，却非因你而来 。多么好的话，诠释了生命是自由、是独立，爱与生命一样，是一场渐行渐远的分离，然后才会实至名归。求学就是为了实现生命价值而不可避免地面对的分离，是为了更好地走好接下来的人生路，妈妈相信优秀的你会一直是妈妈的骄傲，无论是在高中三年里，抑或是在未来的人生路上，一路充实，一路繁花似锦……

小钱的母亲用成年人的理性和孩子分析着别离对于成长的意义。在克制住了自己的伤感时，给女儿更多的母性细腻的安慰与指引。在接连三个"永远"与"切记"中，我们感受到了她的依依不舍，感受到了家的温暖和力量。我想，当孩子面临新的高中生活的种种不适应时，当她面临着学习生活中的各种困难时，读到母亲的文字，一定会平添些许镇静的力量。

亲爱的宝贝，时间如白驹过隙，转眼间你已是高一的学生了，恭喜你踏入新的校园。步入新的生活，人生又是另一个崭新的起点！愿你在这片天高任鸟飞的蓝天下凭借自己的努力，飞得舒心、自在！看着你为自己所需用品做准备，老母亲我深感欣慰，以后你就得独立生活啦！因为你已长大了，每一场母女分离都是渐行渐远的过程，不必感伤！这是每个人成长的必经之路！也不必恐慌！因为你终究会习惯的！你有你的生活，你的朋友，你的世界！但是不管你多少岁，你永远都是妈妈不漏风的小棉袄！不管你多少岁，你永远都可以来妈妈的怀抱撒娇！不管你多少岁，爸爸妈妈弟弟永远都会是你最坚强的后盾！不管你多少岁，这个家永远、永远、永远都会是你最温暖的港湾！请你切记！切记！切记！

四、信里有儿行千里母担忧的牵肠挂肚

学生们面临着青春期，小叛逆，有了自己的烦恼和秘密。在未来的成长过程中也一定面临许多个未知，许多个挑战。他们大大的个子里也许还藏着弱小的心。当孩子们即将远离自己的怀抱，当自己独当一面时，父母难免多了一份挂念和担心。

你学习退步，我担心；你精神不振，我担心；你拿手机时间长了，我担心；你宅在家里不出门，我担心；你瘦了胖了，我担心……所以，我会唠叨，会指责，有时甚至会"河东狮吼"，但请你切记，这些也是爱你的一部分，切不可往心里去，更不许记仇。

你像一颗有些稚嫩又挺拔的小白杨，渴望迎着风、沐着雨，带着跃跃欲试的好奇和青春独有的自信与迷茫，对已然到来的高中生活，你充满了向往与期待，你欲展翅高飞，但儿行千里母担忧。

多么好的坦诚的话语，如果我们经常创设情境，让父母大胆地表白子女，让孩子们感受到父母在自己成长过程中的担心，一定会多一份理解，少一份叛逆。我们要设身处地为孩子出主意。在和孩子沟通时，家长不能站在自己的角度，用大人的标准来发表看法，要立足孩子根据实际情况思考，实事求是，不苛求。使孩子感到你理解他，完全是为了他，而且你所提的一些建议和要求合情合理，也不难做到，这样他就容易接受。如果，他有了几次这样的体验，他对家长就不会设防，遇到问题就会主动和父母沟通。

五、信里有对孩子们即将开启全新高中生活的深情嘱托

父母们以"过来人"的口吻以朋友的身份在书信中给予孩子们未来生活以科学指引，那是一种充满理性的爱的另一种表达。他们站得更高，看得更远；他们的视角更加全面；他们更了解自己的孩子。相信这样的指引也就更多了一份针对性。当然也许这些嘱托用语言表达出来会显得十分"啰唆"，让学生很难捺着性子认真听进去，可是当我们用文字展现出来时，那是一种多么细腻、温暖而强大的力量啊！

小白的父亲向儿子讲述"70后"的奋斗经历，让他感受父辈的成长环境的艰辛，奋斗志向的坚定，前进的无穷动力。因为对于他们的父辈们，当时都面临着几乎一样的境遇："知识改变命运。"所以他们经历了这一代孩子无法理解的人生经历。白天不懂夜的黑，孩子与父母年轻时的成长环境不同，在日常生活中往往显现出来代际隔阂，如果不写出来展现在孩子们面前，可能孩子们根本无法理解那一代人的艰辛。其实我读出了父亲的良苦用心，这一代学生面临着衣食无忧的成长环境，我们确实时常感觉到他们的学习动力不足，意志品质也不够坚定，甚至经常出现空心化等问题。他们是需要教育的，父辈们用自己的成长故事来激励孩子未尝不是有效的方法。

现在，你已步入青涩懵懂的年龄。有个性、有诱惑，也有迷茫，前进的道路在哪里，我们为什么要读书，读书为了什么？将来我要成为什么样的人……这些疑问可能不止一次在你的脑海中涌现。毕竟现在衣食无忧，基本的生存需求已经不成问题，那我们的存在价值在哪里？作为生于 20 世纪 70 年代的父母，我的父辈和我自己儿时是在面朝黄土背朝天的原始农耕生活中度过的。每天顶着烈日暴晒在田野之间。累了，躺于田埂上；渴了，双手捧一拨池塘水。一年到头咸菜萝卜是家常便饭，油条豆浆是一年难得一次的奢侈……这样的日子，从我的父辈脸上的风霜和皱纹，一眼就能看穿自己的未来。要走出大山，到城市去，换一种活法，是我们这辈人的最大欲望和动力。而读书，是我们唯一的出路。现在经过努力，我们在大城市有一容身之地，你们也衣食无忧。那作为开拓者二代的你们，又准备以什么样的理想和行动去迎接未来呢？是雄心壮志的家国情怀，还是小富即安的随波逐流？我们希望在高中求学生涯中，你能从众多不确定的目标中，尽早挑选并明确最适合你自己的终生奋斗目标和短期的阶段目标，有方向、有行动，才有捷径，也才有源源不绝的原生驱动力。

小云的妈妈用细腻的情感，预设到了刚刚迈进高中大门时孩子将会遇到的种种不适应，并给予恰如其分的指导：

当你目标没有达成时不要气馁，妈妈会在你需要鼓励和倾诉时给予你无穷的勇气和力量；当你遇到同学关系不融洽时，希望你主动融入进去，与同学互相鼓励互相关心；面对寄宿生活，你要自强自律地面对。笔纸万千，书不尽殷殷深情，所有的期盼，在三年学成归来，尽数归还于你的生命脉络，相信这三年一定会是你生命中极具意义的时光，向着属于你的青春年少，尽情挥洒，尽情绽放！

小晨的爸爸启发他站在这个重要的节点，从优势中继续提炼经验，从不足中汲取教训，沉下心来，为了三年后的高考目标去发起新的挑战和冲刺；同时告诉小晨，爸爸妈妈永远做他的智囊团和后援团，并给了他三条"锦囊妙计"参考和采用：一是学会学习，上课需要紧紧跟着老师的思路在知识的海洋里徜徉遨游，就会叹服于数学的逻辑之美、语文的意境之美、英语的韵律之美；下课的 10 分钟以及饭前饭后都是学习的间隙，抓住这些时间去跟老师和同学请教，把自己在学习上的"堵点、疑点和难点"尽快解决掉。二是学会沟通，他语重心长地告诉儿子，让他站在父母的肩膀上去实现人生理想和追求远大目标。父母的约束和教导是为了让他在成长中少走弯路，取得更多的进步。此外，因为高中开始住校，当与同学及室友沟通不畅、闹矛盾的时候，以宽容之心待人最终也会收获别样的友情，设身处地地考虑双方立场和感受，也试着和他们坦白沟通。三是引导孩子学会管理。希望他做一个学会自己管理自己的学习、生活、情绪和时间节奏的"准大人"。所以要学习"要事优先"的管理方法，把事情分门别类，按照"重要且紧急，重要但不紧急，紧急但不重要，不紧急也不重要"四个维度做好划分，妥善处理好个人生活与学习任务的关系。小晨与父母关系一直不太好，他始终认为父母对他的要求太多、标准太高，相信读过父母的深情嘱托，他能够多站在父母的角度，体谅他们的用心良苦。

六、信里也有父母站在国家民族发展的大时代背景下对子女承担民族责任的期待

父辈经历过国家富起来、强起来的伟大飞跃，感受到对国家民族发展的欣喜与自豪，希望在国泰民安背景下子女挺膺担当。父母以成年人的视野审视国家发展，站在历史的洪流中倍感"人间岁月短"，给予子女殷殷期望。

请看，一位父亲给孩子的信：

人间岁月短

——给孩子的一封信

1872 年到 1875 年，清政府先后派出四批共 120 名平均年龄只有 12 岁的幼童赴美留学，原计划 15 年的学习后为朝廷服务；但在 1881 年全部被召回，虽然他们没有完成学业，但是他们以不可思议的、惊人的速度克服了语言障碍，成为各学校中的佼佼者，部分幼童有幸进入了耶鲁大学、麻省理工学院、伦斯勒理工学院、哥伦比亚大学、哈佛大学，回国后仍然为灾难深重的清政府效力，有铁路之父詹天佑，有担任中华民国第一任国务总理唐绍仪，有清华大学首任校长唐国安……

人间岁月短，百年后的中国不再是积贫积弱、割地赔款，已初见大国之影：两弹一星、运载火箭、北斗卫星、火星探测、嫦娥奔月、神舟载人、C919 大飞机、福建舰航母，我们普通民众家庭的孩子可以在自己的居住地就近入学。

亲爱的孩子，人间岁月短山水长，有的人一出生就含着金汤匙，有的人一出生就面临生与死的考验，有的人一出生则需要跟贫穷斗争，但人的生命有无穷的变数，有的人则是通过自己的勤奋努力、永不言败、自律向上逆袭成功，有的人则是甘愿沉沦得过且过、庸庸碌碌、浑浑噩噩、虚度光阴啃噬父母的爱，有的人则是乐观开朗向上、积极充满阳光、不发牢骚不抱怨，尽管屡败屡战，依然努力拼搏提升自己的能力，最终克服困难走向成功。

西汉刘安《淮南子·原道训》曰："故圣人不贵尺之璧，而重寸之阴，时难得而易失也。"（翻译：圣人不以盈尺的璧玉为贵，而是珍惜每一寸光阴，因为时间失去就难再得到)，豆蔻年华正是读书之时，请以一颗宁静的内心，快乐的并充满好奇的心去学习。因为生活在我们这个星球上，接受过良好的教育，才能拥有更多的知识，视野才能变得更加开阔，这样才能拥有更多机会，拥有更广阔的天空，才能自由地有尊严地驰骋在这广袤无垠的星球上。

亲爱的孩子，请不要辜负爸爸妈妈给予你世界上最珍贵的生命，因为人间岁月短。

父手谕印度班加罗尔

2022 年 9 月 13 日

我相信，孩子们手中拿着的绝对不仅仅是一封封信，绝对不仅仅是一行行文字。那是"儿行千里母担忧"的牵挂；那是"母苦儿未见，儿劳母不安"的忧愁；那是"慈母手中线，游子身上衣"的深情；而这一切都体现了"家"这个世界最温暖的地方，这个世界上最有爱的场所。

同时，我认为这样的一种书信书写，不仅会给学生带来情感上的滋养，精神上的支撑，而且能够带来学习动力上的补给。好几位家长在写信后，给我发来微信，表达了感谢，因为他们好久没有与孩子们进行这样顺畅的沟通交流了。相信这样的一种书信书写，也给父母们带来全新的体验，他们或述说着面临离别时的不舍，或回忆孩子成长的历史，或给予开启全新高中生活的孩子的深情嘱托，或站在国家民族发展的历史洪流中考量孩子的发展。我们通过自己的努力，为父母们进行总结、反思、嘱托创设了一种机会，我相信父母也一定得到了释放，甚至会给相对紧张的亲子矛盾、代际隔阂带来缓冲。

本章小结

　　我常常想，教育的核心是什么呢？是关系，良好的关系必将为接下来的教育做好铺垫。这种关系既包括师生关系，也包括亲子关系；而书信开启了新班级中我与学生的心扉，通过书信，我们疏通了亲子关系，建立了师生关系，增进了彼此的信任，从而为未来和谐的关系打下了良好的基础。

　　当我满怀期待地阅读完孩子们的来信时，我感受到的是一个个生命的灵动，他们就这样以一种欢快的姿态走进了我的教育生活。他们表达出对我的认可和信任，"在陌生的高中遇见您是我的幸运"；他们勇敢地向我介绍和剖析着自己的不足，如"社恐"、没目标、不够坚毅、自控力差等，同时也决定改正缺点，"坚决不做吊车尾"；他们向我介绍了自己的性格，外向、乐观、开朗、阳光等；他们向我介绍他们的兴趣爱好，如享受画画、弹钢琴、跑步、打篮球等；他们表达了自己对高中生活的期待，"希望交到知心的朋友，多参加实践活动"，同时也表达出对未来生活的担心和恐惧。他们敢于剖析自己不擅长的科目，同时也自信满满地介绍着自己擅长的科目。他们畅谈个人志向和理想："望向更美好的生活，也是望向通过努力所创造的未来。"而且他们告诉我，他们也喜欢以这种方式和我交流："有老师愿意以书信的方法了解同学，也是让我惊喜。在我眼中，信是写给至交的，写给亲密的人的，是一种最深情的对白。所以君已提笔，愚竟敢不研墨？"他们放下思想的包袱，敞开心扉，表达着对新生活的憧憬："我觉得我很幸运，分到了这样一个班，有这样的班主任，还有这样的舍友。班内的学习氛围会让自己不自觉地也开始学习起来，虽然是在被自律的同学卷着，但也总比躺平摆烂好。"

　　总之，孩子们用真诚诉说着自己内心最真实的想法，多么坦诚，多么热烈。

41

要知道我们所教的学生不都是能够侃侃而谈，有的可能敏感内向，就是他们在书信里所称的"社恐"，那么书信的确打开了我们彼此沟通的一扇心窗。

当我认真阅读完一封封深情饱满的家书时，我读懂了浓浓亲情，厚厚的温暖，我感受到孩子们背后有一股强大的力量支撑着他们前行。字里行间有父母的惦念和牵挂："从幼儿园到初中，你一直都没有和父母分开过，现在马上要去学校过寄宿的生活了，我还是有些许担心和不舍。"有父母的嘱托和指导："爸爸妈妈希望你成为一个有责任心、有担当的男子汉。"有对儿时成长点滴的回忆："十年的求学之路，十分不易。爸妈看到了你的努力，看到了你的坚持。"有对未来美好生活的期许："希望你通过三年的高中生活，在你坚持不懈的努力下，考入自己理想的大学，先定个小小的目标：985 大学是否有兴趣一搏？"家书活动拉近了亲子之间的距离，打通了亲子情感表达的堵点，为孩子们开启新的高中生活带来巨大的能量。

教育的核心是理解和共情，其实每个孩子都希望被看见、被理解，这样才能为接下来的班级管理和教育做好铺垫，所以教师必须关注孩子的精神生活、走进孩子们的心灵。苏霍姆林斯基曾认为教育——这首先是教师跟孩子在精神上的经常接触，没有爱心，不努力去理解孩子精神世界的人，只配当个教书匠，不可能成为学生精神上的教育者、指导者，因为教师的职业是一门研究人的学问，要经常不断地深入人的复杂的精神世界。苏霍姆林斯基不能容忍只关注知识和分数，而忽略精神生活的做法，认为这不仅是对学生个体的不负责，也是对社会的不负责，精神上的贫乏会导致道德上的空虚和堕落。最严重的损失是人的损失，这是任何东西都无法弥补的。教育者要最大限度地减少损失，首先就要关心人的心灵培养，因此要务必明确，学校里的学习不是毫无热情地把知识从一个头脑里装进另一个头脑里，而是师生间每时每刻都在进行的心灵的接触，进行生命的对话。

　　书信作为一种独特的情感表达方式，成为人与人之间的情感纽带，在书信里我们可以展示自己的内心真实想法。我们可以打破时空的局限，拉近师生之间的心理距离；老师也可以通过学生的回信读懂一个个可爱的鲜活的生命，老师还可以通过阅读家长们的书信读懂学生背后的家庭关系，为孩子们的成长赋能。

书写锦囊

1. 书信书写契机

在新接手一个班级的时候，或者起始年级新班级刚组建之时，也可以是新学期刚开始之时，我们都可以用一封深情饱满的书信开启一段师生的遇到。

2. 书信书写内容

在班级刚刚组建时，书信以介绍和建议形式为主。我们可以向学生介绍自己，介绍高中的学习生活，介绍学校文化，介绍自己班级建设的计划和方案，介绍自己的教育理念和风格；我们也可以邀请学生向老师做出自我介绍，可以介绍他们的性格、学习习惯、优点缺点、兴趣爱好、家庭环境等；同时，面对新学校、新班级、新阶段的学习生活，我们要给学生具体的建议和方向指引，可以是学法指导、生活指导，也可以对学生的新期盼和要求。

3. 书信书写情感

此时学生与班主任不太熟悉，老师要放低姿态，用温柔的口吻，同时建议大家采用学生乐于接受的方式和学生建立"自己人"的关系，给予学生未来走进新生活的方向指引和方法指导。班主任要采用鼓励、期待、赏识、信任等正向语言来书写，这样，会消减学生的陌生感和恐惧感，为学生顺利适应新的环境、节奏做好铺垫。更重要的是班主任一定要坚持真诚、亲切的原则，让学生感受到信任和温暖，在一种共情的氛围中师生走进彼此的心灵，开启一段全新的旅程。

4. 书信书写主体

此时的书信可以是班主任主动发起先写给学生，也可以邀请学生主动写给班主任，也可以邀请家长写给孩子。总之，班主任要创设情境，搭建平台，建立书信沟通的场域，为学生家长或其他教育主体提供抒发情感的机会。

5. 书信书写的效能

（1）对班级建设的作用。在新接手一个班级的时候，我们还不了解学生，学生也不了解老师、班级、学校的情况。师生之间是有陌生感和隔阂的，有的学生甚至对老师存在戒备心理。所以，此时的班级建议打破僵局，展开破冰显得非常重要。

对班级建设来说，此时的书信沟通无疑是班级破冰的一次大胆尝试。让学生们还未见面或者刚一见面就感受到班主任的真诚，感受到班级其乐融融的温情和和谐氛围，让孩子们在一种平易近人的沟通中打开心扉，迸发出向上的活力。这会增强班级的人文关怀和人文气息，调动孩子们的主人翁意识，增添了班级管理的力量，增进新建班级的凝聚力和向心力。

（2）对学生发展的作用。对学生而言，写在班级刚刚组建初期的书信，能够搭建起班主任与学生进行心灵沟通的桥梁，拉近班主任与学生之间的心理距离。其中班主任写给孩子们的书信，可以让学生通过文字提前了解一个立体的教师、班级、学校，以及全新的学习生活，为学生顺利适应新的环境、新的教师、新的生活做好铺垫；同时可以消除师生之间陌生感，让学生找到未来努力的方向和方法。

学生主动写给班主任的信，可以直抒心意大胆表达，甚至可以提出疑问，这样可以逐渐消减学生对新环境的恐惧感，从而舒缓学生的心理压力和不适，有利于生命的舒展。

根据"首因效应"，开学的第一封书信给还未曾谋面的学生们带来和蔼可亲的印象，让学生们感受到了被关注、被关心，为进入班级后与老师展开真诚沟通打下坚实基础。而在书信中的或鼓励或期待，或赏识或信任等正向评价的语言，会让学生感受到亲近感、喜悦和力量，从而在一种快乐、放松的氛围中，带着对未来高中生活美好憧憬和希望来开启全新的学习生活；而这些情感和情绪上的铺垫，也会为学生的品格塑造、行为养成、精神成长点亮心灯。

（3）对亲子关系的作用。家书活动拉近了亲子之间的距离，打通了亲子情感表达的堵点。

"生命是自由、是独立，爱与生命一样，是一场渐行渐远的分离，然后才会实至名归。求学就是为了实现生命价值而不可避免地面对求学的分离，是为了更好地走好接下来的人生路，妈妈相信优秀的你会一直作为妈妈的骄傲，无论是在高中三年里，抑或是在未来的人生路上，一路充实，一路繁花似锦……"这是对生命的期盼与祝福。"你需要更加了解，社会首先是人与人之间的交流，尊重、守礼、感恩是人类特有的，但不是天生的，要多读书；出生自带的资源是无法改变的，如果要获取更多的资源，唯有勤奋、努力地读书；科技发展衍生出令人眼花缭乱的互联网平台，会让人迷失；但是父母老师会帮助你自律，如果要更加自律，多读书；坚持和放弃是一瞬间，错过了读书的时光，永远就没有了，家长和学校不放弃，只有你自己坚持和自律。"这是对成长的全面指导。

学生们含着泪水读完了一封封家书、一行行文字，读懂了父母，读懂了人到中年的不易，读懂了父母的殷殷嘱托，读懂了厚重的亲情和一段段丰盈的生命成长史。这本身就是对亲子关系的缓和。温暖的文字，浓浓的亲情，注定是孩子们前行的不竭动力。

金"育"良言

我常常用"邂逅"这个词来形容班主任与学生的相遇，或在一个风和日丽的春日，或在一个秋高气爽的秋日，有那么一群朝气蓬勃的十五六岁的年轻人，带着对未来美好生活的期盼，来到了一个新的学校、新的班级，遇见了你我。这何尝不是一场生命的遇见呢？我们对这些灵动的生命又有怎样的期盼呢？

遇见生命，期盼成长。

学生期待着老师是自己前行路上的同行者和指引者，教师应该成为书信沟通的发起者和沟通情境的创设者。

我们以怎样的姿态展现在学生面前会直接影响学生的心态，所以我们一定以积极阳光的心态来面对我们的学生，向学生传递满满的正能量，即使我们曾受过许多委屈。

教师在审视学生，学生也在审视教师；教师在期待学生，学生也在期待教师，而一封封书信让我们走近了彼此。

教育的起点是理解和共情，其实每个孩子都希望被看见、被理解，只有这样才能为接下来的班级管理和教育做好铺垫，所以教师必须关注孩子的精神生活、走进孩子们的心灵。

家书活动拉近了亲子之间的距离，打通了亲子情感表达的堵点，为孩子们开启新的高中生活带来巨大的能量。

只有从学生的角度思考问题，才有可能解决学生的问题。

当家庭教育与学校教育的方向一致、家长与教师的关系融洽时，所形成的合力就越大，即对受教育者的积极影响越大。

教师，要一改过去高高在上的教风，放下师道尊严的架子，尊重学生、信任学生、爱护学生，多与学生交谈，学会倾听学生的心声，试着走进学生的心灵。

教师是职业，更是事业；育人是工作，更是情怀！

信任是管理的前提和基础，因为"亲其师，信其道"，这份信任一定能为接下来的班级管理奠定良好的情感基础。有了这份信任我这个老班主任也会在接下来更好地教育和引导学生中多一份自信。

所以，请广大年轻班主任一定记住，在新班级成立之时开动脑筋，用真情赢得学生们的信任吧。

第二章
对话生命　体悟成长

教育不是长辈的断然命令和晚辈的恭顺服从，而是长辈和晚辈参与其中的紧张和复杂的共同精神活动，是一场精神对话。

——苏霍姆林斯基

我们满心欢喜地迎来了一届又一届可爱的学生，接下来的工作就是研究在自己的教育日常中如何走近学生，走近他们的生活，走近他们的心灵。要想走近就必须了解。苏霍姆林斯基说过：教育，这首先是人学。不了解孩子，就谈不上教育。所以师生沟通首要的前提是了解，我们要研究自己的所教学生所处的年龄阶段、心理特点、认知水平等基本情况；我们也要研究学生的家庭环境、亲子关系等社会情况。

发展到高中阶段，学生在生理发育上已达成熟，在智力发展上也已接近成人水平，在个性及其他心理品质上，表现出更加丰富和稳定的特征。单纯的肉眼观察，过于表面化；简单的语言沟通又往往支离破碎不够全面。如果想对学生有一个深入的了解，就必须和学生深入接触；而书信能够创设一种巧妙的生命场域，在一种和谐的、平等的师生关系中，开展一场生命之间的对话。尤其是在一些日常交往的连续性书写活动中，我们能够透过学生的文字感受到他们内心的变化和发展，而在我们关注到学生后给予的热情耐心的回复，又会给学生生命的成长带来长期持续的影响。

值得注意的是，与这些十五六岁的孩子交流沟通，教育即对话，对话是我们生活中一种交流沟通方式，"对话"也是后现代哲学中的一个名词，指尊重人的生命及人与人平等关系的建立。今天，许多人已经把对话引入教育领域，我们的教育就进入了对话时代。对话教育以人的对话为主要内容，强调平等沟通。因此在书信对话中，我们要尊重学生完整的人格，在相应情绪中，实现生命之间的有效互动，从而实现教育意义的生成；我们要在对话中引导学生学会批判、理性地看待世界，激发出学生的生命激情，从而感受到自身的价值。所以与这些十五六岁的孩子们沟通交流，绝对不能是单向的信息传递，如何形成平等的双向对话，最大限度地调动学生的主动性和积极性，是对话生命、体悟成长的前提条件。

那就让我们一起打造书信对话生命的场域，在平等的关系中，用真心展开一次次生命的对话，在不断的对话中感悟学生的生命成长，可以是一次平常的作业批改评语，激起的学生灵魂成长，也可以是亲子之间互诉心声，感受浓浓亲情，可以是师生日常共写互评的班级日记，互相倾诉心声吐露真情，也可以是节日里我们写着祝福语的精美礼物，温暖了师生彼此的心灵……一封封饱含深情的生命对话书信打开了我与学生之间心灵的一扇扇窗，我们从生活聊到生命，从错误聊到成长，从现在聊到未来……在彼此的信任中，我们敞开心扉，这是一场灵魂的碰撞，这是一场情感的升华，更是一次彼此的走近和欣赏。

一句评语，激起灵魂成长

——在日常批改作业中展开生命对话

与学生展开生命对话最常见的方式就是书信沟通，但是正式的书信交流往往受到时间的限制，比如每学期的开学初或者期末前、重大节日或者有教育意义的重大事件发生之时，都是良好的教育契机。其实与学生展开一场生命的对话，可以融入我们每一天的工作生活中，例如抓住批改作业的契机。作业不仅仅能够反映学生的学习情况、知识掌握情况，透过作业我们也能洞察出学生的思想状况。俗话说，教学相长，教与学、老师与学生之间一定要及时有效地沟通，否则我们的教育就会失去光和热，就会失去实效性和针对性。那么作为科任老师，我们如何抓住恰当的时机呢？那就利用好每次批改作业或者试卷的机会。除了班主任，每位老师都还拥有科任教师的身份，在给学生批改作业的过程中，除了指出作业存在的问题，我还会针对某些同学近期出现的问题或在课堂中的表现，做出知识点评，我会把自己的想法写在作业后面。相信自己，学生会非常在意你对他（她）的评价的。去年教师节，25班的学生制作了一个精美的小视频作为礼物送给了我，在那个小小的视频中，有心的孩子把我一学期以来在她试卷后面留下的评语都拍照保存了下来，我相信这不仅是留在了照片中，这些用心书写过的痕迹，也许会永久留在他们青春的记忆中。因为在他们奋斗过的岁月中，曾有一位政治教师一路随行，关注过他们，批评过他们，也曾经赞美过他们！

2018年的感恩节的夜里，我的手机响起，我收到许多学生发来的各种感恩祝福的微信，其中有一条深深打动了我。这是一条很长的微信，严格意义上来说是一条用微信写的一封信。我认认真真阅读了每一个文字，被这些温润的文字湿润了眼眶，温暖了心。

下面就是写给我的这条微信：

亲爱的金老师：

　　好久不见啦。希望您没有在看到我消息的一瞬间产生"这是我哪个学生"的疑惑，因为我在高中实在是默默无闻，所以还是要劳烦您回忆一下，我是18届毕业生12班的伊梦，过去的两年半里我们几乎是天天相见，如今的几个月和未来，我们都可能只在朋友圈里相见，我想告诉您，无论过了多久，我都依然会很想念您。

　　先说一下这封信的来源吧。今天，我们的世界史老师推荐我们去听一个他非常尊敬的一位已至古稀之年的老教授讲"师德与教育"的主题讲座，我本来就对教育学感兴趣，所以抢了名额去听了这次讲座，真的受益匪浅。讲座上老教授拿出了他在课堂上留的作业即让同学们给他写一封介绍自己的信，他再以自己的诗回复。那一瞬间，我真的热泪盈眶，因为我想起了在临毕业的最后一次小考答题卡上，您给我们每个人的留言。

　　您给我留的言是："不太张扬的你，定会在高考考场上实现理想，加油！"还有一个可爱的笑脸。在高中时由于我本来学习成绩不是很好，也不想太高调，所以一直感觉自己的存在感不强，我清楚在实验中学这么好的学校里，老师不可能兼顾到所有人，也肯定要为学习好的同学付出更多的精力，我也就习惯了三年下来可能真的没有老师了解我，而且我记得当年，某老师总是记不住我的名字……我知道所有老师都关心我们，都为我们付出了很大的辛劳，但是您在我们临毕业的那次留言是真的能够让我铭记一生，而且那是一种在此时此刻想起来仍然会使我流眼泪的关爱。

　　写上面微信的孩子是2015级清北班的一个很内向的女生叫伊梦，说实话，如果没有收到她的微信，我的确有点儿记不起她了。因为她实在太内向了，从来不愿意主动表达自己的感情，就是那种高中三年除了问问题才会与老师沟通的孩子。因为大学课堂上的一位教授的一个做法：写信介绍自己，勾起了她对我的想念。一切源于我在她高中临毕业前的一次考试答题卡上的评语。我记得当时我是这样写的："不太张扬的你，定会在高考考场上实现理想，加油！"给孩子们写评语一向是我的习惯，我喜欢在批改作业的时候不经意间给孩子们写一些鼓励的话，其实我并没有想到就是这样一个在我看来再平常不过的小小的动作，而且我对她的评价和鼓励是那么简单。对，就是这样一句简短的留言，竟然催化了一个内向孩子的灵魂成长，从来不擅长情感表达的她竟然给我写了这么长的一封信，这真的出乎我的意料。所以作为教师的我们千万不要忽视自己的一言一行，没准哪句话、哪个动作、哪个眼神……都会给孩子们带来无穷的鼓励与希望。

一份礼物，写下最美祝福

——在节日礼物交换中展开灵魂对话

作为教师的我们每年 9 月教师节，可能都会收到孩子们的小礼物，你喜欢什么样的礼物呢？怎样的礼物会给你带来惊喜加感动？偶然翻开 2014 年教师节学生们送给我的礼物，那是一盒孩子们送给我的小卡片，上面写满了孩子们深深的祝福，足足四十张。每个孩子用心写出了我在他们心中的印象以及对我的祝福。我觉得这比收到任何礼物都能让老师感到幸福，因为那是一次心灵之间的碰撞和沟通。还有那段以张杰的《最美的太阳》为背景音乐的小视频，学生录下了他们想对我说的心里话，偷拍了我的照片，积攒了平时我在批阅试卷时写给他们的要求和祝福，让我足足感动了好几天。

所以，什么是师生间最好的礼物？我觉得是那些赋予了精神记忆和文化内涵的礼物，是那些让我们感受到浓烈情感的礼物，而不是任何物质的或别的什么东西。

同样，教师也会在平时的教育实践中给学生们礼物，因为学生是需要激励的，老师要善于抓住一切机会，选择恰当的场合给学生以及时的奖励。经常看到办公室的年轻班主任们在考试之后买来各种物质奖品。我从不反对这种奖励，但是说实话我不提倡物质奖励。我觉得最好的礼物应该是更多地包含文化特色的、精神的，乃至情感因素的奖励。那么，作为教师的我们，在平时的教育实践中如何设计自己的小礼物呢？

在物质条件相对富足的今天，很多现成的物质奖励已经很难满足学生的需要了，而我们的孩子缺少的可能更多的是心理上和情感上的慰藉。父母往往愿意以咄咄逼人的气势压倒学生，那我们就要找到能够打动甚至感化学生的东西，我觉得唯有真情。

所以，我会在每个学期初给可爱的学生们写一封倾注我全部情感的信，一方面是我会把这学期我对学生们的整体要求写清楚，落实到纸面上怕学生忘记；另一方面，也表达我对学生的殷切希望，学生会在读完了我的信之后对接下来的学习生活有一个全新的认识，也会对高中的学习生活充满了信心。

在高二举行的班级年度总结班会中，我给获奖的孩子买来日记本，在每个本子的扉页上，我都亲笔为他们写下深深的祝福和评价，我相信那些话语是不可复制的，因为我的孩子们是不可复制的，我对他们的情感是不可复制的，他们的表现更是独一无二的。我相信当孩子们拿到倾注了老师真情的本子时，心里是一种非常的感动。还记得我们班的几个体育特长生由于在运动会中的出色表现，得到本子后也都爱不释手，也许在他们的学习生涯中还从未获得老师对他们的关注吧！

还有每年的寒假放假前，我们即将迎来传统的春节，我会送给孩子们一张贺卡，上面我会亲手写下我对他们的"走心"评价和对新春的热情祝福。想想，一学期即将结束，学生能够得到老师如此高的褒扬，春节即将到来，孩子们能够收到老师的新春祝福，该是多么幸福而温暖呢。

所以，亲爱的老师们，我们在关注孩子们的成绩的同时，有没有拿出真心对待过我们的孩子，有没有与他们进行一场人生青春的对话，有没有以自己独特的方式与他们进行过心灵与心灵的沟通，有没有让孩子因为喜欢你、信任你而变得喜欢某一学科，这也许是我们每一位教师应该值得探究的永恒课题吧。

四封书信，见证班级成长

——在日常班级管理中展开生命对话

书信交流已经成为我班级管理的日常，还记得在带 2012 级 29 班的两年半里，四封书信见证了我对班级学生的全情投入，看到曾经顽劣不堪的孩子们在老师的教育和指引下习惯逐渐养成，成绩逐渐提高，思想越趋成熟，这是多么幸福的事。此时的书信已经不是简单的文字沟通，而是一场心灵的碰撞，这是一段生命的对话。

没有任何生命是孤立的，教育即生活，社会即学校。那么我们有没有拿出真情来对待我们的孩子呢？他们是一个个活生生的生命个体，他们个性差异大，他们棱角分明，他们有更多的需求，如被关注、被热爱、被理解，在人生的某一关键处他们更需要帮助，所以对生命的关注本身就是教育的真谛。

那就让我们用真心、用真情，与这些正值生命历程中最美光景的他们展开一次生命的对话。教师地位居高临下、盛气凌人的单方面的陈述，往往会造成教育效果的缺失。而对话本身意味着平等，一种生命地位、人格地位的平等，换一种口吻，换一个场合，不要在办公室、教室、走廊，我们可以将对话的场地改在操场，可以在一片绿荫下、一块草坪旁、在一次去往食堂的路上或者一次聚餐的餐桌上展开对话。只有这样的场景下，我们的对话才不会流于形式，为了对话而对话，为了教育而教育。我还记得与同学们在餐桌上，孩子们对我的真情表白，那是怎样的一种有感而发，认错、表白、许诺都显得那么真诚，毫无修饰或浮夸，这才叫生命的对话。

所以让我们创设一种情景，只有在情境中，我们才会直击心底，才会真情以对，才会相互理解、相互包容。

还记得在我与孩子们相处的两年半的时光里，我留给他们记忆最深的可能不是严肃的表情或是与他们追赶在一起玩过的游戏，应该是我曾经写给他们的四封信。可以说这四封信开启了我与孩子们生命的对话。我在用心写、用心读，孩子们用心听、用心品，再回味。这才是生命的对话，所以每次交流完，孩子们都是热泪盈眶，我也是。

我在交流中收到的教育效果远比单方面的说教好得多。例如兆兆同学在写给我的回信中这样写道：

亲爱的金老师：

您好！

我与您相识已经两年多了，您是一位真诚、严厉、知识渊博的老师，您给我们带来了许多知识与人生道理，在这里，我想真心对您说一句：老师，您辛苦了！

还记得 2013 年的春天，我怀着期待的心来到了这个新班级，您在写给我们的第一封信中就提到，希望我们做一个脚踏实地的人，做一个负责任的人，做一个勇于担当的人，做一个心存感恩的人，做一个有理想的人，做一个珍惜时间的人，做一个自律的人。现在仔细想想，这些要求我好像都差得很多，但我会继续严格要求自己，向着这些目标前进。

高中生活，真的如白驹过隙，真的太快了。还记得曾经的我们，有的同学打扑克，有的同学逃课，有的同学玩手机，有的同学自习课上说话、打闹，这一切都加大了您工作的难度，我也能深刻理解到您的苦衷，也造成了您严厉的形象，因为没有老师不希望自己与同学间是亲密的朋友关系，在这里，我也替 29 班的同学们向您说声对不起。

有人说高中生活是痛苦的、煎熬的，但我认为我们的高中生活是快乐、向上、富有激情的，同学们运动会上的努力拼搏，篮球赛中的永不言弃，艺术节中的积极参与，都体现出 29 班是一个积极向上、全面发展的班集体。

　　我还记得您在写给我们的第二封信中，与我们交流了"高三""青春"的问题，现在我依然受益匪浅，也渐渐明白了许多道理，也感受到了您对我们的殷切希望，这些问题都是我们成长的标志，您的这三封信我也会妥善保存好，让它们成为人生中最珍贵的纪念。

　　三年的教育时光，我用书信见证了孩子们成长的历程，也见证了自己的成长的历程。随着岁月的渐去，孩子们退却了叛逆，收起了任性，收获了成长；而随着岁月的渐去，自己也退却了冲动，收起了倔强，对教育的理解也更加理性与顺畅！

　　经历三年书信温暖的交流和耐心的教育，学生们的确改变了，他们变得善解人意，他们理解我曾经的不容易；他们变得热爱学习、勇于拼搏、自立自强；他们对我写给他们的书信如此珍重，把他们视为人生中最珍贵的纪念。这就是书信的力量，因为文字是有感情的，是有力量的，同时也是有记忆的。

　　张卓这样写道：

金老师：

　　您好！

　　时间很快，它从来没有等过我，这三年的时光，转瞬即逝。

　　还有 40 天，而我也没想好该怎么说再见。

　　我在不断成长，三年里经历了不少风风雨雨，我想我也应该是您心中那个比较特别的人；但今天我不想再说，我有多么的不听话，给您添了多少的麻烦，我也不想说离别，我只想说，这三年您陪我成长，陪我走过了这刻骨铭心的三年，我会永远记得您。

　　我从短发开始就在您班里，而现在我变成了长头发还是没"逃离"您的手心，还是每天被您管。您就像我的大树，我可以躲雨，也可以乘凉。您为我付出了很多，我一直记在心里，可能在您心里，我并不是咱们班所有同学中最能让您喜欢、最刻骨铭心的，但我已经很满足于您给我的温暖。当我觉得它们沉甸甸的时候，我才意识到我需要感恩，可显然我做的并没有那么好。我也终于明白温暖并不是用来肆意妄为的，如果我拿着它们得寸进尺，我会内疚，会有歉意，因为我不想失去这些，我需要它们，我更该珍惜它们。

也许我只是一个小朋友，我并没有太多的想法，但我也同样想保护您。当有人让您不开心时，我心里一点儿也不舒服，我会急于站在您的立场去想问题。我也没做过什么，但当有人欺负您顶撞您的时候，我也一样不舒服。

我就要毕业了，要离开您了，不知道以后没有您这棵大树我该到哪里乘凉，躲雨。但是我长大了，做事之前我一定会想想，没有人再庇护我，我为学习成绩提不高急得掉眼泪的时候，也没有您安慰我。虽然要离别，但我一定会变成更好的自己。

我也不会说太多了，高中三年，让我骄傲的事不多，但其中有一件就是遇见您。没关系，无论以后我到哪里，我都会记得您，会记得回来看看您，会检查您有没有好好保养自己，您才不会变成老太婆。我会记得给昊昊小朋友带开心大礼包，无论我在哪儿，您永远在我心里。

在他们身上我看到了一次心灵与心灵通宵达旦的沟通，有些话一旦说出来，心情豁达了许多，我与孩子们之间的隔阂减少了许多。尤其是我们的高中生，他们已经基本上形成了自己的世界观、人生观、价值观。他们在平时的学习生活中已经能够做出正确的是非取舍、价值判断和价值选择，所以简单的、肤浅的说教效果已经不大。尤其是现在的孩子，在他们对很多事情冷漠的背后更需要被关注、关爱、信任与理解。所以在教育的广袤天地中，我们应该开辟这样一片沃土来让他们舒展自己的筋骨，让他们进行心灵的独白，这本身也是对压力的一种排解。

当然作为教师，我们也需要在这一过程中获得学生们的理解与包容。不然在他们眼中我们就变成了只会说教的、面无表情的机器人了。大家想想如果我们的学生都对我们敬而远之，那是真正的教育吗？如果不是孔子与弟子展开生命的对话，会有《论语》的问世吗？尊其师信其道，只有孩子们信任我们，才会与我们敞开心扉，才会与我们在生命的价值追求中达成一致，才会在他们无助迷茫时向你求援，才会他们喜悦时会与你分享。

我相信，在十几年或几十年后，在这些生命成长的痕迹中，谁教会了他们什么知识已变得模糊，谁曾经与他们展开那些直击生命灵魂的对话，也许会长久地留在他们生命的长河中。

以下是我曾经亲笔写给孩子们的四封信（第一封在第一章），让我们重温情境，走进心灵。

致 29 班同学们的第二封信

——写在步入高三时

亲爱的同学们：

你们好！

时间就是这么残酷，还没来得及仔细回味，高中的生活就只剩下那仅有的一年光景了！还记得刚刚进入这个班级时我给你们写的第一封信吗？那是我与你们中的大多数人有生以来的第一次谋面。这也意味着从那时起，我走进了你们的生活，你们也走进了我的世界。还记得那时我给你们提出的几点希望吗？可能有些同学把那些希望铭刻在心中，因为他们在自己的学习生活中践行着它；可能有些同学早已把它抛在脑后，因为他们还是一如既往地我行我素。可是我还是觉得很庆幸，因为在我心中你们大多数在这个班级中都已经有了很大的进步！你们从那时候的叛逆、倔强，慢慢地走向成熟、懂事；甚至从那时对我这个班主任的不理解，甚至抵触，走向今天对我的尊重、包容与体谅！而所有的这些，都是你们成长的标志！

还记得刚刚接触你们，有个别同学冒充家长请假、有的同学吸烟、有的同学逃课、有的同学自习课玩扑克……我伴随着你们走过了那时候的刻板严厉；还记得运动会上同学们争先恐后为班级而努力打拼、铁人精神的班会中你们热情洋溢的争论、一次次大小考试你们的进步与落后；还记得去年期末和你们聚餐，同学们对我的真情告白……这一幕幕还鲜活地展现在眼前，恍如昨日之事！

时间总是这么残酷，残酷到不给你机会驻足反思，在你还没回过神来，我们就又迎来了新的挑战，我们真真切切地来到了高三——这一个在你人生中不是很长却十分重要的神圣的一年！同学们，你们准备好了吗？

为了让大家能够克服高三恐惧症，顺利地过渡，尽早地融入高三紧张而忙碌的学习生活，我今天很有必要和大家交流几个问题：

一、关于高三

也许你们对高三的生活早有耳闻：有人说高三是痛苦的、煎熬的、折磨的、灰色的……而在这里我更想告诉大家，高三的生活应该是快乐的、富有激情的、有奔头的！因为进入高三就意味着各个学科进入复习状态，我们所面临的知识80%都是我们不陌生的。你们只要跟上老师，细心听讲，做到查缺补漏（比如曾经没有好好掌握的知识，在这里都会得到一次重新学习的机会），你们都会有所提高！包括有些基础特别差，以前又没怎么学习的同学。但是，在这里我要特别提醒，时间飞快，在不知不觉中上学期的5个月就会稍纵即逝，所以从此刻起就不要徘徊犹豫，甚至是等待了，既然选择了远方就要奋力前行！因为到了高三下学期，我们将面临大大小小的各种模拟考试（据我所了解大型的正规考试就不下6次），所以学习知识巩固基础知识的黄金时间就在接下来的5个多月。为什么说是富有激情和有奔头的呢？因为只要你充实地度过这一年，你将迎来火红6月的收获！十年磨一剑，世界上有哪个人不喜欢收获的季节呢？除非你根本没有做好收割的准备。在无数个日日夜夜，我辗转反侧，我在心中默默地估计着你们谁能考上重点大学，谁能考上普通大学？我相信凭你们的智商通过自己的努力都能创造奇迹。所以不要气馁，在我们即将进入高三之时，就让我们信心满满，在心里默念100遍：成功一定会垂青有准备的人！

二、关于青春

提起青春，你们想到了什么呢？我想起了塞涅卡说的：我们何必为生命的片段而哭泣，我们的一生都催人泪下。我想起了雨果的话：谁虚度了年华，青春就将褪色。青春是人一生中最美好的季节，在这段美好的旅途中，它会在我们的生命中留下独一无二的记忆。我们曾经欢腾过，曾经不安过，曾经迷茫过，曾经孤独过，青春的我们充满无限的梦想和无限的可能。

当然青春也更像一首歌曲唱的，少年不懂曲中味，读懂已是曲中人。青春是短暂的，还有一年你们即将重新起航，开启人生下一段旅程，再想过一次高中，再想看看我们在座的同学、老师，再想做那些你们现在觉得没完没了的试卷，估计也只能在无数的睡梦中了。所以请珍惜现在的每分每秒，请珍惜在你高中阶段遇见的每一个人，不要为一些小事所干扰，而应时刻扬起风帆准备起航。

2015年，是最富有情感的一年，高考的警钟敲响了，让我们穿上战斗衣，去战场上搏斗吧。奋斗吧！时间属于我们，命运掌握在自己手中，去创造属于自己的美好蓝天。未来一定焕发光彩，回头望，都是曾经追的梦，对自己说一句：谢谢自己，无怨无悔了！

说了很多，也是希望排解一下大家在面对即将到来的高三生活中所遇到的困惑。路只在你自己的脚下，在接下来的一年里，我希望看到一个振作的你，一个精神饱满的你，一个全心投入的你，一个知道轻重缓急的你。在剩下的一年里，我还将一如既往地严格要求你们，也许会神伤，也许会困苦，这些都不重要，只要我尽力而为，为了收获你们人生最绚烂的一笔，我觉得值得！

不知不觉中已经伴随着你们走过一年半，还将伴随你们一年的班主任：金玲。

2014 年 6 月 4 日亲笔

致 29 班同学们的第三封信
——写在高三冲刺时

今天下午看到你们的自习课上如此吵闹，作为班主任的我感到非常生气，为什么上课铃响过这么久，个别同学还没回到座位上坐好？为什么在大多数同学都开始学习的情况下，有几个同学还在疯打乱闹？你们的心里到底是怎么想的？我真的想不通！

从你们与我共同踏进班级的那一刻起，金老师就与你们结下了不解的缘分，我始终相信这一切是上天的安排，让你们在这个风华正茂的大好青春年华与我遇见，也是从那一刻起，我下定决心用我的热情与执着，对你们负好责、服好务，所以在很多个夜深人静的夜晚，我在冥思苦想，在努力，努力想出"完美"的方法，来教育你们，让你们变得"更好"。从开始的硬性说教，纠正各种表象的行为表现，到后来我们的班集体团结成一个无坚不摧的大家庭。在这个大家庭中，我如家长，你们如兄弟姐妹，我这位家长总是在你们犯错误的时候给予严厉的批评和发自内心的担心，你们这些兄弟姐妹也有过争吵和分歧，这一切这么真实地存在着，我们一同见证了它的成长和壮大。

还记得我们一同看过的电影《青春派》吗？正如你们在观后感所写的那样，那是你们对青春对撒老师的体谅，那同样也是对教育的理解，因为没有哪一位老师哪一位班主任不希望你们好的！

还记得运动会上我们一起创造的奇迹吗？那是班级刚刚步入正轨的标志？

还记得老师亲笔给你们写下祝福的那个笔记本吗？表面上是一种奖励，那里无不包含着老师对你们殷切的希望，相信有心的孩子一定把它看得很重要，十年，二十年后都会把它珍藏。

还记得零下20摄氏度我们一起撕过的名牌吗？那是我人生中第一次参与这样的游戏，因为老师也喜欢和你们一起奔跑游戏，当然，我更希望你们在酣畅淋漓之后得到更多的放松，更好地投入紧张的备考中去！

还记得班级学法交流会上你们一个个出色的表现吗？那是你们日渐成熟的表现，因为你们学会了总结、反思与分享！

还记得你们在大大小小考试中的起起伏伏，在一次次摸爬滚打中，你们已找好高考的定位。因为我相信，无论你们有多顽皮，你们都有一颗奋发向上的心，一次次考试的成绩单，已然收藏在我办公桌上的大夹子中，因为那是你们成长的见证！

还记得高二上学期期末的万达聚餐，你们一个个端起酒杯的样子，让我想到十年、二十年后你们的样子，有时真的不敢想象，因为那时你们的金老师，已然成了一个"老太婆"了。

太多的回忆，心酸的或者美好的，这里凝聚着你们的青春。

当然，再多的回忆，也抵不过我对剩下的这70多天的期望，因为这70多天对你们来说太弥足珍贵，70天你们通过自己的执着与努力一定能创造属于自己的奇迹，70天意味着你们人生的新篇章，70天也意味着人生的又一场别离。有些人，一旦别离也许将成为永别，所以老师特别看重你们在这70天的表现。所以每当我看到你们"少年不知愁滋味"，在浪费时间（自己的和别人的）的时候，我的心情是沉重的，有谁愿意为我们这个光荣的集体留下阴影？有谁愿意在这仅有的70天让这样的一位老师失望？让他整日为你们担忧？同学们，人总是要学会长大的，人总是要学会珍惜的，因为一个不懂珍惜的人永远是一个孩子，那么你打算如何度过这仅有的70天高中生活呢？

老师在这里提几点要求：

珍惜身边的人吧！包括父母、老师和同学，请珍惜和父母同在一张桌子吃的每一顿饭，因为70天后你们将奔赴另一片属于自己的天地；请珍惜每一位可爱的老师，他们虽然风格不同，有的热情张扬，有的沉着内敛，但他们都有一个共同的心就是希望你们好；请珍惜班里的每一位同学，成绩好的差的，因为他们是你在高考这个战壕里一起摸爬滚打过的兄弟姐妹，因为你们曾一起哭过，也一起笑过。

认真听好每节课，上好每节自习，因为这些课都是上一节少一节，成为你们高中时代的唯一。"幸福都是奋斗出来的"，一切美好的结果实现都需要自我奋斗！那我们就要脚踏实地，从课堂听讲、记笔记、写作业、订错题，每个环节沉下心去践行，不茫然，从小处着眼，扎实基本功，"久久为功"，高考的结果就会"功到自然成"，目标实现亦是水到渠成。

怀揣梦想，心中只要有梦想，就能看清前行的路。既然选择了远方，便只顾风雨兼程。陈独秀说：青春如初春，如朝日，如百卉之萌动，如利刃之新发于硎，人生最宝贵之时期也。望你在逆境时能勇锐盖过怯懦，进取压倒苟且。不必太纠结于当下，也不必太忧虑未来。当你经历过一些事情的时候，眼前的风景已经和从前不一样了。人生最精彩的不是实现梦想的瞬间，而是坚持梦想的过程。在这一过程中，希望你们不管外物怎样变化，都要不断地提醒自己，坚持初心，按照既定的方向去努力，把握好前进的方向。

坚持兴趣，缓解压力。压力在学习、生活中无处不在，是生活的一部分，你要"习以为常"，亦要"自得其乐"。我一向不主张"死学习"，希望你们坚持自己的兴趣爱好，这是排解压力很好的途径。总之，希望你们能以阳光、积极、乐观的心态，朝着自己订立的目标脚踏实地去实现，活出高中时代应有的样子：努力学习、扎实学习、享受学习，不负韶华，实现人生小目标，定会无怨无悔！

直面挑战，迎难而上。在我们的学习和生活中都会遇到困难和挑战，这是大自然的必然规律，任何人都不可能超越此规律。此规律背后隐藏的规则是：你们的成就与所解决的困难成正比，解决的困难越多，你们的本领就会越强，将来的成就也会越大。所以在学习和生活中不要害怕、畏惧、逃避困难，而要直面困难，因为困难是你们为了达成目标把它们吸引过来锻炼自己能力和意志的难得机会。

我们相逢在春天，又将分别在春天。但这个春天，2015年的春天，将成为你我生命的唯一，因为你们曾在这里拼搏过、努力过。我相信，你们也一定会在这里收获属于自己的辉煌，为自己的青春画上一个句号，也开启另一个旅程。我也将又一次远离自己的青春，因为老师用了三年才换来生命中的一次收获，但是再问我千百遍，我也不后悔，因为我用我的青春换来的是你们生命的绽放！

写在距2015年高考70天之际

金玲亲笔

2015年3月26日

致29班同学们的第四封信

——写在毕业离别季

亲爱的我的29班同学们：

再提起笔写这封信的时候，就真的到了要分别的时刻了。看着你们一张张熟悉的脸庞，不知何时才能再相见。请不要哭，天下没有不散的宴席，我们短暂的离别是为了明天更好的相聚。

说说这两年来我的感受吧！也许许多同学直到现在在心里还打着小鼓，金老师会不会记恨大家？今天，我把谜底揭开，亲爱的同学们，不要紧的，我是你们的老师，我永远会以一颗包容的心对待你们的。谁没有过年少轻狂？谁没有在青春中留下过成长的痕迹？值得庆幸的是，你们把这些痕迹留给了我，留在了这个班集体。我会把这份记忆永远封存，直到永远——这个我们一起哭过、笑过、拼过、累过的 29 班。

再谈高考。孩子们，打起精神头，高考没那么可怕。它不过是你们人生中的一次"小考"。因为我相信，随着你们的成长，在前方会有更大的考验在等着你们每一个人。如果这关都无法克服，以后的人生之路又将如何走？我们每个人就如同一条条小溪，因高考汇聚在这里，如今到了溪水的分岔路口，我们的人生也会因高考而分流到四面八方。孩子们，放开双手尽情奔流吧，奔向一个属于自己的天地。高考复习的路上曾经有我、有各科老师的陪伴，以及家长的庇护，所以现在就应该树立起坚定的信念：高考，我来了，我不怕，我能行，只要我尽力了，我无怨无悔！其实我们每个人都已经做好了充分的备考，只要顺顺利利地坚持这两天，我们就会创造一个属于自己的奇迹。在这两天，无论遇到什么紧急情况，心中都不要发慌，因为你们背后还有老师、学校做后盾！

谈谈美丽的大学，那个令我们向往的神圣殿堂。我曾经和大家说过，也许大学并不一定决定着什么，但在那里你会为自己的青春画上一个完美的句号。在那里，你会遇到一群和你志同道合的兄弟姐妹，他们来自祖国的四面八方，你会收获纯真的友谊；在那里你会遇到一个与你心心相印的"他"或"她"，无论结果如何，但都会令人刻骨铭心；在那里你会找到一份自己喜爱并愿意为之奋斗终生的事业，也许平凡，却沉甸甸……

今天，是个短暂离别的日子，大家都不要哭泣，你们都已经长大，要学会独立，两天后的高考我相信大家一定会水到渠成。20 天后，当我回到家中，收获的都是你们一个个满意的大大的惊喜。老师已经为你们操了两年半的心，此次，请让我在一个安静的角落默默为你们祈祷一百遍、一千遍、一万遍，让

67

我享受安静的一切。20天后，你们的成绩出来的时刻，我会第一时间出现在你们面前。孩子们，放心吧，我这个班主任，直到你们拿到通知书的时刻才会卸任，如果你愿意，这辈子我都不卸任！加油吧！（当时，学校派我为市里出中考试题，我于6月5日出发，当时对学生更多的是不舍和不放心。我也怕这个时候离开他们会动摇军心，但是我们的孩子很棒，他们真的懂事了，交了一份满意的高考答卷。）

好了，重新温习了我们的情感，还是回到两天后的高考，老师帮大家想了很多，一定要用心记下！

备考、学习：这几天，还要静下心来，踏踏实实学习。当然主要是看知识点，常规知识。偏难怪的点和习题就不要看了。

此外大家要在衣、食、住、行等方面注意以下几点。

衣：以舒适为主，如果是新衣服，这几天就穿一穿。注意保暖、防雨；尽量准备一个包，把该带的东西带好；准考证和身份证放在一个透明的袋子里。

食：不要吃生冷的、不卫生的食物；保持平常状态，不要过分补充营养，以免肠胃不适；考前尽量少喝水，如果带水，放在脚底下；第一科考试可以带一点儿吃的，补充能量，也可以缓解自己紧张的心情。

住：和平时的作息时间保持一致，中午尽量睡一觉，实在睡不着也不要勉强。

行：守时，提前半小时进入考场，迟到15分钟后就不准进入了，打好提前量，因为考试当天人多、车多，留好步行时间。此外，注意安全，在家长的陪同下进入考场。

答题中、考试中注意事项：

发了答题卡、试卷后，不要着急答题，先检查有无印不清或漏印的情况。

先贴条形码，万一贴得有些歪，也不要揭下来。

保护自己的答题卡，自己亲自交给老师。

别忘记涂卡，尤其是选做部分。

想好再落笔，在规定区域内作答。

考试期间不要让其他考生打乱了自己的答题节奏。

考完千万别急着和其他同学对答案。

出考场注意检查准考证身份证。

想提示的太多了，我就像一位家长，永远有唠叨不完的话！

最后，祝我29班全体学生2015年金榜题名，高考圆梦！

永远爱你们的班主任：金　玲

2015年6月5日凌晨3：00

学生回信，体悟生命成长

——在双向理解包容中展开生命对话

我与孩子的沟通交流不是单向的，在给孩子们写信的过程中，也收到了孩子们给我的回信，读过孩子们的回信，越发觉得孩子们在慢慢地成长，不仅是成绩的提高，令我更加欢喜的是孩子们思想的成熟、人格的完善，他们多了一份对家长的理解，对老师的包容。

小月是一个学习习惯不太好的女生，高一、高二一直不爱学习，早恋、逃课等违纪行为在她的身上经常出现。当我读了她在高三临毕业写给我的这封信时，真的感觉到了她的成长。她变得善解人意，懂得感恩，知道为了学习而着急地掉眼泪，知道老师曾经对她的严格都是一种奢求，知道离别即在眼前，种种不舍。我想，没有什么比看到一个曾经"劣迹斑斑"的少年，经过三年的用心教导，发生这样的变化更能令一位班主任感到幸福的吧。

金老师，我认为您改变了我，让我觉得看到您就很安心。您告诉过我，每个人都可以拥有梦想，可是对于我而言，在遇到您之前实现梦想是不可能的，因为我的习惯那么不好，成绩那么差。是您让我的梦想有了栖息地，让它陪伴我，让我对一切都那么有信心。而您，从未放弃过我，甚至给了我从未感受到的支持与包容。

我的高三很迷茫，很想退缩，是您告诉我，带领我一直在前进，我很喜欢"二玲"这个称号，这样和您很近，我不愿用老师的身份称呼您，亲人更是我心中所想。我总觉得我们分走了您对昊昊（金老师的大儿子）无私的爱，所以我们在成长，我们会保护您，现在是这样，以后也是这样。2015 年的春天，一个多梦的季节，金老师，良师益友，只有您才是那个陪我一直走下去的人，我在努力绽放，这样才是您最大的收获。

是啊，真的像学生信中所写，只有他们生命的努力绽放，才是我最大的幸福和收获。经过三年的教育，孩子们收起了叛逆，变得如此的懂事，难道不是我们所追求的吗？

小松是一个没什么理想的孩子，做事情拖延，学习没动力、没目标。曾经对我的严格要求十分抵触和不理解，甚至公开场合提出反对意见。通过他的书信，我才发现原来在这样一个倔强的男孩子的内心深处也有最柔软的部分，高一军训时，给他们喷的花露水都深深地刻在他的记忆中，在高三即将结束的日子里，他对我的严格要求也有了一份全新的认知，甚至认为我是改变他命运的人，认为遇见了我是他们的幸运。多么真诚的情感，能让学生认为我是他们成长过程中的贵人，能让学生把遇见我看作是一种幸运，一直是我当班主任的追求，如今透过小松的信我觉得所有的艰辛付出都是值得的。所以我一直认为，教育优秀的学生真的不一定有经过千辛万苦转化一名后进生更能够给你带来获得感。

亲爱的金老师：

您好！

老师您做了我三年的班主任，三年里也给您添了不少的麻烦，让您操了不少的心，在这里说一声对不起。想想刚进您带的班时，晚上军训蚊子太多，您就带了一瓶花露水，向我们身上喷，避免让我们受到蚊子的侵扰的那一刻是那么温暖。三年里我给老师添了无数的麻烦，甚至有时候对您并不是很尊重。还有不到三个月的时间就要分别，好像所有不好的、不高兴的事情都忘却了，只剩下点点滴滴的关怀与美好的回忆。不得不说，在您的手下做了三年的学生，也许是我的幸运，三年的时间让我从一个涉世未深的小白变成了一个成熟的大白。我知道性格会决定命运，会改变您性格的人也会是改变你命运的人，我不敢说您是对我性格影响最大的人，但一定是影响我命运的重要人物之一。您平时的严厉，到现在却成了我最好的动力，可能也是因为您的严厉，才让我这个天性懒散、具有强烈拖延症的人有了考大学的希望。马上要分别，真的又有点儿舍不得，这里有我交了三年的朋友，有教了我三年的老师，但是有一句话是真的：感谢您！金老师。

在书信中，我已经感受到我在孩子们心目中的地位，与其称我为老师，他们更乐于把我称为"妈妈"。记得看过这样一句话，这个世界上除了父母，最希望孩子成长的就是老师。跪着的老师，教不出有责任感的学生。所以这么多年当班主任我一直以"严"字为先。虽然我知道，这种"严格""严厉"一定会疏远了我与学生的心理距离。我是多么希望和他们打成一片啊，可是我知道，我不能。离别在即，当我读着孩子们写给我的一封封书信时，我突然释然了，因为我发现我对学生们所谓的"严厉"并没有真正疏远我们之间的距离。他们已经全然接受并享受着我这个老班主任的所谓严格，他们把这种严厉看作是母亲般的爱，并把它化成自己前行的动力。

金老师，我总说您像妈妈，做得不好则对我们严厉，做得好则鼓励我们。我很庆幸在最难的时候您为我指引方向，没有在我不懂事的时候放弃我，却一直鼓励我到现在，我不敢想分别的时候会怎样，但在多年以后我一定会记得您亲切地叫我一声"球球"。写了好多，记忆就浮现在眼前，好像一切就发生在昨天，也许到 6 月也是弹指一挥间，也许那时我们即将远航，但在前方的路上，我一定不会忘记还有您会为我们加油、喝彩！

"不求尽如人意，但求无愧我心"一直是我做教师的信条，我从来不祈求自己做的每一件事能够被孩子们真正理解，只要问心无愧即好。我始终坚信自己对学生所做的每一件点滴小事真的能够流淌在学生的记忆深处，即使现在没有立竿见影的效果，有一天等他们长大了、成熟了，能够理解我的良苦用心了，又何尝不是一种幸福呢？我知道这个过程一定是漫长的，是急不得的，因为教育本身是需要等待的，那就让我们慢慢等下去，期待着这一季的花开，期待着学生生命发生的蜕变和突破。

亲爱的金老师：记得高一刚分班的时候，来到这个新班级，当时我坐在最后一排，可能是从小就不愿意过多地接触老师，很少和老师说话，不想被老师关注，所以初中除了语数外三科老师知道我的名字外，其他老师都不知道我叫什么。当时您给我们每个人写了一封信，欢迎我们来到 29 班，班级是您早上现填上去的，又去印刷的。刚分班没多久，我就频频犯错，当时您特别严厉，所以当时我也不太喜欢您，嘿嘿。到后来您对我的关注也渐渐地多了起来，给我换了座位，还让我当了政治课代表，其实我知道自己学习不是特别好，您有让我当课代表，是想鼓励我，给我信心，所以我也一直在努力，老师交代的事都用心去做。记得每次考完试，您都会叫我出去谈话，无论考得好与不好，您每次都鼓励我说："有进步，最近状态很好，再努努力。"您发给我们的本子上写给我们的寄语，本子现在还没舍得用。真的特别感谢金老师您对我们的付出，给我们减压，给我们鼓励，不放弃我们每一个人。其实老师您是在班级里特别严肃，私下里还是挺温柔的。感谢这两年半您对我们的付出，除了在家，好像大多数时间您都是在学校度过的，对我们您就像母亲一样，金老师，真的特别特别感谢您，您不仅是我们的良师，也是我们的益友。能遇到您这样一位老师真好，哪怕等您变成"老太婆"我也不会忘记您，感谢您这三年对我们的关心、帮助和无尽的爱！

　　我自己的高中时代就是在离家很远的县城中度过的。那个时候一个人住校，有时候一个月才能见到父母一面，所以直到自己当了高中教师后，我也特别能够理解在外求学的不易。所以一直想用自己的行动去给这些外地的孩子们一些特别的关照和温暖。小南是外地的孩子，不远万里来到学校求学。为了能够让他找到自信，我选他当班长；为了给他改善伙食，我把自己亲手制作的寿司和包子带到学校分给他吃；为了让这些在外地求学的孩子在过节的时候感受到节日的氛围，我领他们去万达吃自助餐……多年的班主任工作中，我用真情和行动感化着一个个生命。学生们对我百般信任，他们把遇见我当成人生最大的幸运，他们对我的所有付出都感同身受，他们找到了自己前行的动力，他们对未来充满信心，他们学会了用感恩的心对待一切，这些都是我从孩子们的书信中慢慢读懂的。

　　以下是小南在高三即将结束时写给我的一封信，小南的书信中字字透露出感恩之情。所以大家不用担心你自己的付出学生看不到，他们比谁都聪明。你对他们的好，哪怕是特别严肃和严厉，哪怕是当时他们百般不接受，他们还是会用心记下，总有一天他们会用心去感悟，那时候他们一定是长大了成熟了。同时小南把我曾经给予的各种帮助，一一细数，其实我无非是更负责任地、更有耐心地做了一些本职工作，可是对于这些十五六岁的高中生，哪怕是同一件事，你只要用心去做了，他们都会觉得那是一种不一样的关怀。小南的文字中透露着对高中生活的依恋和浓浓的不舍。是啊，一个班集体、一段高中岁月，能够让学生常常回忆，时时惦念，那不应该是我们作为班主任努力建设的氛围感吗？

　　老师，还记得去年夏天那一盒您亲手制作的充满爱的寿司吗？还记得那个平淡的铁盒中充满关心味道的包子吗？小南永远都不会忘记，记得当时收到"礼物"的时候无比激动，想向全世界炫耀，但头脑中的那一丝理性提醒了我！真的，心里特别感动，那种感觉是难以形容的，一个长期在外求学的人，突然收到这样特别的礼物，其实不仅充满着关心的味道！那一刻，感觉自己是世界上最幸福的人，老师，谢谢您，发自内心地感谢您！我的高中生活有您陪伴，真好！

现在每次回家，亲人们都会说我变得出息了！然而每当有人提及现在的我最感谢谁时，我的回答都是一致的：我最感谢的人就是您！当我失败时，您竭尽全力鼓励我！当我成功时，您告诉我什么叫作再接再厉！您为我前进的路途尽量清扫障碍！为了让我的材料更加充实，您亲自帮我去盖章取证书！这些我都看在眼里，记在心里！我想说：我最幸运的事情就是遇到了您，遇到了真心对我好的您！

老师啊！让小南和您说几句心里话吧！您是我人生中最值得感谢的人，即使是三年的一瞬间，但是其中的情谊无法言表，我是您一手培养出来的，您就是我的家人。我相信，短暂的分别不算什么，只要心中存有彼此，即使天涯海角，也会奔回到这里，当面给您送上一份祝福："一声恩师，一生恩师！老师，真的辛苦了！我爱您！"

是的，书信成了我与学生们沟通的有效手段，我在书信中教育着他们，学生们也用书信向我诉说着心中所思所想。他们毫不掩饰，回忆着三年的点点滴滴，开心的或者伤心的；他们诉说着自己成长的心路历程，从一开始对我的排斥，到后来的理解，认为遇到了我是他们的幸运。遇见他们何尝不是我的幸运呢？他们也许不是成绩上最优秀的学生，但是他们用自己生命的丰富性丰盈了我的教育经历，让我对教育的理解多了一份思考。我们用真心温暖了彼此，展开一段段生命的对话。

班级日志，共写班级故事

——在汇成班级记忆中展开生命对话

怀特说过：教育的终极目标，是教会青年人终身自我教育的能力。

文化的发展是一个前后相继的过程，班级文化的建设也应该考虑到时间的前后联系。可以说班级的成长是一个时间累积的过程，从新生的入校入班，到选课走班，再到进入高二班级的相对稳定，到各种大大小小的班级活动中班风的日渐成熟，最后到高三毕业，班集体的解散，每一个过程无不体现着时间的元素。学生在一个班级中也经历了刚入班级时的懵懂，到后来的逐渐成长成熟。因此班集体的发展是打上了时间印记的学生生命成长共同体。班主任如何在班集体的纵向发展中，构建班级文化，用文化的元素唤醒学生们在班集体成长中的共同的精神记忆和文化记忆，来感染学生的生命，推动学生生命的成长，显得尤为重要。

因此，我在班级文化建设中充分考虑到时间元素，把班集体的成长和学生个体的生命成长元素融入班级文化建设中，让学生在富有教育时间的班级文化氛围中获得生命的尊重和生命的滋养。

我是一个特别愿意记录班级成长的班主任，每届接手一个新的班级，我都会把我领学生们经历的各种活动用相机记录下来，建立一个"班级故事"文件夹。这些镜头几乎记录了我与学生们在一起的所有感动，或欢乐，或悲伤。有运动会上为了班级荣誉而战的不懈努力，有班级大合唱中为了拔得头筹而反复地训练，有拔河比赛中的酣畅淋漓的一刹那，也有每天值日的琐琐碎碎……等到高三，班级大型活动逐渐减少之后，我就会把这些精彩镜头进行梳理排版，制作成一本精美的"班级故事"相册。

相册里除了有一个个精彩镜头之外，少不了班级口号、班训、班委、班级精神、班歌、班旗等我们独特的班级文化元素。我还神秘地邀请到每一位家长和任课教师为孩子们写上高考祝福的话，印到班级故事册里。"愿你褪去疲惫，换上你的神气；带上你的微笑，冲出你的花季；愿你带着勇气、知识、信念、追求，去搏击长空，一路拼搏，一路精彩。""爸爸妈妈希望你坚定信念，勇往直前，实现自己的梦想。""给14班每一位为梦想拼搏的可爱的你，未来不迎，当下不杂，过往不恋。以有定之心面对无常之态，以有定之行面对无常之事。"就这样，作为进入高三的成人礼的礼物，我把这本班级故事送到每一位学生手中。学生们在紧张的高三学习之余，翻开这本班级故事集，回忆起自己成长的点点滴滴，读到父母和老师们的一句句语重心长的祝福语，是怎样的一种感动呢？我相信，一册班级故事展现的是班集体的成长历程，唤醒的是学生们共同的精神记忆。

著名的教育学者朱永新教授在他的新教育实践中也提出过师生共写教育随笔。我们的班级为什么不能尝试一下呢？开学之初，我就买来了一个日记本，我把之前设计的班级故事相册，扫描到日记本上，我在扉页写好了题记："金老师希望你们在座的每一位同学，都能在这里找到一块心灵的栖息地；能在这里让自己疲惫的心灵得到片刻休息；能在这里找到精神的寄托；能在这里找到情感的归宿；让我们在高考奋斗的路上不再孤单，让我们在奋斗的路上不再徘徊，因为这里是我们的心灵港湾。"所以我把这本班级日记命名为《心灵港湾》，我想让孩子们在学习之余找到一块抒发自己心情想法的阵地，也架起一座学生老师之间心灵沟通的桥梁。

于是，和学生共同书写班级日记成了我的管班日常，也成为特色班级文化的一部分。学生的每一篇日记我都认真阅读，并进行评阅。"看到大家的文字，享受！全是年轻的气息。有人探讨'生命'，有人活在'江湖'，有人'渴望'知识，有人漫谈'青春'，年轻真好！""这周过得真快，读你们的文字成了我的享受！有面临新学期的欣喜若狂，有迎接准高三的诚惶诚恐，有线上线下学习的种种调试，有参加体育运动的畅快淋漓！希望大家每天都过得精彩！爱你们，加油!"以上是我读完学生们一周的日记后情不自禁写下的文字。是啊，此情此景，这哪里是什么批阅，这分明是一场生命之间的对话。读到学生们紧张的文字时，我就用诙谐的语言回复；读到他们比较欢快的文字时，我用调侃的语气回复；读出某个学生真的出现了一些小抑郁时，我就要单独找他谈心。就这样一本班级日记在学生们之间传递，让学生在时间的流淌中书写班级故事，共同构建班级文化、感受班级文化。

从孩子们的记录中，我感受到了随着时间的流淌，学生对于班集体这个大家庭的情感与日俱增，班级凝聚力也更强。因为在共写的过程中，学生们之间也在不断沟通和交流。有失落时的相互打气，有开心时的共同分享，有对美好未来的无限憧憬，也有在高三爬坡时的错乱和迷茫……孩子们在时间的流淌里，感受着班集体的文化气息，在共同的故事里开展了一场彼此间生命的对话，生命受到了感染，压力得到了释放。

坚持了半学期了，我看着学生认真书写的日记，数着黑板上的倒计时，觉得像是在游历学生的心路历程。我在心里想，这个决定是正确的，因为在共同书写日志的过程中，我发现教育的效果日渐显露，而这种效果，又是在一种无声中慢慢浸润学生心田的。

第一，班级日志架起了我和学生之间沟通的桥梁

老师与学生之间的沟通方式很多，比如谈话、写信等，而这几种方式又太有针对性，总得一本正经地找到交流的主题，所以与学生的谈话往往成了老师"单方"的教育，而学生往往会感觉在一种地位不平等中和老师交流，不愿意向我们坦露真实的想法，写信要稍好一些，但也容易受一些外界的影响。那么学生把自己的想法以日志的形式坦诚地写在纸上，就显得更加真实。而且在写之前，我告诉过学生一定要写出自己内心深处最想吐露的心声，对于学生的每

一篇日记，我都认真批阅，我觉得自己不像是在看日记，而是在与学生进行心灵对话，我仿佛一下子走进了孩子们的心灵，它们是那么真实。

例如，下面是小朱的班级日记。

2014 年 11 月 23 日

其实，现在真不知道该写些什么，今天是 2014 年 11 月 23 日，周日。上一周报考，期中考试，整个人都处于一种慌乱里，想想一模好像才过去一个月，期末又来了。一模之后的种种信誓旦旦好像也没什么进展。可现在连报考都完成了，有时候想想我就这样上高考的战场，一定是最先被"打死"的那个。怎么办？每天都在进行自我催眠，明天，明天一定要好好学习，可是明天推到了后天，我还是没有长进，距高考的时间，由 10 个月变成 6 个月，再到 100 多天，我真不知道自己到底能提高到什么程度。总是在想，还不晚，还不晚，当这个数字真的出现的时候，我才发现，时间在我还不知道的时候就已经没有了。我想，真的，我都不知道，我还总在幻想着什么？我总在告诉着自己，现在的我没有理由不好好学习，可是有时候真的，连题我都看不下去，我都不知道为什么？

这次回家报考，在家里无意中看到学校的成绩，对比起来我发现我还是很差，没什么长进，甚至还不如以前，我不知道我来这里是不是错了，来到这里我真的失去了很多，可是我好像什么也没有得到，我能得到那张令我家人满意的通知书吗？我很爱怨天尤人，但从来不思考自己做错了什么，总爱幻想，如果时间可以倒流，都回到从前，我会弥补自己的过错，可是真的好像没有实现的可能。

我不知道接下来的 180 天，会发生什么，也不知道 180 天的我，会不会彻底振作，最不知道高考之后在这张纸上的自己是什么表情，但是我真的还想提醒自己一句，小朱，别再想其他什么没有用的事情了，也别玩了，没时间了，真的……想想如果考不上大学，回家，还哪有脸待下去啊？好像还真得努力了啊！

　　醒醒吧！

　　通过班级日志，我真的找到了一条与孩子们进行沟通的途径，平时不太开朗的孩子言语总是跟不上，有时你找他（她）聊天，他（她）半天也说不出一句话，而写就不一样了，他（她）完全抛开了周围环境的束缚，可以一股脑地将自己的心声全部写下来，而我对他们的态度也是明显的，每次读到孩子们如此沉重的心情时，我总会找到恰当的时机来"解决"难题，例如针对小朱高三期中考试后的这篇日记，我觉得必须加以解决。于是我在看完日记的晚自习，找到了他。我围绕着他在日记中提到的三个核心点切入本次谈话。一是他提到了自己不远万里来到这里学习的目的。我觉得这个孩子是一个很有志气的孩子，我首先表扬了他，我给他讲了中国成语"衣锦还乡"的本义，他听得津津有味，很受鼓舞，我说："金老师也真心地祝愿你最后金榜题名，衣锦还乡！"接着，我围绕着他提出的一个字"乱"做了文章。我先问他："为什么会乱？"他说："一是时间紧，二是自己基础薄弱，老师我上次英语才考了28分。"我说这些我都理解。之所以乱，是因为你很上进，而理想与现实之间又出现了矛盾，那就是你向好的心和现实之间落差太大，你认识很清楚。可是你付诸行动了吗？如果你总是把对问题的认识停留在"头脑里"，而不付之于行动，你的问题能解决吗？他摇摇头，我接着分析："你之所以出现今天的成绩，就是你把所有的问题消化在脑子里了，而不是行动中，你接下来应该怎么做呢？""老师，我学习。""学习？怎么学呢？"一问，他又让我给问蒙了。我问："你今晚上回家做什么？""完成今天白天没完成的作业。""那今天没完成的和昨天没完成的一样吗？和后天的呢？""不一样。""那就是说，你每天忙于奔波的东西都具有不确定性，这样怎么会有提高？所有的问题归为一点，那就是你的学习缺少计划性。"

我问他现在还有多长时间高考？"180 天。""时间紧，任务重，这就需要你做好计划，以提高效率。例如你今晚就把一天在校的时间分成几段，每段都学些什么内容。再如一周做好学习的周计划，做好一周学习和复习的内容。再针对你英语差的现实情况，再做一些学科的学习计划！""老师，我懂了。我一会儿回去先不着急学习了，我先做计划。"接着我给他讲了魏书生老师的"三闲"：闲话、闲思和闲玩。闲思不能太多，你如果头脑中想法太多了就耽误了学习时间。半个小时的聊天很快结束了，我们谈得都很尽兴，表面上我说得多，其实小朱的想法都在班级日记中表达完了。如果没有班级日记，像他这样的不善于表达的孩子，这些内心深处的想法，我得费尽多少心思去观察去发现呢，也许这些问题会一直困扰着我们的孩子。

第二，班级日志，让学生有了一块倾诉的沃土，从而释放了心中的压力，缓解了紧张的情绪

学生们到了高三，面对着过一天少一天的日期，面对着沉重的课业负担，他们的压力可想而知，所以每当我面对着学得沉醉的学生时，我都在想他们内心深处都在想什么？因为自己都是从那个时候过来的，如果有压力，他们将如何缓解压力。当然有的学生自我解压能力很强，有的就不那么强。有些外向的孩子会向自己的老师、同学或者家长倾诉，有些孩子就喜欢把自己的想法憋在心里，这样可不利于学生的学习。班级日志可以说是开辟了一块供学生们倾诉、释放压力的沃土，他们可以将自己在高三途中的想法说出来与大家分享。如华华的日记：

2014 年 8 月 25 日

如此循环往复，真的让人有些烦躁。虽然志向远大，但有时意志似乎不太

坚定。在老师看不到的时候，仍然想着吃什么、玩什么、毕业后的悠闲生活。不过呢，虽说累，全班一起累。在这里有一种竞争氛围，似乎通过竞争可以获得一些乐趣。我不喜欢这样总是学习，我也不喜欢这样被人甩下，我更不想让老师、家长失望。就算累，我也希望看到母亲的笑容。

平时华华不是很喜欢交流，属于内向的孩子，想从他口里听到这些话还真的不太容易。

李娜的日记：

2014 年 11 月 6 日

其实在开始紧张的学习生活之后，我更多的感觉是不知所措，因为落得实在是太多了。学一点儿就卡一步，问题实在太多了。但我也只能硬着头皮学下去了。还有二百零几天就要考试了，我就要离开这里了，玩了两年，也想在最后一年的日子里留下奋斗的影子。可能人生只有一次这样的奋斗，我也应该倾尽全力拼搏，我希望明年考完之后会有一个好的结果，会去自己喜欢的大学，能有一场开心的旅行，最重要的是和爸爸妈妈有一个交代。我不想做以后自己想起来特别后悔的事，我担心以后回想起这段青春洋溢的日子充满遗憾，所以我应该努力。

孩子们的想法，我都一一读过，当然我想即使我不读，只要孩子们能够写出来，那就是一种释放，那种酣畅淋漓、洋洋洒洒的表达是怎样的一种幸福和快乐啊。

第三，书写和观看班级日志，营造了良好的班级氛围，增强了学生主动学习的愿望

写了一个月的班级日志，我发现学生们大多数在书写高三生活得苦闷和自己的压力，其实这倒是符合学生的学情，也缓解了他们的压力。我告诉学生其实高三有的不应该仅仅是备考，我们还是要过正常人的生活。高三生活也有欢声笑语，这些我们都可以共同书写。

当时萌萌写了一篇日记，我与全班同学分享了：

已经快开学两个月了，高三的每一天都充满了紧张的气氛，距离高考也已经过去三个月了。开学以来，班里的气氛完全不一样，每一个同学都在认真学习，真让我感到高三的那种紧张感，那种好像怎么学也感觉时间不够用似的！让我觉得自己没有理由不努力。一开始的时候，这种节奏有点儿跟不上，对学习好的同学来说这是复习，而对于我来说就像是听新课似的。所以平时就得下比别人多一倍的功夫去学习自己这些落下的知识，班里的同学都会互相提供好的学习方法和笔记，每一个同学的问题大家都会认真地讲解，真的是互相帮助，共同努力。以前班级里睡觉的同学很多，现在都找不到上课睡觉的了；以前上自习课总是闹哄哄的，现在也不用班长总管了，很快就能进入学习的状态；以前放假都会约着去看电影啊，去玩游戏啊，现在都是一起约着去补课。我觉得这都是好的变化，这就是集体的变化，好的学习气氛都带动着我们前进，这高三的日子我们一起加油，努力吧！

看，写得多么有滋有味，她把高三同学间的友情写得那么纯真，把我们的集体写得多么友爱。同学们在这样一种和谐愉快的氛围中怎么能不形成合力呢？萌萌是个大大咧咧的学生，做事情包括学习从来都是马马虎虎，但是她对

待班级日志的精神实实让我感动。也许孩子们都想在同学面前展现完美的自我吧。以上这篇日志是她经过三次修改才完成的。经过反复修改，也培养了孩子们认真做事的精神。

在分享和阅读同学们的班级日志的过程中，在紧张严肃的高三学习备考氛围中，学生们也被卷起来了，他们由被动学习变得积极主动，由"要我学"逐渐转变为"我要学"了。

琪琪在读了萌萌写的班级日志后也写了一篇日志，说出了自己进入高三的转变。他说以前觉得学习就是为了家长，为了老师而学的。觉得爸妈每天逼着他学习就是为了和别人说自己学习好的时候有面子。以前，从心里不喜欢学习，觉得学习没什么用，他认为条条大路通罗马，就算考上好的大学也有找不到工作的啊。以前对学习没有一个好的心态，对学习也是不尊重，也不正视学习，所以才导致现在学习不好，成绩不好。他说在现在的班级氛围中，尤其看到以前一起玩耍的萌萌都开始学习了，自己对学习稍微有那么一点儿兴趣了，也知道要开始学习，开始努力了。

第四，班级日志架起孩子与父母之间沟通的桥梁，减少了隔阂，增强了彼此的理解

给孩子们一份舒展自己心情的栖息地，在这里他们什么都可以表露，包括对父母的感情，他们在自己的生命成长过程中都可能经历过对父母的抵触和不理解，到对这份感情的珍惜。"子欲养而亲不待"，我们千万不要把遗憾留在自己的生命里，所以在教育学生的过程中，我经常会创设学生向父母表达感情的机会。把这些语言在一个适当的时机给他们的父母看，这是一个多么好的沟通交流机会。当父母看着孩子们的情感表达时，也会感动地流下眼泪，也会平添一份对子女的理解与包容。

期中考试就快到了，不能再像上次一样让妈妈失望了，妈妈为我做的太多太多了，无论我做了什么伤害她的事，她都会找出原谅我的理由，然后像往常一样给我准备好一切。妈妈总是说："我在学习上帮不了你什么，我只能负责好你的生活。"所以，我一定要自己努力，才能对得起妈妈的一片苦心。我现在也不挣钱，所以我只能好好学习，用一份漂亮的录取通知书回报妈妈，回报这些年里她脸上新增的每一条皱纹……

第五，班级日志让学生学会了总结自己、反思自己，学会与自己和解

不经过反思的人生是没有意义的，人难能可贵之处就在于在经验和教训的积累中不断进步。学完之后，若不进行总结，就是一盘散沙，所有的知识点都是杂乱无章的，使用时也会显得凌乱。因此每次大型考试后的班级日记我都有必留题目：对自己这一阶段学习生活情况的总结。学生们会对这一阶段自己的综合表现进行回忆和反思，他们也会对各科成绩进行全面分析，所以我的学生们已经把反思当成了一种习惯。我也是引导学生们不仅要看考试成绩这一结果，重要的是分析成绩背后的原因和自己努力的过程。

或许是暑假让我学会了安静与耐心，在过去的一个月我不得不把虚掷了很久的光阴拼命找回，或许已颇具成效，但暴露出的问题仍然是我以前的浮躁。就像一模的成绩很不理想，就像我刚刚还在为无法接受现实而纠结。但是我会允许让自己接着消沉吗？答案是否定的。因为每一次的检验都是为了实现梦想而去磨炼自我，倘若跌得再狠，我也绝不退缩！

可能我太看重分数了，也会为追求更好的成绩而努力，比如我这次不该丢的分大约在 70 分，总的原因就是因为历练太少，没有拥有一个良好的信心，

请老师相信这一点：这次只是一个偶然吧。不过仍是一次深刻的教训，对于我来说，在以后的学习中，不仅要打好基础，更重要的是拥有一个良好的心态。以后的心路历程漫漫，我知道会付出多少代价献祭内心至高的梦想。我相信自己一定能做到。

我的学生在不断地自我总结和反思中，找到自己的不足，寻找着自己的目标，实现着自己的理想，调整着自己的心态。我相信，这本班级日志会见证我们共同在这个匆匆岁月中走过的足迹，也许再过 10 年或 20 年，当我们的孩子们聚在一起，它一定会见证我们成长的点点滴滴。到那时它就不仅仅是一本日志，它是一段能唤醒我们的心灵、唤起我们的回忆的人生故事。

家校共话，共育生命成长

——家长、老师与学生三方心灵对话

教育不是学校单方面的工作，也不是老师个人力量能左右的，教育者要善于利用社会的力量，赢得家长的支持与理解，这样家、校形成合力，会在孩子们的教育过程中收到不一样的效果。

教育还有一个很重要的使命，就是帮助人成为他自己。其实，真正的教育应该扬长避短。人什么时候最幸福？发现自己的才华，实现自己的梦想的时候最幸福，这就是新教育实验说的完整的幸福。所以，新教育实验提出应该让我们的家庭和学校，让我们的社区成为汇聚美好事物的中心，让所有的人在学习与成长的过程中能够找到自己、发现自己、成为自己。

当然，新教育实验所说的"完整"，内涵是丰富的。从培养的目标来看，包括自然生命、社会生命和精神生命的完整，即身心的完整；从教育的主体来看，包括家庭、学校和社会的完整。只有这样，教育才能真正形成合力。

苏霍姆林斯基曾经说过："要想很好地了解孩子，就要很好地了解他的家庭——父母、兄弟、姐妹及祖父母。教师们只有和家长同心协力，才可能赋予孩子们以巨大的人的幸福！"我们在教育孩子的时候，有没有了解过我们的家长是如何教育孩子的，或者是我们的家长在对孩子的教育问题上持有什么样的态度或者是方法？是只忙于自己的工作和日常事务而疏于对孩子的关心，还是在孩子的学习上提出各种过分的要求而忽视了对孩子的心理引导？有经验的老师一般会有这样的体会：一般在生活和学习上有成绩的孩子通常都有一个幸福、温暖、和谐的家庭作为后盾，即使他们的父母也会忙于自己的工作或者日常事务，但不会疏忽对孩子的关心，特别是心灵上的呵护。这不禁让我们思考，如果家长、老师和学生能够在教育问题上进行及时的沟通，取得彼此的信任与支持，一定会大大提高教育的效果。

如果能在孩子与家长和老师之间架起一道桥梁，让家长、老师及时了解孩子一段时间以来的思想变化、让孩子和老师及时看到用心良苦的家长对孩子的殷切希望，让孩子和家长看到老师的谆谆教诲，是不是能多一分理解，这样的教育会是怎样的一种效果？

家庭、学校、社区的教育目标是一致的。尽管三者是不同的社会单元，在社会生活中分别扮演着不同的角色，发挥着各自的独特作用；但在家校合作共育中，三者具有明确而共同的目标，这就是更好地促进青少年儿童身心健康、全面个性化发展，实现教师、父母与孩子的共同成长，让家庭、学校、社区的所有人能够过上一种幸福完整的教育生活。目标一致性原则，是家校合作共育最坚实的基础，也是最大的共识，为扫除行动中的一切障碍铺平了道路。坚持这个原则，才可能让家庭和学校、社区保持一致，并肩前行。

家庭、学校、社区在家校合作共育的过程中具有平等的主体地位。

家校合作共育必须建立在平等互信的基础之上。家庭、学校、社区是"伙伴"关系，共同承担儿童成长的责任。青少年儿童在家庭中是父母的孩子，在学校里是老师的学生，在社区是未成年人，家庭、学校、社区共同承担教育的责任，地位也是完全平等的，不存在谁"依附"于谁的问题。任何一方都不能凌驾于其他方之上，也不能成为其他方的附庸。学校不能压制家庭，漠视社区；家庭和社区也不能挟持学校。在保障各自独立性的前提下，在互相平等的过程中，家校合作共育才能良性循环，同频共振。

于是我在班级里进行了一次学生、老师、家长心灵沟通——三方对话的主题活动。每学期期中、期末考试结束之后，我们都会给学生发一张三方会谈表格。首先让孩子回顾自己走过的两个多月的高中学习生活，总结一下自己的收获与不足，并真诚地向父母、老师发出自己的请求，随后作为班主任的我会按照学生的成绩，把孩子们分给相应的科任老师，因为我觉得有时候孩子们某一科成绩不理想有很大一部分原因是缺少与科任老师的沟通，何不趁着这样一个机会给孩子和老师们一个吐露心声的机会呢？老师们得到这样一个机会也会很珍惜，因为作为科任的老师也苦于只会教知识，而忽略对学生的学习方法指导和思想引领。老师们写上一段温情的倾情寄语，孩子和家长们看后一定会受到鼓舞。最后由学生自己把写有自己心声和老师殷切希望的表格带给父母，让父母及时了解孩子们的真实想法和老师们诚挚的建议后写上深情的父母嘱托！大家想一想，在一种相互信任、相互理解、相互包容以及相互寄予厚望的心灵对话中，升华出的绝对不是几句温情的话语，而是一种深深的情感，那就是爱，老师对学生的爱、父母对孩子的爱，以及孩子对父母对老师的爱。在一种爱的旋律中，定会升腾出一种无形的动力，我们的孩子必将在这种动力中找到自己前行的方向。

让我们一起聆听一下几份感人的心灵之声！让我们一起感受一下这种爱的力量。

第一部分：家长写给孩子的殷殷嘱托

美国汽车大王福特说过：假如有什么成功秘诀的话，就是设身处地替别人着想，了解别人的态度和观点。事实的确如此，身为父母，很多时候我们都应该换位思考，站在孩子的角度多考虑，你就会理解孩子的想法，也会对孩子多一份尊重和包容。我们要放下家长的架子，和孩子做朋友。时代在发展，现代社会里，平等是人际关系的基础。只有和孩子平等相处，才能做到尊重孩子，为有效的亲子沟通铺平道路，才能和孩子成为朋友，也能为孩子做出尊重他人的榜样。孩子眼中的世界，和父母眼中的世界是不一样的。所以，我们要试着去看看孩子眼中的世界，这样才有助于理解孩子。有了这个基础，孩子就更容易接受来自父母的建议，和父母一起面对问题和压力，寻求解决问题的途径和方法，也才能健康成长，做个快乐的、健康向上的人。当然，做父母的也会和孩子一起获得心理成长。

我们创设一个情境，让家长站在生命成长的角度来看待孩子、理解孩子、包容孩子。他们的眼中就不仅仅是孩子们的成绩，而是成绩背后孩子们身心的健康成长。家长也就不会总是揪住成绩不放，而是把学生放在生命成长的长河中去感悟成长的美好。

面对紧张的高考，父母也是压力重重，只是人到中年主动扛起了这份责任和压力。父母们在心中主动隐去了这份担心。面对新鲜出炉的考试成绩，父母一定也有千言万语，他们可以谈谈对成绩的客观态度，也可以趁此机会给孩子们打气加油！

儿子你好！转眼已是高二年级第一学期期中考试了，期中考试的辛苦，焦虑似乎就在昨天，时间不等人，人生的一个重要目标高考正在逼近。要说作为父母不重视、不关心、不在乎，那是不可能的。其实，我们平时和朋友、同事聊得最多的内容就是各自孩子的学习、升学、专业选择等等。无疑，你们是父母亲的中心。但为了不给你添加负担、增加压力，只尽力做好后勤服务，不触及你烦于讨论的学习话题，而我想说的是其实我们都是"鸵鸟"了。今天，"老高考"和"新高考"一起聊聊心里话，聊聊彼此最重视也绕不开的学习话题，彼此吐槽、打气、鼓劲，说不定会有不一样的景象，透出不一样的精气神，让焦虑、茫然的小鬼落荒而逃，呵呵……

先从最近的期中考试说起，周五放学我们就看出你心事重重，从你拒绝、忐忑的表现，我们就知道这次没考好，但我们并没有认为一次考试成绩就那么重要，重要的是通过考试发现自己各门学科的掌握程度，找出自己未掌握的知识点，以便解决问题，这是我们对考试结果的态度。如果每次考试只盯着分数，奔着分数疲于奔命，可能事与愿违。但要基于自己的基础，以认真务实的态度对待考试结果：看到不足，解决问题，既不必被上上下下的分数数字搞得神经紧张，但又要在挑战自我、不断进步中获得成就感。

除了关注成绩，父母是否关注孩子们在学校的种种表现呢？他们是否了解孩子在学校参加了哪些活动？平日在家里的表现可能不尽如人意，也许在学校里是另一番模样呢。

我们的学生是需要被看得见的，除了希望被老师看见外，他们也希望被同学看见，当然更希望被父母看见。这种被看见的需要其实是一种对被认可的渴望。当父母发现了和看见了孩子的另一种表现外，他们也许就不会只盯着成绩给孩子们制造无穷的压力了。

无条件的爱，就是对孩子无条件的接纳，给孩子安全感。让孩子充分地感受到你永远都是他最值得信赖、最可靠的人，由此他会获得一种强大的力量，一种战胜一切困难的力量和自信。孩子的聪明才智只有在宽松、愉悦、安全的情况下，才能发挥出来。父母的鼓励、信任、支持，将是孩子走向成功的前提。

父母要让孩子理解：父母一直是爱他们的，不管他们在某一件事上是对还是错，是成功还是失败，这种爱是无条件的。无论发生什么，父母对孩子的爱都不会改变。父母可能会表扬或批评某些具体的行为，但对孩子"这个人"的爱却是毋庸置疑的。得到父母无条件的接纳与欣赏的孩子，会觉得有安全感。家对他们来说就是一个自由自在、可以完全放松的地方，父母永远是最值得信赖、最可靠的人。

燕子是班级里学习成绩不太好的一名女同学，她是那种特别努力但是成绩却不见起色的学生。之前她的父亲也与我有过多次沟通，给我的感觉她父亲有些过度焦虑，总是盯着孩子的一点儿风吹草动就大发脾气。这次期中考试燕子的成绩还是老样子，没什么进步。看了父亲写给她的信我突然感受到这次他的释然。他对燕子的态度发生了360度的转变，把成绩放在一边，更多地关注了孩子的成长，关注了孩子的心理变化，关注了孩子的内心感受。就是这样一位倔强的父亲，竟然在女儿面前虔诚地承认自己的粗心。我被父母的这种真诚和转变而打动。

我坚强的女儿：

展信快乐！

本周你们刚举行运动会，要不是在群里看到消息，我都不知你竟然有3000米的跑步项目，而且在你身体不适的状况下你竟然跑了第六名，在回来的路上告诉我本来只是第七名，但最后的一百米冲刺超过第六名，我很是感动，真是不拼一下，你都不知道你这么优秀吧？

我觉得你对这次3000米应该有些感受，知女莫如父，呵呵，果然你分享了你的一些心得，所以要多一些运动，不同的时间，不同的境况，在运动中你都会找到一些共鸣和感悟。我没有办法直接帮你解决什么，这都要你自己调整好心态来面对。但是，你还是可能地把你所有的困难讲给我和妈妈听，我们能帮到你的地方，我们会尽力。

是啊，人生的路还很长，由许许多多的3000米组成，每一个3000米情况虽然不同，但是中间的一些相同的心理感受：疲惫、痛苦、挣扎、愉悦、畅快、释然，却是安全相同的。如果我们的父母都能把孩子的成长放在这一个个3000米的马拉松之中也许就会少了一份焦虑。人生是一场马拉松，计较的永远不是某一段的成绩。也许你第一个3000米跑的不是特别出色，不代表你下一个，下下一个3000米你依然落后，因为马拉松真正较量的是你能跑多久、跑多远。每个父母，都希望自己的孩子是一个自信、乐观、积极向上的人，那就不要吝啬自己的鼓励。因为在孩子还没有学会正确的行为规范之前，他们总是用"赞美"作为行动准则。因此，家长若想要孩子按照一定的行为方式去做，就必须肯定孩子积极的一面，鼓励他继续往好的方面发展。当孩子因成绩不好而感到沮丧时，千万不要再对他们进行责骂，这是相信孩子的才能并且能使之增加的一个原则。进行细致、周到的评价，不仅能增加孩子对父母的信任，也更能增加鼓励的效果，让孩子更加努力。

除了来自父亲的感动，我也被班级里的母亲们所感动。母亲与女儿同为女性，应该对彼此有更多的理解。母亲用自己温柔的语言诉说着对小生命的期待，诉说着对成绩背后努力的理解，对成绩背后生命的关注。这些语言怎能不幻化出孩子成长的强大动力呢？在这样一种生命体悟和关怀中，亲子关系会多么的融洽啊。

亲爱的女儿，虽然时光飞逝，转眼我们都在一起度过了快十七年的人生岁月，但我依然忍不住惊叹和感恩！为何上天会赐给我如此完美的礼物，永远记得十六年前第一次与你四目相对，你明亮而清澈的眼神让我瞬间明白了生命的意义！

从此我希望成为你希望成为的那个女人！很骄傲我们都身为女性，坚韧如钢，柔韧如丝，既能传承孕育生命，又能在命运的洪流中守住自己的位置，照顾身边的每一个人。你是幸运的，一直都遇到善良有爱的老师和同学，你从来都不是 Top student；但你一直努力地学习、追赶，妈妈觉得很骄傲！成绩只能衡量一方面的能力，没考好，不代表你没有努力，更不代表你不行！很开心，你找到了学习的乐趣！其实，所有知识的追求都很有趣！别忘记了，为什么要学习？无论考试结果如何，你都是妈妈心目中最棒的小孩！最后请记住：高考不是终点，只是人生的一个阶段而已！无论结果如何，我们都在一起！

面对孩子成绩的不理想，父母可能会崩溃。可是我们班的家长在我的"激扬生命"理念的影响下，受到了感染和熏陶，他们都会更关注孩子的学习态度和学习过程。因为我一直强调，孩子的成绩是一时的，但是生命的健康才是一世的。父母无条件的鼓励与支持，能浇开孩子的自信之花。当孩子受挫时，说几句理解的话；当孩子沮丧时，说几句鼓励的话；当孩子疑惑时，及时用柔和的语言给他提个醒；当孩子自卑时，不忘记用他的"闪光点"燃起他的自信心。只要鼓励和支持孩子，他们就会有自信，作为父母，又何乐而不为呢？所以在我的班级里，即使成绩已经倒数的孩子，仍然能够从父母那里得到认可和鼓励。在这样的家庭氛围中，我相信孩子的生命是舒展的，孩子的成长是快乐的，孩子的内心是强大的，有什么比这些更值得我们关注呢？

儿子，现在高二了。换到了文科班，在金老师的教导下，看到了你的成绩终于有了一点起色，虽然还是班上的倒数，但数学和语文都有明显的进步。妈妈仍然要表扬你，为你感到高兴，希望你调整好自己的学习状态，继续努力，把其他的科目也赶上来。一分耕耘一分收获，付出总会有回报，妈妈相信你，只要你努力了，成绩一定会进步，就像中考一样，当时你也觉得离目标有距离，但你通过自己的努力，最终实现了目标，所以我们现在也一样要确定目标，先确定小目标，再确定大目标，一个一个地来实现。妈妈相信你，只要你努力了，就一定会越来越好的。儿子，人生的道路崎岖不平，学习也总会碰到各种各样的难题。但不管发生什么，遇到什么，爸爸妈妈永远会跟你一起面对！加油吧，儿子！爸爸妈妈相信你一定可以的！永远爱你！

从家长的书信中我们读出了理解与包容，父母们没有给孩子过多的压力，而更多的是开放民主与包容的心态。他们理解孩子们学习的竞争压力，他们包容孩子们成长过程中所犯下的小"错误"。不要指责孩子的烦恼，否则孩子会因为父母的训斥而更加烦恼，并且变得不愿意沟通。除了开导孩子，用理解与安慰帮孩子从烦恼中解脱出来之外，我们还要引导孩子，把烦恼看成成长的机会，让孩子对生活充满信心和勇气。他们对孩子们充满了正向期待，相信孩子们能读到父母的爱心与期盼，相信这些暖暖的语言一定会铸就孩子们前行的不竭动力。

第二部分：学生向父母袒露真实心声

没有经历过高考，没有陪着高中的孩子们一次次经历过高考的人，一定无法理解高中生内心巨大的压力。做了十多年的高中班主任，我目睹过许多因为心理压力大而无法直面高考的学生。他们有的因为心理出现问题而半路休学，有的甚至出现危及生命的问题。所以我特别注重呵护学生的心理问题。尤其是每次大型考试后，我一定会创造各种情境来舒缓孩子们的心理压力。记得有一年高三，为了减轻孩子们的压力，我带领学生在零下20多摄氏度的雪天，在操场上玩起了"撕名牌"游戏。孩子们在冰天雪地里尽情地打滚、奔跑、撕扯、怒吼……这个场面也许你不相信出现在高三。没错，这就是我心目中的高三。在一种投入的状态中我感受到了年轻生命的气息，我一直提倡学生们要劳逸结合，在紧张的高三备考复习阶段，孩子们如何缓解和宣泄自己的压力？这是摆在我们每个教育工作者面前的问题。看到我的可爱的孩子们玩得那么投入，完全忽略了我的存在，应该是把我当成他们中的一员了，这是多么好的心情啊！孩子们，奔跑吧，尽情地奔跑在自己年轻的康庄大道上，展示自己的才华，人生没有彩排，每天都是直播，所以活在当下，幸福地过好每一天！

除了举办一些活动来缓解学生们的压力，我觉得书信也可以。在三方会谈的书信里孩子们向父母坦露心声，其实也是为孩子们能够在重大考试后找到一个情感和心情的突破口，这无疑也是对压力的一种宣泄。

这里我们读出了孩子们对父母的感恩之情：

亲爱的爸爸妈妈，自进入高中后，我便很少和你们交流了，在日常生活中，我非常感激你们为我默默付出的一切。感恩你们一直以来对我学习上的支持，虽然现在和你们沟通的机会少了，但你们为了我做出的改变，生活中的关照，我都看在眼里，记在心里。

感谢你们多年来对我的栽培，我会在高中的学习生活中不懈努力，不辜负你们的期望。虽然平时住宿只有周末两天能在你们身边，但我会牢记你们对我的督促与教诲。平时在家也请你们多监督我，点明我的不足。

我们读出了十六七岁的孩子对中年父母的理解，我们知道一般情况下由于孩子与父母思考问题时所站的角度不同，出发点不同，知识结构不同，他们之间往往容易出现思维的冲突和磕碰。更有甚者，出现严重的亲子矛盾，这大大加剧了家庭教育的困难。虽然爸妈的思想比较成熟，有时需要用自己的思想代替孩子的思想，但也别急着下结论，把你的想法和孩子的想法进行比较吧，分析出哪一种想法更靠谱，让孩子知道选择正确想法的原因，最后让孩子能真正独立思考。

歌德说过：谁不能主宰自己，谁将永远是个奴隶。独立的行为是靠独立的思想来支撑的。如果孩子思想上对父母非常依赖，那么就不要指望他在行动上会独立。当孩子遇到困难时，父母不要直接替孩子去做，而要引导孩子学会独立思考，间接地教给孩子正确的做法，让孩子自己去体验、去选择；而我们创设了这样的一种向父母表白的机会，让父母看得见孩子对自己的理解，对于家庭教育来说也是一种赋能。

该说的在线上都说啦！妈妈在看书学习如何和我沟通，爸爸也很理解我，这辈子，当你们的孩子真的很幸运！被爱包裹的感觉真的很好，我也很爱你们！我希望努力学习，对自己负责，也会振作起来。

多多照顾自己的身体，平安、健康、幸福、快乐是最好！

也许我不太善于把不好的情绪展露给你们，因为不想让你们担心。在成长的路上跌跌撞撞，说不累是不可能的，很多时候想到你们的不容易，我也很想及时反馈我的校园生活，但有难过的事难过完了就不希望说出来，因为我怕说了这些会影响你们的心情。

我们读出了孩子们向父母发出的真诚求助。

一位中学生说："我们的烦恼一般都不对父母说，因为即便我们说出来了，父母也往往认为是一些无关紧要的小事。"这位中学生道出了众多青少年的心声。由于孩子认识、控制和排解烦恼的能力还很差，有些烦恼郁积下来，会造成不同程度的心理障碍，或者促使他们做出家长们意料不到的事情。

在孩子成长过程中，总会遇到许多这样那样的烦恼。他们常会遇到的烦恼有：受到批评或误解；受到不公正的待遇，老师的不信任；受到同伴欺负，如被小朋友打；不小心闯了祸，如把父母喜欢的东西打碎了；身体不舒服；丢了自己心爱的物品……

有了烦恼之后，孩子的表现通常为情绪低落，感到很伤心和委屈，甚至气愤与无助；突然变得不爱说话，喜欢一个人待着；逆反心理严重，想干什么就干什么，发泄……

生活在这个世界上，大人有很多烦恼，孩子也一样，随着心理、生理等各方面的日渐成熟，各种各样的烦恼也随之而来了。此时，家长要正确教育、指导好自己的孩子，使孩子能够在健康快乐的环境里成长。当然，家长首先应了解孩子的心里想些什么，为什么而烦恼，然后以平等的尊重视角引导孩子讲述烦恼，思考问题本身并得出解决思路。其实如果我们真的能够站在孩子的角度看待他们的行为，一定会增加对他们的理解。面对紧张的学习氛围，面对激烈的竞争环境，我们的学生需要一个宣泄的突破口，于是他们真诚地向父母发出了求救信号：

请您在周末督促我要认真学习，合理安排周末时间，不让您操心、生气，让我们和谐相处，在周末让我保持良好作息时间，不能在周末放纵自己。

希望在家的时候，您能少唠叨我，让我能及时地表达自己的想法，给我的压力不要太大，我努力就好，希望你们能一直做我坚强的后盾。

我有时会很迷茫，感到无助，请站在我的身边鼓励我一下，我一定会重新打起精神继续前行，我是一个有些敏感的人，常常自己会钻牛角尖，希望你们能听我的倾诉。

孩子需要得到的是自己解决问题后的欣喜与满足，这就是孩子喜欢自己去尝试、去解决问题的原因。切忌在孩子们不需要的时候擅自帮助他们，擅自为他们决定某种事情。当孩子遇到困难时，父母不应嘲笑、指责孩子，而应鼓励孩子动脑筋想办法，用引导的口吻帮助孩子寻找解决问题的途径或方法。

其实无论是对父母人到中年不易的理解，还是对父母养育十五六年的感恩，还是向父母发出的真诚求助，都是对压力的释放和缓解。作为班主任，我们能够通过自己的努力为孩子们的成长创设一些场景，帮他们走过人生这段迷茫的岁月，帮助他们找到倾听自己内心的对象，足矣！

第三部分：学生向老师们发出真诚"求救"

学生们在书信中向父母的求助有时更多倾向于情感上慰藉，而向老师们发出的"求救"则更倾向于方法上。大家想一下，在遭遇考试重创时，学生内心升腾出的学习动力是最充足的。如果这时发出学习的"求救"信号，并得到老师们的及时点拨，效果会多么好啊！

希望老师多给我们传授具体可行的学习方法，比如您是如何利用好碎片时间，如何分配日程安排……在学习生活中，我获得的每一点进步都离不开您的付出，希望您能在知识掌握、作业方面继续督促我并传授您的独家 tips。

　　我的自控力较差，请老师多多督促，平日里我的调皮也请老师多多担待，学习上仍有许多不足之处和薄弱的地方，希望老师能给予解惑，迷茫止步不前时请老师推动一把。很感谢这段时间以来老师的悉心教导与耐心指导，我会努力取得好成绩，以此报答老师的教导。

第四部分：老师们有针对性地"支招"

　　考试之后的三方会谈，我一般都会按照学生们的成绩，特别针对其薄弱学科，把他们安排给相应学科的老师进行辅导。老师们也可以结合平时的学习习惯和方法，给孩子们提出切实可行的方法，也可以根据学生的性格特点给孩子们真诚的鼓励。其实这个做法也是长期观察的结果，我发现在平时的学习中，只有极少部分学生会主动地找老师寻求帮助。尤其是当自己的成绩考得不理想时，学生更是愧于主动找相应学科的老师寻求帮助。根据学生们的薄弱学科将他们分配给相应的老师，得到老师们有针对性的指导显得弥足珍贵。

　　上课时你那端正的身影，专注的神情，作业本上清秀工整的字迹，下课时不懂就问的执着，给老师留下了美好而难忘的印象。你目标明确、态度认真、做事积极主动，老师期待你在学习上更加精益求精、认真巩固、把握自己，必将收获更大进步。做每一道，盯准老师每一步的讲解！认真整理，要细化到每一步，不懂即问。加油！

——数学老师

　　自然地理部分更偏向于理科，课上所学知识是基础，而练习中则需要我们将知识灵活运用，这就好像数理化中灵活地使用各种公式去解题，所以对于地理的学习，理解知识间的内在逻辑关系非常重要，课堂上认真听讲，课后及时整理笔记，并理清知识间的逻辑联系，并通过做题加强对知识内在联系的理解。另外，学习时间的合理安排对提升学习成绩也很重要，希望你在后面的学习中，取得更大的进步！

——地理老师

相信孩子们在读了老师们有针对性的鼓励的话语，了解适合自己的学习方法之后，一定会如获至宝，力量倍增。

第五部分：班主任对学生的综合评价

对很多学生来说，与老师相处和谐融洽是高质量学习的关键因素。擅长与学生建立融洽关系的老师，很快就会获得学生的支持。对于很多学生来说，就自我激励而言，他们与老师的关系超过其他任何因素。如果与老师关系好，他们会通过自我激励来努力学习。与师生关系相比，学习内容等都是次要的因素。

与学生建立融洽的关系并不意味着一定要喜欢他们。从根本上来说，它意味着打开和保持一个渠道，相互尊重的师生通过这个渠道开展交流、沟通。在"卓越的教学培训日"这个活动中，我们多次向老师们提出问题——他们是否在学生时代特别不喜欢某个老师，后来导致不喜欢那门学科，如果是这样的情况，请举手。结果，超过70%的人举起了手。随后的一个提问是："谁直到今天仍然不喜欢那门学科？"大概有40%的人仍然举着手。

这告诉我们，对于学生来说，与老师的关系或对老师的感觉，对于激发学生的内在学习动力起着重要且关键的作用。很多学生从老师那里获得了启发，而且这也成为他们后来选择老师这一职业的一个主要原因。

在教学工作中，教师对学生的期待，会影响对学生的认知，并影响教学效果。教师对学生的期待及其影响，是在师生互动过程中产生的，且教师的期待对学生的影响是巨大的。教师对学生的积极期待，会促使学生向好的方向发展；教师对学生的消极期待，如"没有希望""无可救药"等，可能使学生的学习表现越来越差。因此，教师应有意识地运用积极的态度去教育学生，尤其是班级中的后进生。研究表明，教师形成对学生的正确期待应注意：全面掌握学生的各种信息；多留意被认为是后进生的各种信息，公正评价后进生；相信每一个学生都能够做得比现在更好，用"你能赶上去的""这次没考好，我相信通过努力，你会进步的"等话语鼓励学生；用发展、变化的眼光看待学生。

作为班主任，我从来不会等到学期末才给孩子们做综合评价，因为那只是结果性评价。如果能在学生学习成长过程中加以评价，而这种评价又能被学生及时看到，它的教育效果就会被放大。所以在每次考试结束后，在三方会谈中，我都会针对前一阶段的表现给孩子们做出及时的评价。

乐：

你好！

从高一我就教你哦！在我心中你是一个不太善于言谈的懂事儿女孩，但你对什么事都有自己的主见，学习上你也非常努力，也逐渐找到了自己的学习方法。但我看成绩可能离目标有一定距离，不用着急，平时的成绩不代表什么！金老师看好你，冲着你的劲头，达到这个小目标一点儿也不成问题！在接下来的日子，我愿陪你一起走过，也希望你有啥事随时和我倾诉，我随时倾听哦！加油！

班主任签名：爱你的金公主
2022 年 4 月 8 日

涵：

好！

见字如面！从进入南科大附中你就没逃离过金老师"手掌心"，我对你也算比较熟悉啦！用啥词修饰呢？"大家闺秀""窈窕淑女""冰雪聪慧"……你看看，你在金老师心中多么完美啊，不逼你了，我是看着你不断进步，网课表现也很好，我看数学成绩也在突飞猛进！马上高三了，我还会严格要求你哦！希望你放松状态，全心投入，不懂就问，同时带领全班同学把政治这科成绩搞起来哦！加油！永远支持你哦！

班主任签名：爱你的金公主

2022 年 4 月 8 日

婷：

　　你好！

　　一直就想和你谈谈关于你的情况。首先很开心看到你这学期以来的变化，在我心中你依然是一个懂事、听话，骨子里透露着那么一点点的"倔强"的小丫头，说实话，我喜欢这种性格的你。这学期开学，你主动辞去班长职务，说要把更多的精力投入稍稍"落后"的学业中，金老师支持你，只要为了进步，我都会支持你的，但仍很怀念你给我当班长的日子，老师把工作交给你，我一百个放心！但今天，看到你的成绩在慢慢进步，金老师更开心，尤其是看到你上课的状态大大改变，看到你脸上充满阳光的笑容，我相信，你的提升空间还很大，还有，如果你的家长再"过激"，我还会挺身而出去和他们沟通的！最后送你一句话：凡心所向，素履以往，生如逆旅，一苇以航！

班主任签名：金　玲

2021 年 12 月 15 日

方方：

你好！

在金老师眼中你一直是一个自律自强的小丫头。你对什么事都有自己鲜明的观点和主见。这点像极了年轻时的我；在学习上，你刻苦努力，尤其是数学学科，已经找到了自己独特的学习方法，还提出给其他同学讲题，我双手赞同，为你点赞！

马上进入高三了，金老师希望你在学习上，更洒脱一些、放得开一点，心态在高考中是非常重要的，真心盼望见到网课结束后的你归来，我会陪你一起努力、度过紧张的高三生活。

班主任签名：爱你的公主金玲

2022 年 4 月 8 日

欣：

你好！

喜欢你的沉稳，喜欢你的心思细腻！在金老师心中你一直是有大家闺秀的风范，学习上，你也很努力，很执着，即使成绩还未突显出来，但请自己给自己打气，只要坚持住，一定会收获成功，马上就高三了，不用恐惧，金老师会一直陪在你身边，心情不好时请随时骚扰我，学习方面请积极表达，多与同学老师交流自己的思想哦！放得开一些会更好些！

班主任签名：爱你的金公主

2022 年 4 月 8 日

第六部分：学生的心灵独白

马卡连柯说过：培养人，就是培养他对前途的希望。也许教育的真谛，不仅仅在于向教育者传授知识，发展他们的智力，更重要的是激发学生们的上进心，让每一个学生对未来扬起希望的风帆。

自救者，人恒救之；自爱者，人恒爱之。在学生求学的路上，有父母的支持，有师者的引导，但是这些外在条件都无法取代学生自己的觉醒。每次考试后，其实都是学生自我觉醒的绝佳时机，那就让他们自己来一场痛彻心扉的"心灵独白"。我读出了学生学会了对自己的选择埋单；读出了学生们不想辜负大好青春的决心；读出了不要退缩的勇气；读出了面对人生低谷的自我救赎。

其实你不差，要有恒心同毅力一起坚持，即使未来多舛，但你有无限的才华天赋，无限种可能，别太在意当下的得失，抓住未来才是王道。你已经是一名高二的学生了，也选择了一条自己所期望的道路——日语，这都出于你的意志，希望你不要后悔走上这条路，人生没有重来。也同样盼你能在别的方面开花结果，课业虽然紧张，但兴趣爱好也不能抛下，珍惜你的能力才华，别让时间埋没。

少说多做，脚踏实地，一步一个脚印踏实了向前走，调整自己的上课状态，不只是完成作业的态度，认真学。金老师说："21天养成一个好习惯。"希望能在学习方面坚持好习惯的养成，持之以恒，不管结果如何，努力过、奋斗过，也就不后悔了，愿自己能不辜负父母、老师的期望，更不会辜负自己！

第一次月考前，你不幸因过度用眼得了飞蚊症。期中考前，抑郁症与焦虑症一起牵着手来找你。你没有放弃哪怕一点儿希望。你做治疗、吃药、运动。其实该写的东西已经和各个老师说过了，但我还是想要在此感谢在低谷中扶起我的金老师。我因为您的循循善诱，走上了正道。您教会了我许多，不只是您资深拿手的政治课堂，还有为人处世的道理，对待生活的态度，对待人生的态度。

　　本来是一次考试后的成绩分析，就这样，被我打造成了教师、家长与学生三方心灵对话的有效契机。在这里，我们似乎都避而不去直接谈成绩，我们更关心的是最近学生的成长，我们更关注学生的心理变化，我们更关注在成绩背后所有的付出。我相信，就是在这样一种理解、关心和包容中，学生们一定会萌生出惊人的学习内驱力。加油吧，我的学生们！

及时表扬，鼓士气促班风

——在大型活动后抓住时机展开对话

班级风气是一个班级的灵魂，有了它，一个班级才会昂扬向上，富有生机和活力，这里的孩子们才具有向心力、凝聚力和战斗力。抓住几个关键点，为好的班风形成奠定基础，孩子们会终身受益。

而每次大型活动后，我们要抓住时机，大胆地运用书信来与孩子们展开一段生命对话，一方面是鼓舞士气，增进班主任与学生之间的感情；另一方面真的能够起到凝魂聚气、促进班风的形成。

忙碌了两天，甚至是更久，感到身心疲惫的同时，躺在床上，心里油然而生一种幸福感！运动会结束了，可是我的心情却不能平复，不仅仅是因为我们班取得了全年级第一名的成绩，而是有感于我们可爱的高二（29）班，你们是那么可爱、那么团结，孩子们，你们给了我今年教师节最好的礼物！

班级成立整整半年了，一切的一切都显得非常困难，和孩子们之间进行了无数次的"交手""交心"，班级的纪律刚刚捋顺，孩子们也从一盘散沙刚刚步入正轨，开运动会之前我还在担心，这样一个全校人数最少、男生最少的文科班级，能在运动会中有一个怎样的表现呢？算了，不想了，重在参与吧。不过现在看来，我的担心是多余的，一旦给孩子们一个崭露头角的机会，他们会竭尽全力的。

整个运动会从报名、准备，到会场的布置，都是孩子们一手操办的。通过这次大型活动，我不仅重新认识了班级里的好多同学，关键是孩子们在一种为荣誉而战、为集体而战的氛围中，变得更加团结而富有凝聚力了。所以我觉得班主任一定要重视学校举办的每一次大型活动，它真的能锻炼孩子的能力，真的能够起到凝魂聚气的作用，对于新组建的班级来说更是如此。孩子们在为了班级荣誉而拼搏的过程中找到了自我，而班级也在孩子们的参与中显得更加团结。当然作为班主任，要在班级活动完成后及时总结，及时表扬那些在活动中表现突出的同学，同时我们要在整个活动中用心观察、用心记录，以便在班级总结大会的时候，让学生重温记忆，再一次受到鼓舞和震撼。

真是这样，我们的班集体，正式步入正轨就是从这次运动会开始的，看着这群往日里"漏洞百出"的孩子，也有一颗为集体而努力的心，作为班主任的我倍感欣慰，突然觉得之前的一切付出都是值得的，孩子们，感谢你们，是你们用行动感动了我，感动了整个班级，让我们继续努力，向着更加美好的明天迈进！

于是我情不自禁地给学生写下了以下这封信，也是我发自内心的感受。

亲爱的 29 班的同学们：

你们好！

忙碌了两天，甚至是更久，感到身心疲惫的同时，躺在床上，心里油然而生了一种幸福感！运动会结束了，可是我的心情却不能平复，不是因为我们的成绩，而是有感于我们可爱的 29 班同学们，你们是那么可爱、那么团结，孩子们，你们的表现永远是金老师工作最大的动力！

先说感动，我感动于你们为了这个集体所做的一切，为了运动会所筹备的一切。从班服的定制，到口号的起草；从队形的组成到一次次训练；从 60 秒伴奏的选择，到一个个动作的设计，还有那四头可爱的小狮子；从踊跃的报名上项目，到非非同学那句"没事，老师，我全上"；从走方队喊口号，到第一个项目；从第一项成绩的取得，到看到你们不停地写稿件。其中非非、小熙、洛伊等为班级付出了那么多，他们绝不是为了得到那个奖品；而是为了成绩，为了班级的荣誉。

当然这份感动也来自其他同学幕后的打扫战场。有的同学写稿件，有的运动员虽然没有取得名次，但是只要有机会他们就不会放弃。其实在老师眼中当一名合格的观众也是一种感动。轮到班级同学上场时，情不自禁地敲锣打鼓呐喊助威，当运动员从跑道上下来时，主动的搀扶，都是一份感动。看到班委为了班级思前想后时，这也是一份感动。当看到同学们为了公布成绩的最后一刻提心吊胆时，那又是一份感动。最后看到大家拿着奖状在那里喊在那里尖叫，作为班主任的我更是为之动容。这就是我的班集体，它可爱、年轻、团结，它充满了活力和激情，因为这是一支年轻有朝气的队伍，因为这里有一群怀揣梦想的少年和一个有正义感的班主任！

　　再谈学习，希望同学们把运动会的精神应用到学习中。首先要注重过程。其实我们在观看运动会时一方面看成绩，有的时候观赏整个比赛过程才是一种享受。比如浩的跳高，那么自如，身体腾空而起的一刹那太帅了！贵在坚持，再看看我们 1500 米赛跑的维硕，那是一种挑战极限的过程，唯有坚持才能取胜。其实做什么事情都是，只有体会了过程的美，才能尝到结果的甜！其实咱班的体育特长生平时付出的要更多，学习与之相比显得那么轻松，至少在体力上。如果大家把体育精神用在学习上，一定会取得好成绩。请记住，努力不一定有好结果，但不努力一定没有好结果！最后送给大家一句话：复杂的问题简单做，简单的事情重复做，重复的事情创造性做，创造性的事情坚持做！

越来越喜欢你们的班主任：金　玲

2013 年 9 月 10 日晚

班级信箱，倾听心灵之声

——在班级搭建师生心灵对话的桥梁

我们与学生之间的对话，不应该总是班主任主动发起，这样学生就会显得被动。对话生命，应该调动学生主动参与，而这种主动参与是需要桥梁和纽带的。所以我们要在班级里搭起师生心灵对话的桥梁，这样学生们能够积极主动地将心里的想法说出来，教育的效果还会进一步增强。学生的责任感会被进一步调动，班级的凝聚力也会进一步增强，学生们心里的一些问题也会得到老师的关注和帮助，从而促进他们的生命成长。

一次周末返校，我在教室里收完手机，清点完班级人数，回到办公室。发现办公桌上放着一个叠成爱心形状的粉色卡纸，上面写着：金老师亲启。哦，我反应过来了，这应该是我们班学生写给我的一封信。于是我把这个"爱心"轻轻打开，叠得里三层、外三层，感觉保密性工作做得很好。里面写了他对班级如何换座位的看法，还有自习课上有哪几位同学特别能讲话，等等。很奇怪，这封信没有署名，很显然这位同学不愿意透露自己的姓名，但是我明显感觉到他对班级的热爱，因为他迫切地反映了班级的问题，并且提出了自己的建设性意见。我心里想，这是多好的一个孩子啊，我感到很高兴，因为学生愿意和我进行沟通。但是我突然意识到，可能班级里还有许多这样的同学呢，他们想给老师反映一些问题，或者是针对自己发展想寻求我的帮助，但不好意思开口，怎么办？我意识到我与学生之间的沟通似乎缺少了点儿什么，对，缺少了我们之间沟通的一些具体渠道和桥梁。试想一下，如果这位同学给我的信，被其他人碰掉在地上，或者我没有发现这封信，我们之间的沟通不就受到阻隔了吗？

于是，我在网上定制了一款精美的信箱，上面写着"十四心声　玲珑在线"，我把信箱钉在了班级文化墙的角落里。在周一班会时，我举行了班级信箱启动仪式。我告诉孩子们："也许大家有许多心里话，不好意思当面和我沟通；也许大家发现班级里有一些问题，又不好意思当面指出来，怕得罪了某些同学；也许在最近的一段学习中，你有许多苦恼，又找不到倾诉的对象；也许你一次次找我，发现金老师特别忙，有时候找了几次都没找到我……没关系，今天我们班的班级信箱正式上线，欢迎同学们向金老师敞开心扉，把你们遇到的觉得棘手的问题，随时可以写给我，投递到信箱中，我会在每周五大家放学回家后，开启邮箱，仔细阅读大家的信件。"

于是这个班级信箱，搭建起了我与学生之间日常书信沟通的桥梁。有了班级信箱，学生与我的沟通变得更加主动了，我可以随时聆听学生们的心声了。这个信箱就像一个"树洞"，学生们可以尽情诉说自己内心的想法，比如面对学业的沉重压力，与同学交往过程中遇到的各种烦恼，与父母在交往中遇到的各种冲突，还有不知如何开口和我说的内心感受……

以下是小心同学给我发来的求救书信，关于手机问题她很迷茫，面对父母过于严苛的家教，她有些无所适从，既不敢直接与父亲交涉，但是又渴求父亲的理解；既在父母面前表现得比较乖巧，但是内心又渴望适当放松。她矛盾着，甚至痛苦着、挣扎着。于是她把自己的矛盾心情写了下来，投入班级邮箱里向我倾诉，寻求我的帮助。

金老师，我是小心，有些家庭矛盾问题想咨询一下您：我想在假期休息时间听 mp3，但是我的爸爸坚决反对。他说三年内我不能进行任何听歌这样的娱乐活动，包括手机这些电子产品，他们在学期初就将这些电子产品上了锁，除了交作业我从来拿不到手机。每天大概最多十分钟……那个 mp3 也是我因为月考没考好，担心自己的自控力差而主动上交的，已经几个月没有见过了。现在不是马上到寒假吗，我就想拿出来在休息时间听听，这就在我看来真的比生命还重要的东西。但是我爸爸就是很坚决地说，三年内绝对不能听歌、不能玩手机，除了学习什么都不能干。其实平常在学校，因为我也没有很优秀，压力也挺大的。也自知没有资格去要求父母让我娱乐，于是周末也不会碰一下手机……但我期待放假已经很久了，也幻想了很久能够一回家就拿起手机发一下朋友圈……可是我爸爸的观点是："你别觉得现在是放假，现在只不过是在家里学习而已。"让我听了很生气又很无助，再加上前面提到的我在校期间精神状态总是不好，又是抱有很大期待的事情，总感觉很难受很难受，又无人倾诉，只好打扰您，给我出出主意。其实我早就规划好了我的假期，每天也能保证比在学校多一点儿的学习时间，但我爸爸就是咬定一点不能听歌，我真的快崩溃了！

读了小心的书信，我真的很理解她。其实她是一个很懂事的孩子，学习态度很认真，在班级里能遵守各项纪律，同学关系也很好，在班级里担任课代表，每次作业收发都很及时，得到各科老师的赞扬。没想到就是这样乖巧的学生内心深处还有这么大的苦闷。在理解她的同时我也很感激她，感谢她信任我，愿意把她内心的苦闷告诉我，感谢她在面对与父母的矛盾时能够想到我这位班主任。我没有理由不去帮助她啊，于是我决定进行电话家访，和她的父母详细聊一下。经过我们的深入详聊，我站在小心的角度，与她父母进行了如下沟通：首先，面对高中的孩子，应该给他们一定的自主权，尤其像小心这样懂事的孩子，在寒假期间要给她一定的空间，例如在管理手机和 mp3 方面，不要搞以前的"大家长制"，让她感到很压抑。其次，被人信任是一个人最大的动力，小心是一个非常自律的孩子，我们完全有理由相信她、尊重她，这样她能够在父母相对民主的家庭氛围中感受到温暖，从而增强学习的动力和生活的乐趣。再次，我强调了学习中我们一定要注意劳逸结合，我告诉家长我在放假前的班会中已经强调了让学生们学会劳逸结合，只要掌握好"度"，适当地听听音乐、做做运动等，家长是应该支持的。而且我强调了要在 20 多天的寒假里，加强与同学们的交流和沟通，彼此交流学习方法和学习进度，也可以交流一些心得，这样不至于在漫长的假期中丧失社会性，也有利于增进同学之间的友谊，彼此鼓励，也可以在比较中发现不足，寻找到动力。最后，我建议家长和小心坐下来，心平气和地一起制定一下寒假的学习和生活计划，电子产品使用和管理办法，这样既尊重了孩子，也进行了有效的电子产品管控，亲子关系也会更加融洽。

在听了我的劝说之后，小心的母亲很开明，主动给我发来一条微信：

金老师，听了您的话语，让我内心安定了不少。对于手机的管控，我一直觉得很迷茫，不给孩子呢，孩子情绪不好；给了孩子，又担心她玩过头耽误了学习。总之对手机的管控尺度我觉得难以把握。孩子爸爸是典型的技术型的思维方式，做法有时会偏极端，非此即彼，很少有折中的方案，我跟他在教育孩子的方式上有分歧，我觉得很难说服他；但我一直希望能找到可信任的外援来给我一些指引和支持。现在您出现了，我觉得特别幸运。您谈到的内容很有启发性，这下我终于可以跟孩子爸爸好好讨论一下跟孩子的相处之道。总之非常感谢您，后面如果我和孩子还有什么困惑的地方，可能还会麻烦您，因为现在您是我们非常信任的老师。

能够在教育学生的过程中，得到家长们的认可和信任，我觉得教育的结果一定不会差。后来我了解到，父母与小心进行了和解。希望小心能够度过一个快乐、充实的寒假。

一个小小的信箱，建立起一条心桥，通过它我走进了学生们的内心世界，更好地融入他们的生活，为他们排忧解难，为他们的健康快乐成长铺就一条五彩的大道。

此外，班级信箱的使用，给孩子们参与班级管理创设了途径。更多的学生经常为班级管理出谋划策，培养了同学们的主人翁意识和责任感。当他们发现班级里有什么问题时，会积极主动地向我反映，例如班级里有几个同学总是愿意在自习课或者晚自习的时候聚在一起聊天，几位同学就写信向我"汇报"和反映情况，并提出解决方案；学校马上要举行运动会，要求各个班级准备60秒的开场仪式，既要突出文化自信，又要体现班级特色，时间紧任务重，我就收到了几位同学联名写的建议信：

尊敬的金老师：

　　您好！

　　现在给您写下这封信，是为了清楚表达我们全班同学强烈且严肃的愿望和对本次运动会开幕式的看法。今天小涵同学等人说话过于冲动，他事后也表示确实有错，在此向您表示歉意。但9班全体同学和他的想法差不多，希望在运动会开幕式这件事您能放开手，交给我们自主安排，组织表演，这不仅能锻炼我们的能力，也能令全班同学更具班级责任感和自豪感，增加班级的凝聚力。

　　我们已经想好了一个方案，简单且快捷。若您愿意相信我们，只需等待最终结果。我们期待您的建议，也盼望与您沟通。但我想，青春正是敢拼敢为的时候，只要我们全体同学拼尽全力，便没有什么好后悔的。还希望您能支持、相信我们，感谢您能耐心看到这里。

　　从以上这封信中，我读出了当代青年的敢拼敢为，责任和担当；我读出了他们渴望得到尊重，渴望得到信任，渴望独立自主地去做决定的宝贵精神品质。不要觉得这些都是班级里的小事情，恰恰是在班级的日常小事务中，我们才能发现学生宝贵的精神品质，锻炼他们的能力，为未来走入社会奠定根基。于是我充分信任他们，放手让大家一起设计班级的开场仪式。孩子们只用了一天半，从入场式的设计、音乐的选取截取，到组织训练，到完美演绎，真的是让我足足感动了好几天。想想在这样的积极主动参与中，班级的凝聚力怎么会得不到升华？在这样的积极主动参与中学生的能力怎能得不到锻炼和提升？

本章小结

　　教育是需要对话的，朱永新教授提出，教育工作者应该把对话当作自己生活的组成部分，因为只有在真实的对话中我们才能直面问题本身。班主任在与学生的对话中能够洞察到班级的问题，能够发现学生们的问题，同时在对话中也能发现自己的问题，从而为解决这些问题做好准备。

　　教育对话，一定是基于良好师生关系的平等对话，在对话中我们要时时刻保持自己开放、包容的心态，不断沟通，以期师生、生生之间在真实的生活情境中真诚以待，共同迎接挑战，追求全面发展。然而在传统的教育实践中，在所谓权威式师生关系中，学生的活力和渴求探索的好奇心常常被无情地忽略，结果导致师生之间心理距离越来越远，学生的思想和心灵的束缚，他们不愿与老师敞开心扉，他们缺少对话的主动性，他们只愿在老师规定的话题内和限定的时空里发表观点，这不是我们提倡的教育对话。

　　教育对话的方式有许多，在班级管理中采用书信与学生展开生命对话是我一直坚持的做法。在书信中，班主任主动创设各种对话情境，以"自己人""合作者"的角色走进学生们的心灵，用自己的真情打动学生，用巧妙的语言引导学生，用热忱的期待鼓励学生，从而激活学生的主体意识，让他们成为教育对话的主角，最终成为幸福生活的参与者与创设者。

　　从一封封师生日常交往的写信与回信中，我们聆听到了一场生命的对话，我们感受到了孩子的生命得到了舒展。或是平日作业中的一句评语，或是节日中写着满满祝福的一件小礼物，或是一本本写满班级记忆史的班级日记，或是考试后的家校三方会谈，或是我直接写给孩子们的班级信件，或是班级活动后走心的交谈，或是挂在班级墙壁上那个"心语箱"。这里有老师温暖的语言，给予学生关爱、理解与包容；温润的语言帮助学生走出迷茫与恐惧；赞美的言辞帮助学生树立起对未来的信心；及时的点评和回复，唤醒了其人格的成长；大胆质疑和反问，促使其进行自我反省。这里有父母对孩子无尽的爱，回忆十多年一同走过的生命成长历程，令人回味无穷。这里有为人父母的殷切希望，以过来人的视角和语气，或是叮咛或是严格的要求，给孩子们的前行增添了无穷的力量。这里有孩子们自己袒露心声：或是阶段总结；或是自我展望，他们学会了用清晰理性的心理来应对现实中的困顿；或求助或感恩，在文字的书写中他们学会了与自我和解，与父母和解；或是宣泄或是自省，在文字里我们感悟到学生获得了一种生命的成长。

　　良好的师生关系是影响教育的重要因素，教育实践中通过书信展开生命对话的过程，实质上是教育关系的一种重新建构，是在一种良好的师生关系基础上教育和感化学生的过程。所以在日常的班级管理中，班主任要搭建师生、生生、亲子沟通的渠道和桥梁，通过书信开启一段生命的对话，在一次次对话中，促进学生的成长。

书写锦囊

1. 书信书写契机

为了更好地教育学生，班主任首先要走进学生心灵，了解学生特质。此时的书信重在沟通，让学生敞开心扉和老师展开充分的生命对话，增进彼此的了解、理解与包容。因此我们要捕捉书信书写契机，也就是对话的契机。可以是重大事件节点，例如高一升高二，高二升高三，也可以是高考冲刺之时，也可以是毕业离别季。

我们也可以在大型考试后，创设情境，让父母、孩子与老师之间展开一次生命的对话，为孩子们的生命成长寻求多元支撑；也可以抓住班级大型活动契机，与学生展开及时对话，这样能够促进班级风气形成。

这种生命对话也可以体现在日常的教育教学活动中。例如平日批改作业之时，可以随时发现孩子们的问题，中肯地指出，也可以大胆鼓励；也可以是班级每天的班级日记共读共写中，展开点评式的对话；或者是通过班级信箱，搭建起师生主动对话的桥梁。

2. 书信书写内容或方式

对话式书信，重在情感沟通，以发现问题并解决实际问题；而且这种对话，一定是在班级连续性的活动中展开，才能收到良好的效果。这种对话可以在作业评语、节日礼物、三方会谈、日常反思、班级日记等持续性的书写方式中展开。

3. 书信书写情感

师生之间的沟通不应该是老师的一厢情愿的单向信息输出和指令的传达，这样会抑制学生与老师的交流愿望和主动性。所以，我们切忌命令式、独断式表达，班主任要尽量创造一种平等、宽松的氛围，在和谐师生关系的建构中形成良性互动，激发学生敢说，愿意对话、乐于对话、敢于对话、能够对话，从而达到生命对话的真正目的。

教师在充分了解孩子们的基础上，充当"领路人"的角色。尽量在语言的表达中创造一种角色信任，我们要投其所好，采用学生愿意听的、能理解的语言进行表达和陈述，也就是说书信的语调应该自然而具有亲和力。

同时注意书信的沟通和教育要循序渐进，在沟通的过程中增进了解，建立信任。我们不能祈求给孩子们写了一封信或者几封信，就能收获孩子们的成长。

教师与学生的对话不能是高高在上的命令式，那样会吓到我们的孩子，会让我们的师生关系持续紧张，而使教育效果大打折扣。我们在书信对话中要体现人特有的生命气息和人文关怀，体现对学生人格的尊重。

此外，对话双方要敞开心扉，彼此坦诚相待，促进情感的真实流动和抒发。

4. 书信书写主体

对话不一定是双方，也可以是单方或者多方。因此生命对话书信可以在师生之间、生生之间，也可以是教师写给家长、家长写给老师、家长写给孩子、孩子写给家长，当然也可以是学生的自我反思和心灵独白。

5. 书信书写的效能

（1）对班级建设的作用。书信会在学生之间架起一座沟通的桥梁。例如通过书写和观看班级日志，增强了学生之间彼此了解空间，从而增强了班级凝聚力。在日记中，他们彼此倾诉、彼此欣赏、彼此鞭策……他们把高中同学间的友情写得那么纯真，把我们的集体写得那么友爱。同学们在这样一种和谐愉快的氛围中怎么能不形成合力呢？

（2）对学生发展的作用。在一封封充满生命对话的信件中，我们看到了孩子心智逐渐成熟，感情更加饱满，三观逐渐养成。我在以书信的形式参与孩子们的精神成长的过程中也收获了莫大的幸福。

（3）对亲子关系的作用。给孩子们一份舒展自己心情的栖息地，在这里他们什么都可以表露，包括对父母的感情。把这些语言在一个适当的时机给他们的父母看，这是一个多么好的沟通交流机会，当父母看着孩子们的情感表达时，也会感动地流下眼泪，也会平添一份对子女的理解与包容。

金"育"良言

班主任的工作就是和学生打交道，帮助成长中的学生处理各种问题。因此，与学生沟通是班主任工作中的一个重要部分，可以说班主任所做的每一件事都是在与学生进行着无形的沟通。沟通是班主任的基本功，师生之间有效沟通是教育成败的前提，是消除师生误会的手段。

没有任何生命是孤立的，教育即生活。那么我们有没有拿出真情来对待我们的孩子呢？他们是一个个活生生的生命个体，他们个性差异大，他们棱角分明，他们有更多的需求，如被关注、被热爱、被理解，在人生的某一关键处更需要帮助，对生命的关注本身就是教育的真谛。

那就让我们拿起纸笔，用真心、用真情，与这些正值生命历程中最美光景的他们展开一次次生命的对话。

对话不同于单方面的陈述，教师居高临下、盛气凌人就会造成教育效果的缺失。对话本身意味着一种平等，一种生命地位、人格地位的平等。

让我们创设一种情景，只有在情境中，我们才会直击心底，才会真情以对，才会相互理解、相互包容。

如果想对学生有一个深入的了解，就必须和学生深入接触。而书信能够创设一种巧妙的生命场域，在一种和谐的、平等的师生关系中开展一场生命之间的对话。

尤其是在一些日常交往的连续性书写活动中，我们能够透过学生的文字感受到他们内心的变化和发展，而在我们关注到学生后给予热情而耐心的回复，又会给学生生命的成长带来长期的持续影响。

作为教师的我们千万不要忽视自己的一言一行，没准哪句话、哪个动作、哪个眼神……都会给孩子们带来无穷的鼓励与希望。

我始终坚信，自己与学生相处的点点滴滴真的能流淌在学生们的记忆深处，即使现在没有立竿见影的效果，有一天等他们长大了，成熟了，能够理解我的良苦用心了，何尝不是一种幸福呢？我知道这过程一定是漫长的，是急不得的，因为教育本身需等待，那就让我们慢慢等下去，期待着这一季的花开，期待着学生生命发生的蜕变和突破。

其实与学生展开一场生命的对话，可以融入我们每一天的工作生活中，例如抓住批改作业的时间。批改作业过程中，不仅仅能够反映学生的学习情况、知识掌握情况，也能洞察出学生的思想状况。

我们在关注孩子们的成绩的同时，有没有拿出真心对待过我们的孩子，有没有与他们进行一场人生青春的对话，有没有以自己独特的方式与他们进行过心灵与心灵的沟通，有没有让孩子因为喜欢你、信任你而变得喜欢某一学科，这也许是我们每一位教师应该值得探究的永恒课题吧。

还记得在我与孩子们相处的两年半的时光里，我留给他们记忆最深的可能不是严肃的表情，或是与他们追赶在一起玩过的游戏，应该是我曾经写给他们的一封封书信，可以说一封封敞开心扉的信开启了我与孩子们的生命对话，开启了家长与孩子们的生命对话。我在用心写、用心读，孩子们用心听、用心品，这才是生命的对话。所以每次交流完孩子们都是热泪盈眶，我也是。

所以我一直认为，教育优秀的学生真的不一定有经过千辛万苦转化一名后进生更能够给你带来获得感。

学生是需要激励的，老师要善于抓住一切机会，选择恰当的场合给学生以奖励，当然除了物质奖励，最好是更多地包含文化特质的、精神的乃至情感的因素的奖励。

我们的学生是需要被看得见的，除了希望被老师看见外，他们也希望被同学看见，当然更希望被父母看见，这种被看见的需要其实是一种对被认可的渴望。

　　我相信那些话语是不可复制的，因为我的孩子们是不可复制的，我对他们的情感是不可复制的，他们的表现更是独一无二的。

　　我相信这些用心书写过的痕迹，也许会永久留在他们青春的记忆中，在他们奋斗过的岁月中，曾有一位教师一路随行，关注过他们、批评过他们，也曾经赞美过他们！

　　其实我无非更负责任、更有耐心地做了一些本职工作，可是对于这些十五六岁的高中生，哪怕是同一件事，你用心去做了，他们都会觉得那是一种不一样的关怀。

　　就是在这样的理解、关怀、包容中，学生们一定会萌生出惊人的学习内驱力。

　　孩子们，奔跑吧！尽情奔跑在自己年轻的康庄大道上，人生没有彩排，每天都是直播，所以活在当下，幸福地过好每一天！

第三章

尊重生命　理解成长

教育，这首先是人学。不了解孩子，不了解他的智力发展，他的思维、兴趣、爱好、才能、禀赋、倾向，就谈不上教育。

——苏霍姆林斯基

我们在教育实践中总会遇到各种问题学生，各种特殊学生，而且在他们成长的不同阶段，他们又总是用这样或者那样的问题来考验着教师的耐心和智慧。早恋、自暴自弃、亲子矛盾、心情抑郁、丧失斗志、不会时间管控……教育绝对是考验教师耐心的场域。

每当遇到这些所谓的"问题"时，我都会劝自己首先要摆正心态，因为学校就是一个解决问题的地方。我们要允许我们的学生出现这样或者那样的问题，这是他们释放出的与我们交流的信号，这时候我们不要逃避，而应积极地采取措施，给予学生们尊重、理解和包容，在沟通中让学生学会和解与释怀。

班主任面对的是一个个集体，更是一个个鲜活的生命个体。要知道人除了具有社会性之外，人也有自我属性，人也是作为一个独立的个体而存在的，我们的学生也不例外，所以教育要眼中有学生。苏霍姆林斯基曾说过：每个儿童就是一个完整的世界，没有重复，各有特色。是啊，"人"的丰富多彩、形态各异，决定了教育形式、方法和手段的各具特色，因此因材施教是班级管理的一个重要原则。那么我们应该如何对症下药、量体裁衣呢？从静态角度上看，每个学生有自己的理想、信念、荣誉、生活、情感、学习、利益、责任、家庭、童年……而这些都有其特殊性；他们的性格特征、气质类型、心理特点、兴趣爱好、知识基础、家庭环境等方面，都可能有着这样或那样的区别。从动态角度看，他们正处在生理和心理急剧变化期，他们还处在三观的逐渐养成期，尤其是高中的学生，他们处在学业压力、亲子矛盾、青春期的迷茫等困扰交织期。

面对这些各具特色的复杂教育对象，我们能否在自己的班级管理中正视这些个性的问题，启发学生对个性问题的思考，从而激发个人理想和信念，让他们感受到教师对他们的理解与尊重，享受到个人的幸福和荣誉，满足个人的需求和欲望，促进他们个性的发展。

我们唯有尊重和理解，尊重他们的身心发展规律，尊重他们的学习规律，尊重学生的生命成长规律。我们唯有理解，理解学生的不易，理解他们的缺点或者困惑。我们要理解，我们曾经也是个孩子，我们也曾经遇到过学生遇到的困惑和难题，我们也曾深陷过他们陷过的泥潭，我们不希望他们的将来就是我们的现在，因为我知道他们的未来一定比我们的现在要好上百倍千倍。

于是，我与学生们在这样一封封有针对性的信件中展开了对生命的尊重，对成长的理解：写给高考中发挥失利的你，在理解高考失败中尊重生命成长；写给执着中选择复读的你，在调节忧伤失落中尊重生命成长；写给青春期彷徨迷茫的你，在化解青春迷茫中尊重生命成长；写给时间管控能力弱的你，在敦促习惯养成中尊重生命成长；写给人际交往能力弱的你，在促进能力提升中尊重生命成长；写给将成为高三家长的你，唤醒家长对孩子们的理解和尊重；写给懵懂中情窦初开的你，在尊重生命成长规律中理解生命；写给自尊自立自强的女生，在激扬青春中唤醒生命自觉自律……这些信件使我与学生之间的沟通上升为生命的理解和关怀。

写给高考中发挥失利的你

——在理解高考失败中尊重生命成长

一届一届的学生，来了又走，我们在彼此最火热的生命现场相互遇见、触碰、交流、激荡，留下或深或浅的成长痕迹，成为或刻骨铭心或风轻云淡的往事，于是生命中多了一抹身影、一段记忆、一个故事……带过四届高三毕业班，把学生们迎进来又送走，最难忘的时刻还是每年高考的那两天，我都会亲自把学生们送进高考的考场，陪着他们度过三天紧张的高考。他们在考场内挥汗如雨地答着一道道高考题，我和家长们在考场外焦急地等待他们，等他们出来给他们一个大大的拥抱，一个甜美的笑容，这是多么幸福的瞬间啊！

记得有一年高考，一位不能前来也不敢前来陪考的爸爸给我发来一条信息："金老师，麻烦您在我儿子走出考场时，帮我录一段他的视频，我从儿子的面部表情就能大致判断出他发挥得如何。"师者仁心，我被无数的家长感动过。

等到6月下旬高考成绩出来的时候，一定是几家欢喜几家忧。我们往往把目光和焦点聚焦在成绩优异的学生身上；但是，不要忘记，那些发挥得不太出色的孩子同样需要我们的呵护。因为，只要走进高考考场的学生都是勇士，相信这段高考淬炼的经历，一定会在他们的人生旅程中留下浓重的一抹记忆。也许是发挥失常，也许是方法不得当……无论如何，他们也需要我们的理解、尊重、包容，于是我提起笔，写下这样的一句话"这世界从来没有人生开挂，只不过是厚积薄发——写给高考失利的你"。

亲爱的同学们：

你们好！

火红的6月，是属于我们每一位高三学子的高光时刻。首先恭喜大家用自

124

己的汗水浇灌出丰美的果实；但是，高考放榜之时，总是几家欢喜几家忧。也许是因为没有努力到位，也许是因为运气不佳，也许是因为临场发挥不好……你或者没有如愿以偿考上理想的大学，或者考上了不喜欢的专业，或者名落孙山。本应该属于你的高光时刻变得如此黯淡忧伤，于是你在无数个无眠的日子里，哭红了眼睛，哭湿了枕头。

今天，金老师想和觉得自己在高考中发挥失利的你们敞开心扉聊一聊。

高考你没有输，因为高考不只是一个结果，更是一个过程。还记得自己为了高考而努力奋斗的日日夜夜吗？我感动于你们曾经为了高考而拼尽全力，你们起过的早、熬过的夜、背过的每一篇古文、记过的每一个公式里都写满了青春梦想。每一个追梦者都渴望成功，然而，比成功更宝贵的，就是追梦本身。祝贺你，代言追梦本身！我们欣赏成功，更欣赏一路咬紧牙关，奋斗到了最后一刻的你！无论结果如何，你熬过的夜，有过的烦忧，燃起的斗志，披星戴月的出发，所付出的一切努力，都是这辈子的高光时刻，也将成为他日的惊喜铺垫。别忘了，无论结果如何，请相信每一次努力都算数，奋斗过程足以让我们自己骄傲。所以请为自己的努力鼓掌。凡事但求问心无愧，付出过，不后悔，这就是对得起自己了。

今年的高考，你可能错过了双一流、985、211，甚至是一所普通本科，但是这些都已经不重要。重要的是你能否在这样的一种历练中找到学习的动力，提升自己持续学习的能力。你的持续输入才会换来你将来的持续输出，你认真读过的每一本书，都会在未来人生的某一时刻迸发出无限的光芒，照亮自己或者别人；你认真地锻炼身体，让强大的自己足以应对生活中的失意。就像新东方创始人俞敏洪老师那样，别人用一年完成的事情，他用了四年完成；别人用二十年做成的事情，他好好锻炼身体，用四十年来完成。人生本来就是一场马拉松，高考不是终点，而是你另一段人生的起点。

关于选择，面对高考的失利，也许你正在徘徊和迷茫的边缘，是选择复读还是上退而求其次的学校。无论选择什么，请记住一定要选择你所热爱的，选择你认为有意义和价值的事情去做。如果你的内心足够强大，你也愿意多付出一年的时间，坚持自律，为了明年的高考尽情投入，来改变自己的境遇，那就大胆去做。如果你坚定在一所普通的大学里，你会持续发力，将来的你依然可以在自己热爱的领域中闪闪发光。无论怎样选择，我都希望你们能尽快振作起来，无须因为一次考试失利完全否定自己，也无须和别人比较，每个生命都是独一无二的存在，我们一生遇到的困难很多，但可走的路更多，高考结束又是一个新的开始。

在个人成长和发展的道路上，请相信，每个人都是一个独特的生命个体，你在世界上就是最好的存在。每个人都有自己的生命成长和发展节律，每个人都有自己的花期，所以不要用别人的成长来套路和限制自己。世界上没有完全相同的成长模式，不是所有的人都要经过十二年的拼搏，去上一所985，然后才去工作，才会有发展。有些人甚至连大学都没有上，或者没有上一所重点大学，在自己的热爱的领域同样会熠熠生辉。所以在自己的人生成长轨迹里，相信自己只要坚持，终会花开。

面对自己暂时的不如意，请不要隐藏自己的情绪。找一处空旷的清净之地，放声大哭，或者大声喊出来宣泄一下，没有人会笑话你。因为真正勇敢的人，不是不落泪的人，而是愿意含着眼泪继续奔跑的人。所以在痛彻心扉过后，请选择继续奔跑，金老师祝你下一次大哭是因为自己考上了自己心仪的大学。

永远支持大家的班主任：金　玲

2022 年 6 月 25 日

写给执着中选择复读的你

——在调节忧伤失落中尊重生命成长

有这样一群孩子，他们因高考失利而选择了复读。他们动摇过，迷茫过，不被人理解。面对高考失败的创伤，他们的心理压力也非常大……回想起十多年前，我第一次当班主任就是带的复读班 RAF03 班，至今对他们念念不忘。

一转眼，望着黑板上高考倒计时的牌子，从 301 天减少到了 155 天，伴随着这群可爱的孩子来到实验中学补习，我也开始了我教师生涯中的班主任工作。

我和学生的第一次接触，是在报到那天，很明显地看出他们脸上刚刚接受人生一次考试失利的表情，看着他们拿在手中的成绩大都在二本水平以下，不是这科瘸腿就是那科瘸腿，成绩参差不齐，我的心里觉得压力山大。能明显看出他们脸上对新的学校、新的老师、新的环境有很大的期待，他们大多数都有一种想抓住人生大考的最后一根救命稻草的渴望。

我在想，补习生和应届班的学生有很大的不同，他们刚刚在两个月前经受了一次人生的"重挫"，他们现在最缺少的是什么？是自信心，是别人的理解和支持。而且通过谈心我发现，他们中的大部分之所以打老远来到异地求学，是因为没有勇气，不愿意面对原来的老师、同学甚至父母。那么帮助他们找回信心是我作为班主任的第一项任务。

于是我选择在正式开学那天的班会课，给我们班的学生开了一节主题为"不畏将来，不念过往"的班会，并给学生们读了我写给他们的一封信：

亲爱的 RAF03 班的同学们：

你们好！

人的一生会遇到很多风浪，我们不可能每次都安然无恙，高考也是如此，我深深地理解你们的忧伤与彷徨。我是你们的班主任金玲老师，点石成金，玲珑在线。很高兴，在你们人生最关键的一年，与大家结伴而行。我将竭尽所能，为大家创造一个良好的学习生活环境，引导大家以更加科学合理的方法取得最好的学习效果。高考的硝烟刚刚散尽，当然有所谓的成功者，但在老师眼中你们绝不是失败者，因为重来不是所谓的失败，放弃才是！你们不是失败者，而是一群执着的追求者，为了梦想，为了改变人生的追梦者；你们是自己未来的设计者；你们是所有可能的创造者，你的思考、你的选择、你的付出，可能会带来"不一样"的收获！因为复读，就是通过努力，让你们在座的每一个人再次拥有实现自己梦想的机会。

能够来复读，我想各位的原因也不尽相同，有的是因为自己报考的大学不够理想；有的是今年的高考题不适合自己；还有的可能是觉得上一个高三自己的付出自己还不满意……种种原因，但我要说既来之则安之，希望大家不畏将来，不念过往，安下心来，轻装上阵，心无旁骛地再来奋斗短短的十个月，我会一路随行。选择复读，是拒绝平庸、奔向大海的自信与期许。

落榜不落志，一切可以卷土重来！你们知道吗？马云、俞敏洪都经历了两次高考落榜，参加了三次高考才考上大学。然而，这并没有影响他们成为国内响当当的企业家！"有志者，事竟成，破釜沉舟，百二秦关终属楚；苦心人，天不负，卧薪尝胆，三千越甲可吞吴。"当年，蒲松龄乡试落第后，为铭其矢志不移，在铜尺上刻下了这副对联用以自勉。他以楚霸王破釜沉舟，大败秦兵，和越王勾践卧薪尝胆，十年生息，十年教训，终于灭吴雪耻的精神，发奋写作，最后写成了不朽名著《聊斋志异》等巨著，在我国古典文学史上树立了一座丰碑。

我希望你们学会真学习，而不是假用功。在座的你们，大多数人远没有自己以为的那么坚定和勇敢，经常高估自己追求梦想的能力与毅力，低估自己贪图安逸的"决心"与"恒心"。之所以坐在这里，我相信你们也许都曾经有过这样的经历——假勤奋，假努力。有的同学存在弱势学科，总是能躲则躲；有的同学坐在教室混日子，装出一副努力的样子。骗家长、骗老师、骗自己。但最终能骗过高考、骗过生活吗？所以在接下来的日子里你们一定要学会脚踏实地，学会真用功、用真功，学会不懂就问，学会坦诚地面对自己，无怨无悔。

信心和斗志有了，你们想一下，你们最急需的是什么？对，科学的学习方法、备考方略。这也是接下来咱们班六科老师将要带领大家做的事情。高考就如战场，要想打胜仗没有好的作战方略是很难取胜的；而世界上没有包治百病的药方，再好的方略，如果不联系自己的实际，也很难奏效。所以在正式开始奔跑之前请大家静下心来总结经验和不足，慢慢摸索出一套适合自己的复习方略和学习方法。

当然，我们47名同学来自全省不同的城市、不同的学校，不同的家庭环境，我们拥有不同的性格，在接下来的十个月里难免有摩擦。但是前世五百次的回眸，才换来了今生的一次擦肩而过，茫茫人海，山南水北，我们为了同一个目标相聚在这里，都是前世修来的，我希望你们互相珍惜、互相照顾、互相激励、互相要求。每个人都有不顺心的时候，每个人都有看不惯的东西，在这个特殊的时候我们就绕道而行，避开这个风口浪尖，可能过一些时候你们就彼此看着顺眼了；而且要学会换位思考，多站在对方的角度想想问题可能效果会好一些；再说我们现在要抓住主要矛盾，你们花着重金，背井离乡来复读的目的很明确，想用自己的努力争取来年有个好的大学上，我们就不要为了这些鸡毛蒜皮的小事分了自己的心。不忘初心，牢记使命，希望大家尽快增进彼此的了解与信任，用自己的实际行动践行"用一年的努力，换取一生的幸福"的班级口号。

不畏将来，不念过往。人生没有等出来的辉煌，只有走出来的精彩。接下来就要靠你们自己为了幸福去拼搏，为了理想去奋斗。希望你们每个人都拼搏到无能为力，努力到感动自己！我坚信明年6月，我们每一个人心仪的大学录取通知书都会有自己的名字。我会像一个麦田的守望者严格地要求你们、陪伴你们走过这一季秋冬春夏！

班主任：金玲老师

2011 年 9 月 1 日

十多年过去了，我的第一届复读班的孩子们已然在自己的工作岗位中找到了人生的位置，那年学校推送了一篇介绍我的公众号文章，无意中看到了这届学生给我的留言，眼睛湿润了。

海亮这样写道：

七年前的夏天去了实验复读，有缘进入 RAF03 班，有幸遇到金老师。今天突然看到这篇文章对金老师的介绍，我惊讶于老师在这七年所取得的成就，老师是用严谨勤勉的工作作风与师风师德来浇筑这些成就的。作为老师的一名学生，我更感觉到自己也必须在工作岗位上努力工作。恩师教育学生既教学习，又教做人，在学有所成的基础上，还教会学生为人处世。能做金老师的学生，金老师是我今生的贵人一点儿不为过。看到文章里有一个配图就是 RAF03 班百日誓师大会，感觉非常非常亲切，感谢相遇，感谢老师带给我那一年深刻难忘的回忆。祝愿老师桃李满天下，家庭幸福。

天鸽这样说：

那年的复读，如果没有金老师一直鼓励我，恐怕也不会有我的今天，无论过了多少年，我心里都不会忘记金老师的教导与栽培，现在自己也成为一名政治老师，定不会忘记金老师的教诲，做一名好教师！她在大多时间都会跟我们在一起，陪伴学生进步，把我们送到好的大学。记得最深的应该是她的为人，认真、严谨，亦师亦友用在她身上是贴切的，能成为她的学生是我的幸运，现如今金老师已经是两个宝宝的妈妈了，希望她能够平衡好家庭与工作，也要注意自己的身体，为国家培养出更多优秀的毕业生！

　　没想到过去了这么多年，那仅仅的一年高中复读生活却给他们留下了如此深刻的印象，我想这就是为人师者的魅力吧！其实回忆起来，我也没有做什么惊天动地的大事，我只不过是对这些曾经经历过高考失利的孩子们，多了一份发自内心的尊重、理解和包容。

写给青春期彷徨迷茫的你

——在化解青春迷茫中尊重生命成长

写给一位曾经在高考路上处于青春期、叛逆期的孩子，他叛逆、厌学、整天玩手机、沉溺于网络、与父母对着干、没有目标、选择错误。

暑假的一天，分班之前的一个学生家长给我发来微信：

金老师晚上好！这么晚还打扰您，实在抱歉。那个向您承诺要考清北的孩子突然跟我说要放弃高考了。他说高考不是唯一出路，想出国留学。可能是因为离自己的理想大学太遥远了，给自己找一个逃避的理由，现在只学英语，数理化处于放弃状态。重点是他自己也不努力学习，在家天天玩电脑游戏，轻说两句就看小说，重说两句就离家出走，直到饿得不行了才回家，无数次了，父母哪能受得了？

听小伟妈妈一口气说完，我的记忆又回到一年半前，那个个子小小的男孩小伟身上，小伟是从上高中就在我们班的一个个子小小的男生，我当时给予他很多关注，引导他当班长，小小的个子里蕴藏着巨大的能量。他能很好地处理同学关系，感觉那个时候他很快乐、自信。在这样一种自信的支撑下，他的成绩也突飞猛进，分班前9科总排名竟然考到年级前50名。

其实在选科时我就发现他的政治、历史是比较擅长的，再结合他的性格特点：好动，沟通能力比较强，说实话感觉他适合选择历史、地理、政治组合，后劲也会更足，因为他的数学成绩在文科组合里是比较有优势的。但是，听他自己说，父母都希望他学习理科，觉得出路更广一些，结果后来他选择了物理、化学、生物组合。后来在新的班级里，他没有很好地融进去，同学关系不是很融洽，加之成绩的下滑，导致他自信心不足。后来他又申请了一次转科，专门选择了我们班，我觉得那个时候他很自信很快乐，但是这期间父母又来学校和我聊了几次，父母还是动员他回到原来的班级，结果小伟又回到原班级，接下来就发生了后来的一切。

原本很不错的一个学生为什么在分班后变成了另一个人的样子呢？

由于处于放假阶段，而且这个学生已经不在我的班上了。于是想起一种和他沟通的独特方式，提起笔给他写了一封信《谁的青春不迷茫，你的迷茫我理解》，因为我了解这个孩子本质上是非常上进的一名学生，他之所以出现如此叛逆的迹象，一定是缺少了能够理解他的人，包括父母、老师、同学。他现在急需一个敢于站在他的角度理解他、包容他的人……而我愿意充当这个人。在信中我和小伟聊了关于"选择""父母""高考"三个话题，从理解他的角度和他聊一些"空"一点儿的东西，我想这更能打动这个年龄段的孩子心灵。为了看看他的反应，也便于更好地进行沟通交流，我要求他给我写回信。看看他的心里到底在想一些什么。

谁的青春不迷茫 你的迷茫我理解

在金老师心目中潜藏着巨大能量、有着无限潜力的小伟同学：

你好！

收到我的来信，我相信你一定既觉得意外又觉得欣喜吧？是的，其实即使不在金老师的眼皮子底下，金老师也一直默默关注着你。关注着你最近的表现：是不是刻苦学习了？是不是能很好地管控自己的手机了？和父母的关系好不好？到高三啦，是不是做好了十足的准备？期末统考成绩是不是很满意？……金老师，是不是很啰唆啊？相信你也一定很怀念我这个曾经特别"关注"你的老班主任吧。

说实话，在金老师心目中，你还是那个个子不高但是身体里隐藏着巨大潜力的"小超人",我的记忆仍然停留在你刚刚来到南科大附中的那一个学期,文理兼修,九科排名能冲进全年级 700 名同学的前 50 名,对于我们的高一(14)班,简直就是一个奇迹,你就是金老师的骄傲。你不仅学习刻苦努力,最让金老师感动的是你的善良、仁义、厚道……在班级里当班长,能把(14)班同学紧紧地团结在一起。你为人宽厚,从不斤斤计较,我坚信这种品格,会让你未来的人生走得更远。

后来你选择了物理、化学、生物组合,我相信你一定会很出色……紧接着后来,出现了选科的迷茫,想重新选择历史、地理、政治……金老师仍然坚信,只要是你自己的选择,我会全力支持你……因为,我始终相信小伟同学的实力……后来又由于父母的原因,你又"被迫"选择了物理、化学、生物……仍然清晰地记得你在回到一班后,留给金老师的那封信,有一句话我至今记忆犹新,那就是"金老师是我求学路上遇到的最好的班主任"……就是这句话,让金老师一直放不下你。

前几天,和你的妈妈聊起你的近况,我本来只是关心一下你期末统考的成绩……可是一系列的表现,突然浮现在我的面前……学习失去动力?没有目标?有些科目落到谷底?想放弃高考?玩手机游戏又不能自拔?和父母的关系也偶尔僵化?……真的是这样吗?小伟?说心里话,金老师不敢相信这一切!也不想相信这一切!也不愿意相信这一切!

那个在金老师心目中个子虽然不高,但有担当、有潜力、有前途的"小超人"跑到哪里去了?

我觉得是时候了,让我们静下来,心平气和地来一场痛彻心扉的聊天了!

今天的来信,金老师不带任何说教和劝阻的色彩,完全是作为你心目中"最好的班主任",在心平气和地和你闲聊,好吧?希望你也带着轻松的心情,慢慢体会金老师字里行间的语重心长,你就姑且把我当成一位知心姐姐哦!

首先咱们聊聊关于"选择"这个话题,人的一生会面临很多次选择:小的时候自己选择一个喜欢的玩具、一件漂亮的衣服；上学后会选择什么样的小伙伴一起玩耍；中考后，选择哪一所高中；高中选择哪些科目组合；高考后选择什么大学？选择哪个专业？大学毕业后，选择什么工作，选择哪座城市？选择什么样的配偶？……可以说，人的一生，每时每刻都会面临着这样那样的选择，只不过是有的选择无关紧要，例如这顿饭是吃馒头还是米饭……但是有的选择可能会关乎自己的未来……当然面对这么多的选择，我们用什么标准去选择可能会因人而异，有的人凭感觉，有的人凭爱好，有的人听从父母的安排，有的人遵循自己的内心，出于理性的判断……有的人选择了不止一次，可能反反复复，兜兜转转……有的人可能因为一次选择获得新生，也有的人因为一次选择遗憾终生……听过这样一句话"如果你知道去哪里，全世界都会为你让路"，说的就是选择的重要性。在人生的十字路口，我们可能跌跌撞撞，有过麻木，有过悲伤，有过困惑，也有过遗憾……那我们到底应该怎样做出选择呢？像你这次选科，根据自己的性格特点和思维模式，你明明知道自己应该选择什么？可是后来你又考虑到父母的感受，又重新做了更改。其实面临这些选择，金老师不可能给你特别明确的答案。但是金老师想告诉你：在每个人的一生中，我们在面对无数次的选择时，在我们面对曲折、迷茫时，如果能找到一种最符合自己生命特征的方式，来演绎我们精彩或平凡的一生，是何其幸运和幸福。因为只有选择正确时，我们才能强烈地感受到生命中的归属感、成就感以及安全感。请永远记住，热爱比付出更重要，方向有时比努力重要。金老师最不喜欢自己的学生活成下面的样子：把所有的选择都基于别人，或者别人希望自己成为的样子，而把真正的自我深深埋藏。越是成长，我们越要学会在"做自己"和"取悦他人"之间找到平衡，我们不要总去做那些所谓对的事情，而要学会去做自己真正想做的事情。所以，此刻，请你扪心自问，你的选择能否激发出你最大的生命热情，为了自己的选择乐此不疲地全情投入？如果没有，请重新选择；如果有，那就放下一切，甩开一切思想包袱，全力以赴，因为高三的号角已经吹响！请你重拾梦想，立刻出发吧！只愿你永葆初心，永远热泪盈眶！

　　第二个话题让我们谈谈父母。刚才说很多事情我们都可以选择，可是我们的出身却不由得我们去选择。有的人含着金钥匙出生，从一出生就注定了一生的不平凡，有的人一出生就注定要自己拼搏一生，而我们大多数人属于后者。我们无法选择我们的出身，但是我们可以选择我们努力的方式。"身无饥寒，父母无愧于我；人无长进，我以何待父母？"是我看过最朴实的关于父母与我们的文案。你可能也总觉得妈妈唠叨、爸爸专制吧？其实这些唠叨与严厉写尽了天下多少中国父母的样子。有人说当今竞争激烈的充满内卷的社会，必然催生充满焦虑的父母。

　　看到你日渐消沉，他们焦虑；看到你沉溺于网络，他们焦虑；看到你成绩的下滑，他们焦虑……他们的种种表现，无非是天下中学生的父母的真实写照而已。你在觉得他们啰唆的时候，有没有想过源头在哪里？请记住这句话，父母的世界很小，只装得下我们；我们的世界很大，却常常忽略他们。我们的一点一滴的进步与成长足以让他们欣喜若狂，当然我们的一点点瑕疵，有时候也足以让他们的整个天空塌陷。你可能觉得父母的管教过于"严苛"，但是这就是中国式不完美的父母之爱最真实的部分。昨天我看了一部电影《关于妈妈的一切》，推荐给你看一下。我们每个人在成长的过程中，总有过一段叛逆的日子，想远离父母，觉得他们管得太多，希望自己得到自由，希望按照自己的想法随心所欲。你是不是正处于这个阶段呢？但请永远记住有一种痛叫作"子欲养而亲不待"。电影中母亲的一句话"可是，妈妈等不了了……"，让我瞬间"破防"，泪如雨下。电影中，等妈妈离开时，主人公一次次点开妈妈活着时发给自己的"唠叨"的微信语音，才发现这些所谓的"唠叨"是多么宝贵的精神力量，让自己感受着妈妈的气息和温暖。余生有限，请珍惜这个世界上最爱你的父母，在自己努力奋斗的同时，给予他们一些理解与关爱。因为没有人知道，这个与父母相处的倒计时会在哪一个瞬间走到零。

　　接下来谈谈高考，高考决定的不是你的人生，而是后来你将与谁开启新的故事。从1977年中国恢复高考，高考就成为无数青年实现自己青春梦想的舞台。也许你会说，实现自己梦想的道路有千万条，不仅仅有高考这一条。所以你想逃避，你甚至想选择出国？但是我想告诉你，对于我们这些普通工薪阶层出身的普通人来说，高考是再公平不过的道路。可以说高考是你这一生为数不多的光凭努力就可以做得很好的事情了。在中国，分数才是硬道理的高考，无论家庭贫富，无论我们来自城市还是农村，无论我们美丑，我们凭借自己的努力和汗水，就可以去往自己心仪的城市，选择一个自己喜欢的专业或者职业，甚至你的另一半。多么美好的事情，谈及"美好"二字，当属高考。所以高考对于大多数普通的孩子来说，不仅仅是一场考试，更是你跨越阶层的梯子。我们用几年的努力，去赶超家族几代人累计所造成的差距，包括文化上和经济上的差距；而高考就是这样一个机会，为什么不牢牢抓住呢？所以金老师希望你为自己争一把，争取一个不同的世界，一个截然不同的世界，你可以暂时听不懂我的话，但是相信我，一定是值得的。

　　谁的青春不迷茫，你的迷茫我理解。小伟，跑得慢不代表跑不到终点，一切刚刚好，都还来得及。道阻且长，行则将至，乾坤未定，你我皆是黑马，金老师希望你从此刻重整旗鼓，重拾信心，重树目标，开足马力，勇往直前，用300多天的汗水与拼搏，给自己的高中生活画上圆满的句号，不为别的，只为自己要奔赴下一场山海。

你心目中最好的班主任：金　玲

2022年7月21日

小伟同学写给我的回信：

尊敬的金老师：

您好！

收到您的来信，我的确感觉很意外，也欣喜您一直在关注着我。从小到大一年更换一次班主任的我，也真的很怀念您这样负责任的班主任，因为我小学和初中都是在私立学校度过的，班主任们看的基本只有成绩，成绩越好的学生越讨老师喜欢，这可能也是全国大多数老师的一个情况吧，有好学生就一定有差学生，这是毋庸置疑的，但您所给予我的关心是我在其他老师身上感受不到的，所以在我心目中您就是我求学路上遇到的最好的班主任，感谢您一直以来的关注和照顾！

让我感到十分意外的是我在你心目中的形象竟然这么好，这说出来我自己都不好意思了，嘿嘿，不过当初在14班的我，确实有很大的冲劲儿，因为我感觉14班的每个人都很好，我也很喜欢待在14班，那种氛围是我在待过的班级里所感受不到的。在14班我拥有好的老师、好的同桌、好的同学，而且学习氛围也还不错，虽然不如现在的1班那么浓厚，但1班的这群人就好像一些只会学习的机器，有些人真的很不会处理同学之间的关系……我很怀念在14班的那种学习氛围，当时的我们该竞争的时候竞争，该努力的时候努力，该玩的时候玩，那个时候的我们多好啊，可惜这一切已成过往。

现在在父母眼中的我可能就只是一个好吃懒做、不思进取的孩子吧！其实在家的我和在学校的我真的就像两个人一样，主要是在学校我身边有很多人一起学习，如果我一个人玩就很没有意思，那种学习的氛围真的很好，所以我在学校会比在家里自在很多。据我所知，很多像我一样的同龄人在家里呢，是真的一点儿学习的劲头都拿不起来，其实家里能吸引我的也无非就是这一部手机了。我可以用微信这些的聊天软件来和同学们保持联系，和他们聊天也会让我不那么无聊。不过我偶尔也会去书城自习，那里的学习氛围比较浓厚，最好的是没有父母管着，嘿嘿。

说心里话，我自己也深知我偏向文科，当初选择理科一是因为兴趣，二是为了以后可供选择的专业，三就是父母的期望。我当初选择文科不是因为冲动，是因为在1班压力真的太大了。我在学校每一天都按计划走，上课该跟的跟，该刷题的刷题，我每一天的计划都写在小本子上，完成一个就打钩，没完成的就打叉，但是学习真的不像我想象中的那么美好，每天作业多到我写都写不完，偶尔作业少点儿我还会根据自己的任务来找找题刷，但是我发现真的事与愿违，我已经很努力很拼命地去学习了，但是真的真的太累了，有很多时候我躺在床上翻来覆去都睡不着，要不就是睡着了突然又醒了，我都怀疑自己是不是得抑郁症了。我们班有几个人会申请回家调整一下，我觉得不是很有必要，而且我就算回家也调整不了什么，甚至可能因为父母的啰唆让我更加烦躁。我现在在学校唯一的放松方式就是打球，每天下午的活动课，每天晚上的十点到十点半，我只有通过打球才能释放出我的压力。到这里，再结合我的成绩，可能其他老师和家长就会说：别人努力的时候你在玩，你的成绩又这么差，还不抓紧一切时间努力！我也很想努力，但我真的没有办法了，我曾无数次因为学习的压力失眠，我一步一步地按照自己的计划走，可学习的压力一步一步将我的信心打碎。我现在真的很迷茫，不知道该怎么办才好，家人们总是说我并不是笨，我只是太贪玩了，这说的也并不是完全没有道理。但他们只是基于我在家的表现结合我的成绩而推出来的结论，我做出的所有努力，在成绩单那几个数字眼前，我感觉就像是一个屁一样。

我也曾说过无数遍，在1班压力真的太大了，我现在在1班很多时候会因为成绩而被他们当作笑柄。原来在14班的那几个人也变了很多，好像成绩才是衡量一切的标准一样。就拿上次期中考试来举例，当时我数学拿了100，而哲只拿了99，身边的所有人都拿我和他开玩笑，说：你怎么连小伟都没考过？

甚至有几个人拿自己的 100 多说我是一点几几个 V（代指我），我也只是一笑而过，因为我现在确实不如他们。我很想冲着他们发脾气，但我又怕坏了同学情谊，毕竟抬头不见低头见的。所以我真的很烦很生气，但我又不能表达出来，我就在心里说：不过就是考得比我好几次罢了，我考得好的时候你在哪里。但我肯定的是，我如果这么说，以后这友谊肯定会有隔阂了。

是这样的，我总觉得我妈唠叨，我爸专制，以为他们真的看不到我在学校做的一切努力，他们看到的只是成绩的那几个数字，我抱怨的时候他们就会说，我记得我们当初没有这么难啊。有时候也会说：我像你这么大的时候都干吗干吗了，他们总是拿当年的那一套来管我，我会很反感，我无法跟我爸妈交流，因为有沟通代沟，所以他们在说的时候我要么发脾气，要么沉默不语。

我为什么打游戏？其实我并不是对游戏上瘾，而是只有在游戏中我才不会觉得无聊，他们总会说我沉迷于游戏，这么说吧，我在这边一个特别要好的朋友也没有，我只有通过游戏来打发无聊甚至是发泄。我一没有上网吧，二没有干坏事，我也没有干什么丧尽天良的事，我就打个游戏怎么了？总是拿我打游戏的事做文章，我的努力在他们眼里就是：你在学校努力我又看不到，我看到的就是你在家天天玩，什么事也不干。但我性格如此，我其实不太想改变这一些虚无的事情。

我为什么天天玩？我天天玩是因为在家里一点儿学习的氛围都没有，我根本无法静下心来好好学习，大部分时候，我们学生都处于这样一个状态：在家里又想着回学校，在学校又想着回家，真的特别矛盾，但我们也没办法，在学校有那个学习的氛围，但学久了又无聊想回家放松，在家玩久了也无聊，又有爸妈管着就会想着回学校……但是在父母眼中我们天天玩就是不思进取，如果这样的话，我们也没有什么办法了。我很喜欢我们物理老师对我们说过的一段话：你们父母总是说你们在学校怎么样，你让他们来学校体验一周，从每天早上六点半起床一直学到晚上十点，别说一周，三天他们都忍受不了，我知道你们学习很累，所以我特别理解你们学生，当学生真的太累了。

的确，我现在的想法就是，高考并不是我唯一的出路，我想出国去留学，也可以理解为想逃离父母，因为我目标很远大，但现实很残酷，我也曾无数次后悔，要是我当初选的文科，肯定早就600多分了。不过现在后悔也没啥作用了，学都学完了，接下来也只能自己好好学了，我并不是没有努力，我的U盘里有很多学习资料，比如英语吧，我会自己找老师要PPT来编辑知识点，然后打印下来，或者我会找一些资料存下来，方便以后学习，甚至我还会自己在WPS的组卷平台自己给自己组一套卷子，我们老师都夸我会学习，我总会做好先手准备，但现实又总会将我打入深渊。

不过上周和奶奶通话后，我暂时放弃了出国的想法，子欲养而亲不待这句话说得真的很有道理，我曾是一个留守儿童。所以一直到现在，哪怕我父母养了我这么多年，但是在我心中抚养我长大成人的爷爷奶奶永远排在第一位，然后才是父母。现在爷爷不在了，我得好好孝顺奶奶才行，如果我出国了，奶奶岁数大了，要是出事了我却赶不回来，那我将后悔终生。所以我现在决定还是本本分分地参加高考，说不定我冲一把就冲到了清华北大呢。

现已高三，接下来我会好好冲一把，不为别的，只为了考个好成绩让我奶奶开心一点（这话我只跟您说），在高三剩余的300多天里奋发向上，为自己的寒窗苦读画上一个完美的句号。

小伟

2022 年 7 月 23 日

以上是三天后，小伟给我发来的电子邮件。

仔细读了回信，我发现小伟的回信向我们折射出以下几个值得我们思考的观点。

老师的评价是否全面会直接影响学生：只用成绩评价学生会给那些成绩暂时处于落后的学生造成严重的心理伤害。

环境给青春期的孩子带来的影响是巨大的。良好的班级氛围：宽松、和谐、团结等，会给学生带来无穷的动力和情感支撑。家庭的学习氛围对学生的影响也是非常重要的。

孩子需要父母全面的了解，包括在学校的表现，父母不能只凭成绩就否定孩子全面的努力。

孩子特别想得到父母的理解和共情。如果老师和父母在平时交流过程中，经常站在学生的角度看待和评价他们，一定会给孩子的心理带来不一样的体验。

选择真的很重要，什么是最好的选择，适合孩子性格特点、思维模式、兴趣爱好，孩子能够在这个领域游刃有余的选择才是最好的。

父母在孩子童年期的陪伴太重要了，他会在孩子心灵深处留下不可磨灭的影响。

因此，作为教师、作为班主任，我们在与学生交往的过程中，一定要多一分理解和认同。我们要学会用全面的标准评价学生，发现他们身上的闪光点，站在他们的立场看问题，也许问题根本不是问题，而是另一个视角的世界而已。教师在传授知识的同时，是否记得帮助孩子树立信心？是否多一些指导，指导孩子学会在集体中更好地生活？是否能够帮助孩子找到内心的学习动力？

还有半年就要高考了，那天在走廊里看到小伟，他蹦蹦跶跶地来到我面前。我问他学习状态，他告诉我，现在他终于想开了，放下了所有的思想包袱，有时候为了节约时间，周末放学也申请留校复习了。从他的表情我看得出来，现在的小伟的确有了高三学生的样子了。我拍拍他的肩膀说："期待 6 月份考场传来你的捷报哦。"

写给时间管控能力弱的你

——在敦促习惯养成中尊重生命成长

2022 年的暑假已经过去一周，学生们能否制定并执行科学合理的假期计划？能否平衡好各科的学习时间？是否懂得劳逸结合？是否安排了阅读任务？是否加强了体育锻炼？是否帮助父母做力所能及的家务劳动？能否管理好自己的电子产品？是否静下心来，在时间的沉淀中驻足反思自己的优点与不足？

其实以上问题都指向学生个体的时间管理倾向。时间管理倾向用以描述个体在运用时间方式上所表现出来的心理和行为特征，包括时间价值感、时间监控观、时间效能感。时间价值感让我们满怀期望地去完成学习目标；时间监控观使我们能够运筹帷幄地高效学习或工作，包括设定目标、做计划、分配时间、检查评估等；时间效能感让我们对时间有更好的驾驭，对学习或工作有积极的信念和预期，进而能够全身心地投入学习和工作。带着这些问题，通过调查问卷和家访，进一步了解学生的时间管控能力。

总体来看，学生们能够合理制定假期计划，平衡好各科的学习时间和精力，而且时间设计内容合理全面，包括适当的阅读、劳动、体育锻炼，以及注重与家人的沟通和协调，也能够静下心来反思自己，总结经验和不足。

但个别同学相对懒散，各科作业完成得也不太理想。和几位同学聊过后，发现了问题的症结所在，大多数同学是不会进行时间管理的，而我们知道时间管理能力是学生们走入社会后一项重要的能力和素养。

于是提起笔给正在暑假中的学生写了以下信：

亲爱的同学们：

大家好！

暑假已经开始一周，看到你们提交的学习计划，老师备感欣慰，因为大多数同学已经懂得规划自己的时间，并且收获满满。但是从与你们的交流中我也知晓了你们所面临的一个难题，那就是时间管控能力比较弱，即使制订了学习计划，执行起来也不尽如人意。那今天金老师就给大家指点迷津，我们一起聊聊时间管理的那些事。

一、时间管理的重要性

我知道，作为高中生的你们学习任务繁重，这就需要我们提高学习效率，即提高自己在单位时间内完成学习任务的能力。因此我们要学会合理安排学业任务、社会活动、休闲娱乐的时间，只有这样才能够让我们的生活更加丰富多彩，从而获得全面的发展和多元的收获，因此时间管理是你们的必修课。因为有效的时间管理有助于提升大家的学业成绩，减轻心理压力，提高生活质量。时间管理能力是当前国际普遍认可的个人发展的核心竞争力。因为在人生的不同发展阶段、不同的职业和领域都要提升时间管理能力。

二、 时间管理的四象限法则

那怎么样进行科学高效的时间管理呢？美国管理学家史蒂芬·柯维提出了时间管理的四象限法则。在四象限中，重要的且紧急的事情，需要马上去做；重要不紧急的事情，需要重点去做；不重要且紧急的事情，尽量安排一段时间集中高效完成，如果有困难可以寻求帮助共同来做；不重要不紧急的事情，尽量不做。同学们，你们面对各科的繁重的学习任务，以及各种综合活动时，在制定自己的假期计划或者日常的学习计划时，是否利用好了"四象限法则"？例如玩电子产品，对于高中的自己你觉得是属于哪个象限呢？

金老师相信大家一目了然了。接下来，我们看看怎样有效运用时间管理策略呢？

三、有效运用时间管理策略

（一）合理设置目标和任务的优先级

时间管理是基于一定的目标或者计划，如果目标设定得太高，将导致在预设的时间里无论你怎样努力都很难完成，久而久之会产生挫败感，也就失去时间管理的意义了。因此金老师建议大家目标的设定要具体、合理、可行。大家可以对照一下，自己的暑假计划，目标是否合理哦。

（二）高效利用完整时间

在校期间最完整的时间就是 40 分钟的课堂，因此我们要学会提高课堂的听课效率和自习课的学习效率。大家也可以认真观察总结自己的用脑技巧，及大脑活动规律，例如早上学习哪一学科效率高，晚上学习哪一科效果好，等等，以此安排各项学习活动，提高学习效率。尤其是假期居家，所有的时间都是自己安排，每一天的完整的时间段如何安排和利用效率会更高呢？大家可以尝试着做几次比较，选择效果最好的安排。

（三）灵活利用零散时间

大家的学生生活紧张而繁忙，但是仔细梳理会发现，其实很多碎片化的时间是可以打理出来高效利用的。接下来大家按照以下几方面进行梳理：

（1）大家可对自己的一天、一周、一个月的时间进行梳理，筛选出零散时间。

（2）大家可以将每天的学习、生活内容按照所需时间长短及持续投入时间的情况进行梳理。

（3）大家可以将长任务分解成每周、每天来完成。

（4）大家可以制作时间任务表进行监控落实情况，将自己的时间安排和落实情况进行量化呈现。

（5）接下来大家可以根据每天的任务表的落实情况，不断进行调整，并根据自己的规律、优势、不足，有针对性地进行改进。

（四）克服拖延症

拖延症不仅使目标任务无法在预定的期限内完成，还会产生焦虑，降低胜任感。克服拖延症最简单的方法就是立即采取行动——现在就做。学会给各项任务设定截止日期，并严格按照截止日期积极行动。如果任务特别大而艰巨，我们可以把它细分为几项小任务。

（五）监控和调整时间的分配使用

大家学会建立自己的时间账本，记录每天浪费的时间、消费的时间和存储投资的时间。大家可以对每天、每周的时间使用情况进行反思和总结，进而对第二天或第二周的时间计划进行调整。大家会在这个记录、反思、调整的过程中提升时间管理的效能感、时间掌控感，进而提高自己的时间管理能力。

（六）学会安排自己的休闲时间

我们一定要学会劳逸结合，合理安排生活、休闲、运动、读书、劳动等，这样我们在全面的发展中获得生命的成长。

你学会了吗？大家可以按照以上办法重新调整自己的计划和安排啦！一起加油，度过一个快乐而充实的假期。

在假期中仍然惦记你们的班主任：金　玲

2021 年 7 月 26 日

写给人际交往能力弱的你

——在促进能力提升中尊重生命成长

进入青春期后，青少年与同伴的关系越来越密切，同伴成为他们成长的重要情感支撑。面临身心飞速的变化，与同自己有着相似变化的同伴分享自己的喜怒哀乐，有助于青少年更好地接纳自己。

上周六，我接到小丽妈妈的电话，她在电话那端向我哭诉，小丽最近在家里总是闷闷不乐，情绪低落。我安慰妈妈平静自己的情绪，因为小丽平时就是一个比较内向的孩子，在班级话也不多。我建议妈妈要坐下来和孩子好好聊一下，是哪里出现了问题，我们也进一步观察孩子的情绪变化。妈妈和我聊起，孩子说和同学交往时总是插不上话，因为她认为其他同学聊的话题，自己不感兴趣。而自己想聊的话题，同伴们又不愿意参与……时间久了，小丽觉得很自卑，认为大家不喜欢她。我的第一反应，就是这个学生的人际交往出现了问题。

第二天返校前，我又接到了小丽爸爸的电话，他急促不安地又向我反映了昨天妈妈反映的情况。我问爸爸，是怎样应对的？爸爸说，自己劝女儿，不用太在意同学们的感受，也不用太在意她们，现在马上进入高三，把全部的时间和精力都用在学习上，等考一个好大学，再发展和同学们的友谊还来得及，我相信大多数家长可能同意小丽爸爸的观点。

我在电话里反驳了他的观点，我觉得这是一种回避矛盾的做法。我认为人际交往能力是一项非常重要的核心素养，因为交往能力在提升学生的社会性方面起着特殊的作用。大家想一下，如果一个人不会与人交往，等他走向社会进入各行各业后是怎样的结果？他又如何应对各种变化的、复杂的、真实的生活情境呢？

然而，像小丽爸爸一样，大多数家长可能认为中学阶段，尤其是高中阶段，学习大于天，只要搞好学习，交往能力在上大学后再弥补都来得及。他们可能不知道，孩子的各项能力在生命成长的不同阶段有着不同的诉求，如果重视不够，得不到家长、老师的引导和帮助，有些能力可能错过最佳发展期。

听了我的讲解，爸爸似乎也非常赞同。我决定周一找小丽聊聊，并给小丽写一封信，给予她人际交往能力提升方面具体的干预和指导。

小丽：

你好！

上次找你聊天后，由于时间关系，你匆匆忙忙跑回教室上数学课，我觉得有些问题可能没有聊得太透彻，所以金老师决定给你写一封亲笔信做进一步的交代。

上次的谈话中，我知道了你最近的迷茫，一方面，是高三随之而来的学习压力，让你觉得时间不够用，你决心把全部的时间都用在学习上，于是你主动锁上了心门，不想与任何同学交往，你觉得与他们多说一句话都是在浪费时间和生命，对吧？另一方面，随着你主动远离同学们，你发现他们也逐渐远离了你，当你再想走近他们和他们交流时，你觉得自己十分被动，因为他们根本就不再理会你。于是你觉得迷茫，觉得孤独，觉得无助，觉得无聊、沮丧、烦躁、苦闷，觉得天空一下子灰暗下来，而这种消极情绪会蔓延到你的学习生活中，甚至对你的学习产生不利的影响。

金老师听了你的诉说，真的感觉心情也不美丽了。我应该早点儿发现你的问题啊。在我心里，你一直充当了那个懂事、听话的乖学生、好学生的角色。你学习刻苦、成绩一直名列前茅，你为人正直，纪律非常好。一直到现在，你一直都是金老师的骄傲。

但是，人无完人，我们也要客观公正地看待和评价自己。上次你和我说你的交往能力弱。我想说这不是你一个人的缺点，这可能是你们这个年龄阶段同学们普遍存在的现象。而且，和你交流后，我觉得并不是因为你交往能力弱，还记得刚进入新班级的时候，你不也曾经和小琳、小琪等同学打成一片吗？你们一起吃饭，一起回宿舍，一起约着到体育馆里打羽毛球……这说明你没有问题的，千万不要随随便便给自己贴上一个"社恐"的标签，金老师不希望、也不允许你随便给自己贴标签哦。而且你现在已经认识到了良好的人际关系，包括师生关系、同学关系、亲子关系对于你个人生活的重要性，种种情况表明，你的心理发展是符合中学生的人际交往特点的。

我觉得你可以从以下两个大方面入手，试着改变自己。你很优秀，咱们班的同学又都很善良，你很快就会找回到原来的状态的。

首先，要重视友谊。

一个人走得快，但是一群人走得远。我们在哲学课上也曾提出，人具有社会属性，我们终其一生都将处在各种社会关系之中。而在各种社会关系之中，友谊是人生一笔宝贵的财富，因为它不因血缘关系、不因亲缘关系而存在，它全凭着朋友之间的惺惺相惜，志同道合。朋友可以让烦恼和不快随风消失，也可以增强你的归属感和使命感，减轻压力，提高自信与自我价值。因为我们在社会中除了自我评价外，也需要从朋友那里获得社会性评价。如有心事，向好朋友倾诉，能够更好地认识自己并理解他人。因此拥有亲密、稳定、支持性友谊的人一般会对自己做出更积极的评价。巴金曾说过：友情在我过去的生活里就像一盏明灯，照彻了我的灵魂，使我的生存有了一点点光彩。孔子也说过：独学而无友，则孤陋而寡闻。古代有伯牙摔琴谢知音的典故，也有管鲍之交的千古佳话，马克思恩格斯的友谊成就了国际共产主义的辉煌成就……

所以金老师希望你重拾信心，学会与人相处，学会表达和沟通，学会和好朋友多分享自己的心情，快乐的或者伤心的，成功的或者失败的。努力做一个能给别人带来帮助和快乐的人，要学会合作，若干年后你就会发现，珍贵的同学情谊会成为你一辈子的财富。

余秋雨曾这样描述友情：世间一切孤独者也都遭遇过友情，只是不知鉴别和维护。所以在认识到友谊的重要性之后，我们还要掌握一些与人交往的方法和技巧。

所以第二点，我们还需要掌握一些具体的交往原则和方法。

1. 注重培养积极主动的交往态度，如主动向同学敞开心扉，介绍自己的兴趣爱好，让别人了解自己，走近自己。

2. 学会倾听，并给予适当回应，积极关注，而不能爱搭不理，这样可以让对方感受到重视、信任，而乐于交往。

3. 目光交流。在与别人说话时，要目视对方，关注对方，以示尊重。

4. 面带微笑。微笑可以传达善意，缓解紧张情绪。

5. 适当放慢说话语速，尽量让对方听清楚自己的观点。

6. 寻找共同的兴趣爱好和话题，与志同道合者发展深度友谊。

7. 主动交往。如主动打招呼，主动邀请对方参与自己的活动，主动帮助他人等。

带上这些方法，金老师给你留一项作业，希望你在接下来的一个月中，尝试在班级里重新结交 1~2 位好朋友。不知道你有没有信心做得到？期待你的变化，希望你能结交到心目中的好朋友！我这个"大朋友"一直会默默为你加油哦，遇到问题还可以随时向我倾诉哦！

你忠实的大朋友：金老师

2021 年 9 月

又过了两周，我给小丽妈妈打电话，问起孩子的表现时，她开心地告诉我，孩子脸上的笑容越来越多了。作为家长和教师，一定要重视人际交往能力的培养，当学生在交往方面出现一些障碍时，给予适时地干预和帮助，而不能采取回避的态度。这样学生才能在生命发展中获得社会性的成长。走进生命，了解生命，我们才能学会尊重生命、引导生命。

写给将成为高三家长的你

——唤醒家长对孩子们的理解和尊重

期中考试过后，小丽的母亲给我发信息，向我要孩子的成绩，我答应她回到办公室后截图发过去。可是我一转身，忙得忘记了。第二天，她又给我发信息，我明显感觉到了她的语气中带着些许焦急。当然我内心也很愧疚，毕竟答应家长的事情给忘记了。

每次考试后，我都会把成绩小条子发给孩子，小丽考得也不赖，为什么没有把成绩告诉母亲呢？

我仔细看了看家长的信息："金老师好，孩子们处于青春期，有一些叛逆情绪，在学校的情况不愿意跟我们家长反馈，所以更多的学习情况需要从您这边了解，也望您理解！关于这次考试，如果没考好，我非常希望知道她为什么没考好？哪些地方做得不够、不到位，我们是否可以一起努力？把成绩提上去，毕竟，现在是关键时期，我们家长非常希望能真正地帮到孩子们！"

读完了信息，我很感动，同时也明显感觉到了小丽妈妈的焦虑和担忧。我把孩子的成绩发给了小丽妈妈后，和她约定晚上下班后进行电话沟通。一方面介绍一下孩子在学校的表现，同时了解一下孩子在家的表现；另一方面我也想开导一下家长。那天晚上，我俩聊了将近一个小时。我明显感觉到了家长的变化，我指的是与高一高二时相比，随着高三的到来，家长的心态发生了变化，他们更加敏感、多虑，孩子在家里的一个表情的变化都可能引起全家的轰动；孩子成绩的一次小波动都有可能让父母们彻夜难眠……

偶尔翻出 6 年前，我所带的毕业班的一位女生写下的一篇班级日记：

有时候感觉妈妈真的太不容易了，我高三了，压力大，脾气不好，总是冲妈妈吼，但我也忘了，妈妈也变成了高三的家长，她的压力不比我少，她还需要每时每刻保证我的衣食住行，每次对妈妈吼完，平静一会儿之后都会愧疚得要死，看着妈妈为我洗水果，我都会觉得我要考不上好大学我都没脸见她。所以，一定要努力，努力，努力！

这篇日记真实地反映出一位高三学生的内心想法，其中有一点深深打动了我："但我也忘了，妈妈也变成了高三的家长。"

是啊！随着学生们进入紧张的高三生活，别忘了，我们的家长们也进入高三了。

进入高三的家长是一种什么心态？他们焦虑、着急、担忧……我敢说，他们的紧张程度不亚于学生。尤其是深圳的高三家长，孩子们周一至周五全寄宿在学校，这大大限制了家长们与孩子们及时有效的沟通的机会，也就无形中增加了家长的焦虑感和失控感。

于是我提起笔，给"高三"家长写了一封信。

亲爱的家长朋友们：

你们好！

首先恭喜大家，还有一个月，随着孩子们步入高三紧张的学习生活，在座的大家也即将变成"高三"家长了。

也许很多家长会问：金老师高三家长与高一高二有什么不同？其实不用我说，大家最近也都会有不同的心理感受。随着孩子们的学习节奏越来越紧，我们的心也逐渐悬起来。我们经常莫名地心跳加快，担心高三的孩子们是否能够适应这快节奏、高压力的紧张生活？我们经常会莫名地恐慌，担心孩子们在某一次大型模拟考试中发挥失常？我们会莫名地焦虑，看着自己的娃到了高三还一点儿不进入状态，慢慢悠悠，这可怎么办？我们还会时常各种迷茫，孩子适合读什么大学，该选择什么专业……如果你有了以上的变化，恭喜你，你是一个十足的"高三"家长了。

但是，无论如何，请大家记住，你们永远是孩子们最坚实的后盾，物质的或者精神的。无论到什么时候，我都希望在座的你们稳如磐石，把平稳的心态传递给我们的孩子们；把良好的家庭氛围营造给孩子们；把大大的拥抱和微笑准备给孩子们。

长期观察，高三的家长大致分为以下几种类型，请家长们对号入座，您属于哪一类型呢？

1. 过度焦虑、六神无主型

这一类型的家长，比孩子还紧张，他们特别在意孩子的风吹草动，学习和生活上稍稍有变动，家长就按捺不住自己的情绪，各种怀疑，坐立不安。例如，孩子的数学比上次考试低6分，家长就开始问老师、问孩子为什么低了6分，是什么原因低了6分，是老师的原因还是孩子的原因？孩子最近稍稍情绪有点儿波动，家长也可能会担心，各种怀疑，是不是早恋了？是不是和同学闹矛盾了？总之这种类型的家长想象力十分丰富，会把能想到的情况在脑海里全部像过电影一样过一遍，然后把最坏的结果全部想象发生在自己孩子身上，接下来开始担忧、怀疑……

2. 四处取经、有病乱投医型

这一类型家长经常是发现自己孩子的不足，马上能向周围的家长寻求各种帮助。例如看到"你家孩子最近吃啥呢？""你给她买什么习题没？我也去给他看看！"家长队伍里，这样的求经谈话、草木皆兵瞎打听随处可见。

很多家长总害怕孩子如果不"补课"就不能取得好成绩，于是到处打听哪里有小班；害怕孩子吃得不够营养，便托人拟食谱；担心孩子考试不顺利，便四处算卦占卜……这样盲目求经的结果，往往是扰乱自己的心态，也对孩子正常的复习不利。

3. 撒手全托、不闻不问型

这一类型的家长，总会以自己工作忙为理由，逃避对孩子的教育和关心。例如有的家长一到周末孩子放假回家时，就安排了各种应酬；或者由于父母在外地打工，无暇顾及孩子，把孩子送进"全托"辅导班，让辅导班的老师代替学校和家庭担负起他的学习和生活的责任。或者把孩子放在学校，平时也很少与学校和老师沟通反馈孩子的各种情况，认为学校应该负起教育孩子的全部责任，就连周末都不想让孩子回家。实际上，这是一种逃避责任的行为。这可能会在孩子心中留下阴影，认为在自己人生最关键的时刻，没有感受到家庭的亲情和温暖。

4. 指手画脚、过度干预型

对于孩子的学习、生活过度干预，过分督促、过度施压，不考虑孩子的实际感受，完全按照自己的意志和喜好安排孩子的一切。例如在学习上，不征求孩子的意见盲目报了许多不适合孩子的补习班，满足自己的虚荣心，觉得这样做心里踏实。在生活上也过度安排，吃喝拉撒全部按照自己的意志安排得满满的，殊不知这样会让孩子很反感，从而增添了孩子的焦虑感。

面对以上几种网络上典型的高三家长类型，真希望不要被自己遇到。作为一名又将进入高三的班主任，也想送给即将加入高三家长行列的你几句自己喜欢的话。

1. 还记得上一届毕业的一个学生家长，在孩子毕业后来和我倾诉："金老师，真的像您说的那样，自从孩子考上大学后，我真的成了'空巢老人'。每次夜里睡不着觉，我就会跑到我儿子的床上躺一会儿，感受一下他的气息……"所以请大家珍惜高三的分分秒秒，做好孩子的陪伴者。

2. 人生的道路虽然漫长，但要紧处常常只有几步，特别是当人年轻的时候。

——柳青《创业史》

如果用一句话形容孩子们的高三生活，我特别喜欢文学家柳青的这句话。我觉得对于高中生的高三生活就是那要紧处。作为家长又如何在这关键几步，调整好自己的状态，做好陪伴、倾听、服务、支持、关注、疏导、沟通、学习……无论哪种角色定位，都要把握好"度"。既让孩子们感受到我们的关心和重视，又让孩子感受到我们的温暖、信任；既让孩子感受到我们的共情能力，又让孩子们感受到如沐春风……如果说高考是一道关，那么家长应该和孩子一起"闯关"。无论家长文化程度如何，无论家长工作是否繁忙，都应该抽出一定时间关心孩子，度过这段关键时期，因为此时此刻，他们更需要家长给予亲情的温暖。

3. 我不会一辈子做总统，但是我一辈子都会做一个好父亲。

——奥巴马

高三，家长不能推卸自己的责任，这是和孩子一起成长的重要机会。父亲决定了孩子的人生格局，母亲决定了孩子的人性温度……再好的老师也比不过父母的陪伴。希望所有高三的家长，无论是因为自身原因，还是因为深圳寄宿制的原因，学会珍惜和孩子相处的每一分钟……哪怕是周末只休息一天，也不要因为路远而疏远了您与孩子的距离……一顿晚餐、一个微笑，都可能成为孩子下一周乐观学习的强大动力！

4. 不知道从什么时候开始，在什么东西上面都有个日期，秋刀鱼会过期，肉罐头会过期，连保鲜纸都会过期。我开始怀疑，在这个世界上，还有什么东西是不会过期的？

——《重庆森林》台词

请大家不要抱怨陪孩子累，朝夕相伴的日子过一天，少一天。不要以深圳的快节奏为借口而忽略陪伴孩子，不要以自己的工作忙为借口而忽略孩子。这世界上什么都会过期，就连为人父母，也是会"过期"的。

孩子们已经进入高三，请大家别忘记，家长也高三了！如何做一名合格的高三家长？你准备好了吗？

教育孩子问题上你们的同盟者：金 玲

2021 年 7 月

写给懵懂中情窦初开的你

——在尊重生命成长规律中理解生命

每届班级里都会有早恋的现象发生，尤其到了高二年级，学生之间也比较熟悉了，孩子们也渐渐地适应了高中学习的节奏，学习压力又不是很大，这个时候班级里就容易出现早恋现象。有的是班级内部的，也有和其他班级学生的。班主任如果置之不理，一旦事态蔓延开来，就很难控制，直接影响班级的班风学风；班主任如果管得太刻薄，又容易诱发一系列连锁的不良反应，所以早恋现象是班主任重要用心关注的问题之一。

小雨是班级的女体育委员，人长得眉清目秀，十分标致，性格活泼开朗，学习成绩中等。高二第一学期，就有同学和我反映，小雨早恋了，男生是理科班的一个又高又帅的男孩。我听了只是默默地点头，没有表现出过多的惊讶，因为这么多年的班主任经验，每届班级里都有早恋现象的出现。一个月后，学校举办运动会，运动会结束的那个晚上，没有晚自习，我特意到教室里转了一圈，当我离开教室走在走廊里的时候，发现身后有一个男孩和女孩正有说有笑，我回头一看是小雨和 7 班的那个男孩。估计是白天运动会孩子们玩得太"嗨"了，还沉浸在兴奋中，他俩根本没发现我这个班主任……这件事就这样静悄悄地过了一个月。十一过后，迎来了学校的期中考试，成绩出来后，小雨的名字赫然地出现在了班级成绩单的最后一名。学生们知道成绩的那天下午自习课，我发现小雨整对哭红的眼睛已经肿起来……我知道教育她的时机来了。

我认为自己有必要和小雨来一次青春期的对话，于是我给她写了一封"四季有常，花开有季"的信。

亲爱的小雨：

　　你好！

　　接到我的来信，是不是觉得很意外呢？没错的，因为金老师最近感觉到了你的一些异常表现，我才会给你写这封信的。今天下午自习我发现你的眼睛哭得跟豆包一样，我猜得没错的话，你一定是对自己的期中考试成绩感到不满意了吧？说实话，我也不是太满意啊。因为凭着你的聪明劲儿，你的成绩轻轻松松能够在班级里排到中等偏上。为什么这次突然一落千丈呢？你有没有扪心自问？最近是否把大部分精力用在了学习备考上？是否有其他的事情困扰着你，让你分心伤神？其实不用金老师提醒，你的心里已然有了答案。所以不要哭泣，人最宝贵的就是知道答案，哪怕是成绩一时的不理想，只要你知道不理想的原因就不可怕。

　　其实，从这学期开学，我就已经听到班级里的同学议论，也有同学向我提起过你和某班男生走得很近。金老师一直没有找你谈及这个话题，是因为在我眼中这是再正常不过的事情了，人总是要长大的，恭喜小雨长大了！你那么聪明伶俐，十分惹人爱，所以有男同学喜欢你也是正常的事情，而且金老师十分信任你，我觉得你能处理好这些事情和学习的关系。但是这次期中考试的确给你敲了一次警钟啊。世界上时间是最公平的，毕竟人的精力是有限的，感情是需要投入和经营的，你把精力和时间用在了谈恋爱上，自然在学习上的时间就会减少，成绩下降也是情理之中。值得庆幸的是，这只是一次小小的期中考试，希望你能从这次考试后，做出一些反思和调整，我相信你很快就会扭转乾坤。

　　那么，在今天这个场合，金老师很有必要以一个过来人的身份，和你敞开心扉谈谈关于每个人成长不可回避的问题——恋爱。

　　首先"爱情"是人世间最美好的词汇。它是"朝暮不依长相思，白首不离长相守"的浓情；它是"得之我幸，失之我命"的宝贵；它是"十年生死两茫茫，不思量，自难忘"的忧伤；它是"身无彩凤双飞翼，心有灵犀一点

157

通"的惬意。这些美到令人窒息的文字无不描述着爱情的真和美。所以它令人神往，每个女孩都梦想着自己能变成白雪公主遇到自己的白马王子，年轻的你们总是充满着好奇，甚至是想尝试着领略一下它的美好。其实你经历过之后才发现它也没那么神秘。爱情意味着懵懂、意味着长大、意味着成熟、意味着美好，同时也意味着责任和担当。现在我还依稀记得自己在十六七岁时曾经懵懵懂懂的感觉，所以我要恭喜小雨，你成长了。但是成长并不意味着长大成熟，在人生这个节骨眼上，你还没有足够的时间来经营它、呵护它。因为爱情，它就像一棵小树，它的成长需要阳光雨露、肥沃的土壤、精心的呵护，是需要用心去经营的。而这些，身为中学生的你根本给不起。你把心思用在学习上你还哪里有心去经营它？除非你自己就没想给自己赢得一个美好的前程！就算你已经有十足的把握进入心仪的大学，你能确保你不会影响到对方的人生轨迹？因为情绪的不稳定，心智的不成熟，最终都很难在学业上有好的结果。最可怕的是，当年向全世界宣战一般的感情斗志，基本在一个高三暑假就灰飞烟灭，让人备感没劲。而且你们的心理连自己受到的一些挫折都难以承受，又怎样去承受两个人的"挫折"？所以请你在自己的心里默默念上几遍，自己还不够强大。现在恋爱到底能否承担得起？

其次爱情的美好在于在恰当的时间、合适的地点、遇到那个对的人。请小雨想一下，眼下恋爱的时间、地点和人都是对的吗？首先来说时间，现在是高二上学期，表面上看，离高三高考还有大把的时间，似乎不是那么紧张，但是金老师想告诉你，高二对于你们来说恰恰是承上启下的一年，是成绩分化的分水岭，一旦自己把握不好，成绩就会出现严重的两极分化，几乎所有的新知识都会在高二这一年结束，这将为我们顺利进入高三的总复习做好铺垫，所以整个高二一年的学习质量将影响高三的复习质量，甚至影响高考目标的实现。你说在这个时间节点恋爱是不是明智的选择呢？再来说说地点，我认为恋爱属于私人空间表达的情感，而学校、班级都属于公共场合，你们的一言一行都会在同伴眼中、心中产生不小的影响，有的同学津津乐道，有的同学嗤之以鼻，不是吗？还有那个人，你们这个年龄心智都还不成熟，他的成绩好吗？他对自己的未来负责了吗？他能对你的将来负责吗？他强大到足够让你托付终身了吗？他的前途在哪里？而一个连自己前途都未卜的人又拿什么来让人信任与依靠？说白了他拿什么来爱？只是"空口白牙"拿着父母辛苦挣来的钱换取"花前月下"？"四季有常，花开有时"，这是我经常和你们说的一句话，也许你理解得不够深，大自然有其自身运动发展的规律，人的成长也不例外，你在不恰当的时间和地点做了不恰当的事，我们又怎样迎来人生的收获呢？你又怎么舍得用自己的青春赌明天呢？基于以上时间、地点、人的考量和自己理性的思考，请你再理智地问问自己这一切值不值得？

恋爱的时间很长，奋斗的季节很短，哪怕你满头白发都可能会遇到令你怦然心动的人，可是你奋斗的高中生活在你的一生中只有那么短暂的三两年，对于我们来说也只剩下两年了！为什么把以后可以用一生去做的事情放在这宝贵的两年里呢？所以从现在起做一个负责任的人，既是对自己，也是对别人，因为奋斗的季节只有这一季！

还是那句话，金老师一直相信小雨，你聪明伶俐，热情大方，有人喜欢是一件值得自己骄傲的事情，金老师也替你开心。但是你们的心智还不足以支撑你们继续走下去；你们的学业负担还不足以让你们有足够的时间和精力经营这段感情；你们处理感情的能力还不够成熟。所以我的建议如果是真的喜欢对方，那就把这份感情藏到心底，我相信真正的感情是能够经得起时间和空间的考验，等到时机成熟，我真心祝福你们收获甜美的果实！

班主任：金玲

2021 年 11 月 15 日

　　作为班主任不要忌讳谈及敏感话题，而是要学会敏感问题脱敏处理。遇到班级学生早恋，作为班主任先不要慌，也不要急，先搞清楚学生早恋的原因，有针对性地做学生的思想工作。家庭环境和班级环境都可能成为学生早恋的原因。家庭中性别缺失容易引发早恋的出现，家庭中缺失父亲，青春期的女孩就容易寻找心灵的安慰和情感的寄托。家庭中缺失母爱，男孩就容易早恋。家庭关系不融洽，例如父母关系不好、亲子关系不好，或者父母对孩子的控制欲望特别强烈，孩子在家庭中感受不到温暖，都可能引发早恋问题的发生。再次，就是同学的互相影响，比如班级里同学都在谈恋爱，很容易随波逐流。弄清楚了原因，我们要学会站在学生的角度帮着他们分析原因，真正从理解他们的角度给予他们真正的关怀。

写给自尊自立自强的女生

——在激扬青春中唤醒生命自觉自律

在与小雨同学的个别交流取得成效之后，我意识到这是全体高中女孩子都可能陷入的一个情感误区，抓住这个教育契机，针对早恋问题，回应她们的迷茫，为她们指明方向、坚定信念。为了及时对学生进行引导，年级召开了女生大讲堂活动。我作为班主任代表，给高二全体女生做了一次演讲。

亲爱的高二女生：

大家下午好！

附中菁菁校园，承载着太多的梦想和追求。校园内，你们本来就是一道道美丽的风景：你们知书达礼、聪明伶俐，在书山题海里尽情翱翔，学习成绩优异；你们温柔善良、优雅可人，活跃在校园的台前幕后，才艺惊人；你们健康活泼、拼搏努力，欢腾在运动场上，豪气冲天……

你们可以奇奇怪怪、可可爱爱，金老师特别羡慕你们这个年龄，这个年龄的你们"清水出芙蓉，天然去雕饰"。清澈的脸庞不需要任何化妆品，一套简单的校服就能展现你们的青春洋溢；这个年龄的你们，"自信人生二百年，会当水击三千里"。敢想敢做，热情率真，不需要太多的言语，就能展现你们的青春自信！

那今天我们就从青春聊起。

一、关于青春

每个人都年轻过，包括你们的家长和老师。可以说直到现在我还是羡慕你们，羡慕你们的青春。而在这个让所有人都羡慕的年华中，你们的高中生活将给你们的"青春"留下不悔的印记。如果让我这个连青春尾巴都快要抓不住的人来谈谈自己的青春，印象最深的还属高中时代，因为在这里青春和奋斗画上了等号。青春是没有广告的连续剧，一季接着一季，虽然主题各异，但是都离不开一个主题，那就是奋斗。青年当志存高远，就能激发奋进潜力，青春岁月就不会像无舵之舟漂泊不定。希望我们南科大附中的所有女同学，都能在心中树立远大志向，而不是飘飘浮浮沉迷于各种卿卿我我。

在这里我们挥汗如雨，我们为了记住一个公式一个单词一个原理而辗转反侧，因为一道难题的攻克而欣喜若狂，为了一次考试的小小失意而痛彻心扉……这里有一群和你一样有理想有追求、竭尽全力、努力拼搏的"难兄难弟"，还有一批为你们的成绩绞尽脑汁的师长，而这一切随着高考的结束，从此就会画上句号，只剩下回忆，再无从寻找……人生不能重新来过，我们的青春也是。所以，从现在起，让我们把有限的时间投入奋斗中来，投入为自己的青春添上浓重一笔的努力中来。在这里还有我们老师，还有你们的父母、亲朋、同学。纵使前行的路上有泥泞也有暴风骤雨，我们也要用自己强大的内心战胜它们！

接下来再和大家聊下一个话题。

二、关于"早恋"

这也许是一个在很多人眼中敏感的话题（包括学校、老师甚至是你的家长），但这个话题却在我们生活中确实存在的，而且是我们每个人成长过程中不可回避的，因为我们不是什么圣贤，我们大多数人也都是凡夫俗子，因为我们总要长大！所以金老师认为一个男孩喜欢上一个女孩，或者一个女孩喜欢上一个男孩，是你们这个年龄经常发生的事。不是什么坏事，但也不是什么好事，只是一件正常的事。在今天这个重要的时刻，我也有必要以一个长者的身份和大家交流一下自己的观点！"爱情"是人世间最美好的词汇，年轻的你们总是充满了好奇，甚至是想领教一下它的美好。

但是，金老师想告诉大家，先别着急谈恋爱，如果真的遇到一份值得回味的情感，不妨把这份情愫放在心中，让它成为你们共同奋斗的动力。因为，我看到过太多初高中早恋的男生女生，表面上轰轰烈烈，能够最后走到一起的却少之又少。你们要知道，未来人生的道路还很长，当下你们所看到和接触到的，不过是沧海一粟罢了。过早的花结不了果，夏天不摘秋天的果。青春稍纵即逝，金老师希望你们学会用理智战胜情感。

如果你在本应该奋斗的年龄，选择了安逸，那就很可能失去值得期待的未来。

人生本来就是一辆单程列车，世界上也没有什么后悔药，高中时间对于在座的每一位同学，都是有限的，同时高考也是公平的，你付出了多少努力，也不一定就有多少回报。但可以肯定的是，你不付出努力，是一定换不来一张令你满意的大学录取通知书。

最近学校里发现少数学生出现早恋苗头，甚至个别同学做出一些与中学生行为准则和学校要求不相符合的事情。亲爱的女同学们，站在青春的十字路口，金老师希望我们南科大附中的每一位女同学都立志做一个新时代自尊、自爱、自信、自强的智慧女生，敬畏我们公共的校园文化空间。

让我们用智慧与汗水，浇灌出一朵朵美丽的理想之花；用笑声和掌声，谱写出一曲曲动人的青春之歌！

本章小结

"生命就像一条大河，时而宁静，时而疯狂……"喜欢汪峰老师的歌曲《飞得更高》。作为班主任，班级里 50 名左右的学生不就是这一条条生命的大河吗？这些大河时而波澜壮阔，时而平静舒缓，作为班主任的我们，将以怎样的角色和姿态来影响这一条条河流，引导他们走过险滩、搏击风浪，最后流向宽广无比的海洋。

一封封写给学生生命成长特殊时间节点的信，一封封写给有着这样或者那样困难的学生的信，展现出班主任对学生的理解和包容，体现出对教育规律、生命成长规律的尊重和体察，帮助学生在成长中找寻方向，学会和自己的和解。在教育中用发展的眼光看待学生的缺陷和不足，品味生命成长的独特性，放慢脚步，因材施教。只有这样，我们才能在教育中帮助学生认识自我、发展自我、实现自我。

学生不是教育的工具，他们是一个个独一无二的生命个体，教育本应该尊重。我们应该充分尊重学生，尊重他们的人格，尊重他们的情感，尊重他们的自由，尊重他们的思想。每一个学生都有值得尊重的独特价值，尊重每一个绚烂的生命，帮助他们走好拔节孕穗期；尊重每一个独特的生命，帮助他们走过人生中一个个暗流险滩，应该是班主任的职责所在。

我们要理解学生，理解学生的个性化差异，接纳生命的绚烂多彩，肯定他们的价值，理解他们的尊严，关注他们的成长需求，解决他们的成长难题和困惑，寻找最适切的教育方法，进而引发他们的生命思考，激发他们的生命自觉，促进生命的成长。

书写锦囊

1. 书信书写契机

本章书信一般都会写在学生成长过程中遇到麻烦或者问题之时，写在学生感到迷茫和困惑之际，具有一定的随机性。这恰恰对班主任提出了更高的要求，我们要善于捕捉学生释放的沟通信号：可能是一次哭泣，也可能是一次迟到等异常行为，等等，一旦学生发出这样的信号，就需要我们及时疏通和引导。但是班主任一定要沉住气，不能一发现问题，就马上进行说教，我们要等待合适的契机，例如发现早恋问题，默默观察后，待到期中考试成绩失利后进行引导，效果会不会更好呢？例如，发现孩子比较激动，正在气头上而犯了一点儿小错误之时，冷却一下，等孩子静下来再和他们交流，会不会更好呢？

2. 书信书写内容

面对学生成长中出现的问题，在书信中除了讲道理外，最好给学生提出具体可行的建议。在讲道理时，我们要学会动之以情，晓之以理。班主任可以以过来人的角度，感同身受地讲解自己过往类似的境遇，或在教育生涯中遇到的类似情形，这样能够引起学生的情感共鸣，理解老师的良苦用心，会收到实际的教育效果。对于可行建议，切忌假大空，要从学生实际出发，能让他们落实到每天的行动中。

3. 书信书写情感

学生在青春期的十字路口，遇到问题本身就十分迷茫，这时班主任的教育和引导既需要科学的方法，也需要饱满的情感，书信中大家要注重说话的语气，要懂得孩子们脆弱的心灵，以同理心切入话题，用尊重、包容和理解来博得学生的信任。我们要学会设身处地地为学生考虑，我相信即使当时学生可能会不理解，但是总有一天，他们会明白你的好。

4. 书信书写主体

一般是教师写给学生，也可以邀请家长来写，同时可以邀请学生主动写出来。

5. 书信书写的效能

（1）对班级建设的作用。例如早恋问题，班主任及时发现问题，寻找恰当时机，对学生进行个性化的教育，能够避免不好的苗头在班级蔓延，为树立良好的班风奠定基础；如发现孩子们交往方面出现了问题，给予及时点拨，有助于同学们之间紧密团结关系的建立，从而营造班级温暖的氛围，增强班级凝聚力；写给女生或者男生，引导学生自立自强，能够增强同学们的自尊心、自信心，在班级传递和激发正能量。总之，无论是面向班级不同阶段的问题，还是面向学生个性化的难题，我们都应及时地给予指导，这有利于良好班级风气的形成。

（2）对学生发展的作用。学生在得到班主任个性化的尊重、理解指导和鼓励后，会获得生命的价值感，寻找到未来的方向感，从而树立更坚定的理想信念，获得全新的能力和素养，学会客观理性地剖析自己，直面困难，走出迷茫和困顿，为未来走入社会奠定基础。

（3）对亲子关系的作用。我们的家长也不是都有着专业的育儿知识和能力，在班级管理中，通过书信与家长进行有效沟通，增进对家长们的理解，能够丰富家长们的育儿知识，提高科学育儿能力，缓解家长焦虑，缓解亲子冲突。

金"育"良言

班主任要学会接受学生的复杂性和多变性；理解学生的个体性和差异性；尊重生命的多样性和规律性。

学校就是一个试错的地方，我们要允许我们的学生出现这样或者那样的问题。

除了把学生看作一个群体来教育外，我们更应该把学生看作一个个体来理解和教育，因材施教是班级管理的重要原则，我们如何对症下药、量体裁衣？

要知道人除了具有社会性之外，也有自我属性，人也是作为一个独立的个体而存在的，我们的学生也不例外，所以教育要眼中有学生。站在学生的立场上，把学生看作一个独特的生命个体。

我们唯有尊重和理解，尊重他们的身心发展规律、尊重他们的学习规律、尊重他们的生命成长规律，理解学生的不易、理解他们的缺点或者不足。

我们要理解，因为我们曾经也是个孩子，我们也曾经遇到过学生遇到的困惑和难题，我们也曾深陷他们的泥潭，我们不希望他们的将来就是我们的现在，因为我知道他们的未来一定比我们的现在要好上百倍千倍。

班主任要站在"人"的立场上来关注学生，使教育充满生命气息，充满人情味。

作为班主任不要忌讳谈及敏感话题，而是要学会敏感问题"脱敏"处理。

老师的评价是否全面直接影响学生：只用成绩评价学生会给那些成绩暂时处于落后的学生造成伤害。

父母要对孩子全面了解，包括在学校的表现，不能只凭成绩就否定孩子全部的努力。

孩子特别想得到父母的理解和共情。如果老师和父母在平时交流过程中，经常站在自己的角度看待和评价，一定会给孩子的心理带来不一样的体验。

作为班主任，我们在与学生交往的过程中，一定要多一分理解和认同。

我们要学会站在他们的立场看问题，也许问题根本不是问题，而是另一个视角的世界而已。

走进生命，了解生命，我们才能学会尊重生命，引导生命。

我们应该充分尊重学生，尊重他们的人格，尊重他们的情感，尊重他们的自由，尊重他们的思想。

我们要理解学生，理解学生的个性化差异，接纳生命的绚烂多彩，肯定他们的价值，理解他们的尊严，关注他们的成长需求，解决他们的成长难题和困惑，寻找最适切的教育方法，才能走进学生的心灵，进而引发他们的生命思考，激发他们的生命自觉，促进生命的成长。

作为家长和教师，一定要重视培养学生的人际交往能力，当学生在交往方面出现障碍时，要给予适时的干预和帮助，而不应该回避，这样学生才能在生命发展中获得社会性的成长。

第四章

唤醒生命　规划成长

教育的最终目的不是教授已有的东西，而是要把人的创造力量诱导出来，将生命感、价值感唤醒。

——斯普朗格

教育的使命是唤醒，唤醒学生对生命的体察、感悟，从而激发他们的潜能、梦想，培养他们自律、自信、自强、自立，从而使生命焕发出无限的活力。李政涛教授在《重建教师的精神宇宙》中指出：教育的目的就是唤醒学生的生命自觉。

鸡蛋从外部打破是食物，从内部打破是生命。自然界的万事万物的生命成长都是如此，需要生命生长的外部条件，但是最终这些外部条件都要作用于内部条件，唤醒内部的生长需求和动力。人的生命成长更是如此，因此我们要唤醒生命，而非控制生命。唤醒学生的生命自觉，促进学生的精神意识自主，学习行为自觉，学习过程自控，成长发展自由。精神意识自主代表着学生有向上向好的主观愿望；学习行为自觉意味着学生能够进行自我学习规划；学习过程自控表明学生能够进行学习过程管控。唤醒的结果在于引领学生自我认知、自我反思、思考成长、挖掘潜能，自觉主动规划，实现学生自我提高、自我规划、自我发现、自我完善，最终达到自我成长，终身学习，成就更好的自己。

为了唤醒学生，我们在教育过程中要永远把学生看作发展中的人，因为教育的核心任务就是帮助孩子们积淀走入未来社会的能力和素养。请大家不要忘记"学生"是他们一时的角色，"人"才是他们永恒的角色。因此教师要引导学生站在当下看过去，过去的我成功是因为我做了什么，激发个体体验；引导学生站在当下看未来，寻求愿景，找到未来努力的方向；引导学生站在未来看当下，为了实现未来的理想，现在的他们应该采取什么样的行动？

唤醒教育是需要教师的教育智慧的，我们要学会形成对社会生活各种现象的独到见解，能够见人之所未见，觉人之所未觉。所以教师要有一双慧眼，善于把握教育契机，挖掘教育素材，打造唤醒每一个学生生命自觉的磁场，进而点燃学生生命中旺盛的火焰，激发他们对生命中一切美好的热爱和追求，焕发生命中的美好，引导学生做向善的、向美的、积极阳光的自己。当然，唤醒教育的素材是丰富多彩的，一本好书、一部优秀的电影、一个感人的故事等。同时唤醒要抓住教育时机，步入高一时，进入高三时，或者发生具有重大影响的时政热点问题时……唤醒，从小处着眼是基于学生生命个体的自主发展，从大处着眼我们要围绕"为谁培养人，培养什么人，怎样培养人"的教育主旨，培养学生的家国情怀。

于是我用一封封信帮助孩子们发现自己、找到自己、成为自己：写给三年后的自己，引导学生初入高中形成自我认知，做好对未来三年的规划，树立远大理想和目标，寻找前进的内生动力；写给高考考场上的你，及两年后步入考场的你，让学生感受高考的气息，寻找适合自己的学习节奏和方法，思考自己的成长；写给明年今天的自己，让学生自己和自己的对话，发现自己的优势和不足，学会与自己和解，学会完善自己；写给复读的你，打消心中的阴霾，整理行囊再出发，做好自我反思，成就更好的自己；疫情线上教学期间写给学生们的一封信，引导学生思考生命的可贵，唤醒学生思考生命的价值和意义，寻找未来的方向；疫情返校复课写给学生们的信，引导学生反思线上学习过程，形成过程自控，乘颠覆性创新之风，成未来济世之人才，引导学生培养自己的家国情怀，站在国家发展的重大关头，懂得把小我融入大我，把自己的个人梦想融入中国梦之中……

网课见面时，写给屏幕前的学生

——唤醒学生思考生命价值

2020 年春季，面对突如其来的新冠疫情，举国上下众志成城，共渡难关。疫情当然也打乱了学校原有的教学计划，但是市教育局提前规划，精心部署，全市的线上教育教学有条不紊地展开。我们学校更是依托学校的软硬件设施，率先在全市乃至全省开展了停课不停学——"空中课堂"教学活动。

线上教学模式给学生、教师、家庭、班集体都带来极大影响，打破了原有班级生态，也给班级管理带来新的挑战。作为一线班主任的自己，心中也萌生了许多忐忑，脑海中也产生了一串串问题：面对线上的学生，如何把网课讲得有滋有味，吸引孩子们的注意力，让孩子们对网课产生兴趣，从而紧跟课堂节奏，不掉队？如何提高班主任工作的艺术性，激发居家学习状态下的学生的生命感，增强班级凝聚力，让学生在充满爱的"线上班级"中充满力量，让班级管理在疫情期间熠熠生辉，共同打造线上教学视域下的班级生态？

疫情以来，学生们在家待的时间久了，难免会感到松散、煎熬甚至是抑郁。作为班主任的我，如何在讲好课的同时，做好学生的思想工作，让班级形散神不散呢？我们如何利用好疫情这一素材，充分挖掘抗击疫情过程中的教育素材和感人故事，来唤醒学生们对生命价值的思考，来唤醒他们心中的家国情怀，来唤醒他们对学习的热爱，来唤醒他们珍惜来之不易的学习环境，来唤醒他们感恩那些替他们负重前行的人，于是我提起笔给孩子们写了一封信。

屏幕前 12 班的孩子们：

你们好！

网课已经上了快一周，你们还好吗？是否想念我和同学们了？是否开始怀念我们温暖的小家了？是否适应了网课的节奏？和父母的关系还好吧？面对突如其来的疫情，这个春天的脚步似乎异常缓慢，我们的生活也被按下了暂停键，也正因为如此，我们不得已在屏幕上每天相见。其实，金老师真心希望居家学习的大家，利用好这一段难得的慢时光，静下心来好好思考一下生命、人生、青春、奋斗……

面对疫情，我们看到了人的生命的脆弱，人类在病毒面前都显得那么渺小。于是，有的同学可能显得不那么冷静了，恐惧甚至颓废开始笼罩着他们，他们甚至想从此不再奋斗，只想躺平。

其实疫情并不可怕，可怕的是你对待疫情的态度。可以说有人类以来，各种疫情就一直伴随着人类发展的历史，也正是在与无数病毒的抗争中，人类的生命才愈加强大。那么面对疫情，作为个体的我们，应该如何调整自己心态，选择不一样的人生道路，做出不一样的成就呢？让我们一起来看看牛顿是如何面对疫情的？公元1666年，英国大规模暴发瘟疫，超过8万人死于这次瘟疫，足足相当于当时伦敦人口的五分之一。牛顿只能在家中进行科学研究。也就是这段时间，上帝把智慧果扔向了牛顿，科学史上的奇迹就这么发生了。那一年，牛顿完成了积分的代数化。那一年，牛顿让一束太阳光通过三棱镜，这就是著名的色散试验。那一年，牛顿已经开始考虑万有引力的问题。

所以说疫情并不可怕！它动摇不了我们在家学习的热情！它阻止不了我们每一名学子成长成才的步伐！它更动摇不了我们伟大祖国蓬勃发展前进的脚步。金老师希望我们每一名同学在家里潜心学习研究，金老师期待另一位伟大的科学家、文学家、思想家……就出现在你们当中！

无独有偶，普希金文学创作的丰收时期，来源于一场人尽皆知的霍乱疫情。1830年的秋天，本来求婚成功的普希金特别高兴，带着十分激动的心情前往波尔金诺村办理财产过户手续。不料就在这期间，令人闻风丧胆的霍乱疫情暴发了。本来激动不已的普希金听到这个消息也感到了害怕，也有了一丝恐惧，他不得不在波尔金诺这个村庄滞留了三个月。在被困乡下的这三个月里，普希金努力做到了不被外界所影响，完成了四小悲剧、两首童话诗、一篇叙事诗、《别尔金小说集》、《叶甫盖尼·奥涅金》的三章、一部中篇小说、29 首抒情诗、13 篇评论、17 封书信……金老师希望同学们：在这段居家的时光里学会独处、学会反思、学会与自己的心灵沟通对话！读一本之前因繁忙而未曾读完的书！学一项全新的技能！好好地陪伴自己的家人！……学会用眼睛看这个世界，用心思考点点滴滴……

　　哪里有什么岁月静好，只不过有人在替我们负重前行。相信大家都已经看到以下这些感人的画面。这里有身担民族大义的钟南山、李兰娟院士，年事已高，奔赴一线，给全国人民吃了一颗定心丸；这里有无数可爱可敬的白衣天使，舍小家为大家，冒着生命危险奋战在一线……这里有太多的感动，太多的故事。这些天，一封封特殊的家书刷屏了，信中的字句感动了无数人。家书的作者是一群孩子，他们的父亲或母亲都在医院工作，至今奋战在抗疫前线。一封家书，纸短情长，一份牵挂，一份祝福，一声加油，一句嘱托。"春天来了，亲爱的爸爸妈妈，我等你们平安归来！"还有那些"90 后""00 后"，他们比你们大不了几岁，面对祖国的召唤，毅然在请战书上按上了自己的红手印……那些被口罩、防护服勒出血印子的面庞，那些困了累了，直接躺在地上的白衣天使们，那些冒着生命危险的快递小哥们……多难兴邦，疫情面前中华儿女显现出的团结、奋斗精神一定深深感染着大家。我们还有什么理由躺平？所以请大家不要在家里怨天尤人、自怨自艾。我们能够在屏幕前安静地上网课本身就来之不易，就是一种幸福！那就让我们学会珍惜吧，珍惜这来之不易的学习环境，珍惜那些你看似枯燥、憋屈地宅在家里的日子，因为这对于许多人来说都是一种奢望！让我们学会感恩，学会感恩那些替你负重前行的人——父母、老师，还有抗战在一线的所有人。

　　疫情打不倒的是我们奋斗的青春。还有半年我们即将进入高三，当你想退缩时，让我们一起看看他们备战高考的身影。最近方舱医院"读书哥""高考姐"的故事，已经刷屏，相信大家已经了解，他们虽然躺在病床上，但是手捧书本，专注从容读书，认真备战高考的样子感动了无数人。还有那个每天爬到山顶上上网课的农村女孩。这些同龄人物质条件不如我们，甚至身患新冠，他们尚且如此坚强，我们还有什么理由选择懦弱和退缩呢？

所以真心希望 12 班的同学们，在居家期间重新审视自己，重新定义疫情，重新振作起来。因为疫情让我们经历了别样的时光，感受到了别样的温暖和力量。希望疫情早日散去，我们重逢在美丽的实验校园和温暖的 12 班小家，共同迎接属于我们的高考。

班主任：金　玲

2020 年 3 月 10 日

返校复课后，写给孩子们的书信

——唤醒学生重启新的生活

2020 年以来，新冠疫情在全球蔓延，给我们的教育教学带来新的挑战。假期延长，开学延期，各地学校不得不采取线上教学模式。那么在线上教学视域下如何对班级实施有效的管理？如何守住"云端"打造"线上班级"建设新生态，成为摆在班主任面前的新课题。

学生和教师共处一个有形的集体中，许多问题是以群体的形式展示和暴露出来，而且师生之间以面对面的方式进行沟通交流的机会比较多，这样许多问题就会及时发现，及时沟通和解决。与线下班级形式相比，"线上班级"名义上叫作班集体，但是所有的学生和教师都是通过互联网联系起来的，处于以个体方式存在的状态，这种状态会给学生、教师、家庭、班集体都带来影响，给班级生态带来新的挑战。

一、环境变化引发的学生重新适应

传统教学模式，学生在学校以班级为单位进行集体学习，他们对周围的环境比较熟悉，老师和同学都是朝夕相伴。线上学习期间，家庭变学校，书房变课堂，屏幕变黑板，客厅成操场。学生所面临的学习环境和学习场景发生了巨大的变化，学习的手段和方式也发生了改变。虽然在互联网环境下，学生对线上教学模式并不陌生，但是长时间面临这样的环境变化，他们的心理会发生一系列变化。尤其是学生们经过一个寒假，加之长时间的线上学习，无论在心理上还是生理上，学生都要面临一定的调整和适应阶段。

二、群体缺失引起的学生"个体无力感"

线上学习期间，由于缺乏老师的日日看守和鞭策，线上班级缺少你追我赶的相互比拼的学习氛围，时间长了，学生容易产生焦虑情绪，部分意志力不强的学生很容易产生个体学习无力感。加之在线学习过程中很容易出现跟不上教师讲课的节奏，或者在学习过程中产生的疑问没有得到及时解决，负积累越多，部分学生甚至会出现自暴自弃的状态。一些自我把控力不强的学生容易沉溺于网络世界，不能自拔。尤其随着线上教学时间逐渐加长，学生们的学习兴趣也会随之递减，这就要求班主任加大对于"线上班级"的管理力度，让学生时刻保持高强度的学习热情和兴趣。

三、不见学生引发的班主任"无把控感"增强

线上教学期间学生在不同的地点分散学习，"看不见，管不着"是线上教学期间班主任的一大感受。班主任不可能时刻关注到每一位学生，也不能及时发现学生们出现的各种问题，不能随时感受班级整体的精神风貌的变化，所以班主任会产生"无把控感"，个别班主任甚至会出现对学生的管理处于"失控"状态。所以经常出现一些班主任每天在屏幕一端喋喋不休，而另一端的学生频频迟到或者缺课的情况。我们知道，教育的本质是情感的交流，由于隔着屏幕，班主任很难及时与班级学生进行直接沟通和情感的交流。久而久之，班主任在学生心目中的威信会降低，班主任对班级的把控感也会削弱。

四、学生分散引起的班级凝聚力下降

线上教学，学生们处在相对隔绝分散的状态，缺乏师生、生生的陪伴和互动，学生感受不到班级的存在。学生只看到一个屏幕，缺少集体共同的学习氛

围，缺少师生、生生之间的及时沟通，这样会导致"集体感"的缺失，时间长了，班集体作为一个整体意义的印象会在学生心中逐渐淡化，班级的凝聚力就会减弱。而我们知道人是社会性的动物，处于高中阶段的青少年学生更是如此。有凝聚力的班集体对学生的感染作用是非常大的，在一个积极团结、凝聚力强的班集体中学生会变得积极阳光，充满正能量，所以如何增强"线上班级"凝聚力显得特别重要。

五、长期面对父母引发的家庭矛盾升级

2022 年 3 月初，深圳出现多点疫情，假期延长，开学延期。于是我们学校开展了 47 天的线上教学。加上寒假我们一共经历了将近 100 天的相对隔绝状态。学生"居家学习"，和父母相处的时间增长，很大一部分的监管和教育责任自然落在了家长身上。正处叛逆期的高中生，面对父母不恰当的语言和教育方式，很容易产生抵触情绪，进而引发紧张的亲子关系，造成家庭亲子矛盾升级。以上问题是所有班主任都担心的。马上迎来了线下返校复课，如何在孩子们沉睡的记忆中唤醒对集体的记忆和向往，如何唤醒他们对生活的热爱和向往，如何点燃他们的学习热情……这一切，又摆在我的面前，让我久久不能安静。

于是在返校前的晚上，我趁两个儿子都熟睡了，在安静的夜里，把从新班级成立到今天，我与学生们所经历的点点滴滴用笔梳理出来。因为我知道三个多月的相对分散状态，一定会给班级的凝聚力带来影响。带领孩子们一起重温我们共同的班级记忆史，是多么美好的事情啊，于是写给孩子们的一封信就这样诞生了。

返校复课当天的晚自习，我配乐给孩子们读了这封信，当时好几位男同学眼睛都是红红的……在这样一种场景中，我们的孩子怎么能不受感动？而在这样的感动中，我们的班集体的凝聚力怎么会不增强呢？

以下是书信内容。

14 班的孩子们：

你们好！

时隔数月，历经坎坷，我们终于相聚在美丽的南科大附中校园，相聚在温暖的 14 班，这应该是我们在深圳的春天里的第二次相聚。

忘不了一年前的春天，金老师与 50 张陌生的面庞，就如今天一样相聚在 14 班的教室里，也许每一位同学对金老师有不一样的期待甚至是各种猜想，还记得那天晚自习金老师对咱班的评价吧？"女生最多，男生最少，语文最好，数学弱爆"！

说实话刚接触大家时，我对大家比较严厉，因为你们在金老师的职业生涯中太重要了，你们是我来深圳后的第一批"亲学生"，重要得让我自己时刻提醒自己，我可来不得半点儿马虎。但我真觉得很愧疚，由于工作太忙，我对你们的关心有时少了一些，在这里，金老师自我检讨啊！网课给我们快节奏的生活按下"暂停键"，在这 47 天时间里，金老师思考了许多，面对纷繁复杂的工作，我也做出了内心的选择，那就是与你们永远在一起，陪你们用心走过这人生中最重要的一个阶段，"扶上马，送一程"，是金老师当班主任的最大信条。所以在接下来的岁月里，金老师一定会对你们全心投入，严厉也罢，温馨也好，请大家"笑纳"！

接下来让金老师带领大家一起回忆这一年来我们一起走过的风风雨雨！忘不了我们为了大合唱反复训练的场景，没有训练场地，我们就偷偷地跑到一楼那间空旷的大教室训练；没有音箱，我们就用"小蜜蜂"替代；还有小仪同学自编自导的高难度的舞蹈；还有上台的 7 名男生，唱出了 70 人的气势；还有阳阳和小宇在我办公室里熬到凌晨一点半来创作朗诵诗；还有钢琴公主昕昕、指挥王子宁宁；还有公布"最受观众喜爱奖"时的欢呼雀跃……每每回忆起这一幕幕，我都会热泪盈眶，你们呢？多么让我们引以为荣的班集体啊！

忘不了两次运动会中你们的精彩表现！小小个子里蕴藏着巨大能量的"真的男人"非非，跑出了我们14班的感动；大班长小瑜台前幕后，扯着大嗓门儿组织大家上场，又搀扶运动员下场；入场仪式上你们共同创作的入场舞蹈，"快乐星球"的旋律至今萦绕在我耳边；四头可爱的小狮子，简直是你们"古灵精怪"的再现；还有两届运动会400米卫冕冠军熙熙，真是"疯"一样的女子；4×100米4位女生的完美组合；静静冒着肚子疼的风险，坚持到最后……这就是我们可爱的14班，多么让我们感动的班集体啊！

忘不了我们共同努力创造和取得的辉煌成就：学校大合唱最受观众喜爱奖，运动会入场最具创意奖，精神文明奖，班级文化大赛一等奖，手抄报展最佳组织奖，年度先进团支部，元元在篮球比赛中斩获MVP，瑜在"南科少年好声音"校园歌唱比赛中获一等奖，君、涵、桐在"厚植家国情怀，践行中华美德"线上艺术展中获得嘉奖，阳阳的微电影《风筝先生》获学校微电影大赛一等奖……这是多么让我们骄傲的班集体啊！

今年的春天比较特别，今年的开学也比较特别，今天的这封信也比较特别，原本在47天前就应该躺在你们面前，没想到今天才展示在大家面前。也好，这47天又让这封信内容更显充实！这47天一定会在大家的人生中留下不可磨灭的印记！47天，我们每天隔屏相见，彼此都想多看一眼对方又有什么变化！47天，我们认真听好每一节网课，坚持认真对待每一科作业，整理课堂笔记，上好每一节晚自习……当然也一定有部分同学摸了好多"鱼"，打了好多游戏，无论好的还是坏的，我们都已一起走过！开心也好，伤心也罢，我们都一起走过！正所谓少年不懂网课好，错把网游当成宝；少年不懂课中情，看懂已是返校了……

返校复课来之不易，请大家彼此珍惜！珍惜在最好的年华中相遇。珍惜你们、我们之间的情谊！就像那天金老师想帮大家调宿舍时，我收到的每一条信息（不论女生的还是男生的），几乎都是"老师，我们不想被调开，我们宿舍相处得十分融洽，我舍不得他们，我们之间都有感情了，我们宿舍氛围很好，关系也不错，大家能互相帮助，共同进步成长！"老师看了热泪盈眶，被你们的纯真打动，被你们的重情重义打动！

还有就是马上就要迈进高三的大门了，随之而来的，你们也将进入成年人的行列！什么也阻止不了我们成长进步的脚步！让自己静下心来，闭上眼睛认真地询问一次自己：我是谁？我在哪里？我想成为什么样的人？我将来想过怎样的生活？我打算怎么去实现它？我们习惯了被老师叮咛、被父母唠叨，习惯了被外在的形形色色裹挟着前行。金老师希望你们从今天起，从这一刻起，要学着依靠自己的力量站立在这个世界上！

经历过高三的人都会记得心里沉甸甸的感觉，就是这一种压力，最终让我们每一个人凤凰涅槃浴火重生。高考就像一张船票，让我们登上属于自己的人生客船，只不过有的人登上了豪华邮轮，也有的人可能登上一艘小木船。豪华邮轮让你今后的人生更顺畅，小木船上你可能仍要搏击更大的风浪，所以你的高三打算怎么度过呢？

我们的确生活在同一个地球上，但我们不一定生活在一个世界里。不同的城市，不同的大学，有太多的不同：环境、资源、机遇……有的同学会说，高考决定不了谁的人生，但通过高考，会决定未来的四年或更长的时间里，你将遇到哪些人，和谁同行，与谁结为人生伴侣。

47天也好，未来的一年半也好，其实和十多年的寒窗苦读相比，都不算什么。但若有一天，在许多年后的某一天，你忽然回忆起自己十七八岁的那一年，上天再多给我一年半时间让自己再努力一下，我很好奇，那时的你会是怎样的心情？

"此情可待成追忆，只是当时已惘然。"人生无常，世事难料，与冬奥会小冠军所付出的努力相比，与俄乌冲突中流离失所的难民相比，与空难中陨落的生命相比……我们是如此幸运！我们需要努力的地方还很多！

匆匆的时光，匆匆的过往。风干了青涩，希望下一程我们一起走向厚重与成熟，相伴三年，缘牵一生。青春是人生最美的歌声，奋斗是最美的青春底色。愿大家历尽千帆，归来仍是少年。

愿接下来的岁月，大家调整心态，静心学习；做好规划，认真执行；劳逸结合，加强锻炼；勤学苦练，反思追问……愿大家踏过千重浪，所得如所愿，谱写属于自己的高三篇章！

会陪你们共同逐梦的公主：金 玲

2022 年 4 月 10 日疫情返校第一天

高一想未来，写给三年后的自己

——唤醒对未来三年的规划

当我们迎来一届高一新生，在思考如何与这些学生进行破冰之时，我也在思考另一个问题：如何唤醒学生真正成长的内生动力？我不希望我的学生浑浑噩噩、迷迷糊糊、稀里糊涂地开启高中的学习生活；我不希望我的学生被动地接受所有学生生活安排。他们自己应该也能够做好未来三年高中的学习生活规划，做好未来五年或者更长时间的预设。国家发展有五年规划，个人的发展也不能无目标无规划，所以现在比较流行"生涯规划""学业规划""人生规划"。可谓无规划不人生，懂得规划的人生步步如鱼得水，不懂得规划的人生步步如履薄冰。于是我在开学第一天就留给了学生一个命题作文《写给三年后的自己》。我想这就是生命的一次唤醒，唤醒他们的生命自觉，引导他们在自己的内心里勾画出一个高中生活的美好蓝图，学会在做事情开始之前就事先预设和规划，当然也可以是高考的一个梦想。

唤醒的实质在于激发学生的自我规划和成长。透过学生站在刚刚跨进高中校门之时写下的文字，我感受到了生命的主动和热情，我感受到了孩子们对未来成长规划的自觉。

站在现在看未来，这是多么好的场景设置。我们要引导孩子们学会自我规划、自我觉醒。从学生们写给未来三年后的自己的信中，我读出了学生对自己的未来的规划和预设。有的谈及心目中的理想大学和专业；有的同学站在现在看过去，总结初中时自己学习惨痛的经验教训，告诫自己不要重蹈覆辙；有的同学学会了和自己和解，把自己的成长真正地放在生命长河中考量；有的同学沉浸在当下幸福的新的学习生活中，对未来充满了无限的希望。所以我们创设一块心灵的沃土，让孩子们畅所欲言，说出来、写出来，写着写着，他们慢慢地就找到了自己努力的方向。

从学生写给三年后自己的书信中，我感受到了此次活动的真正意义和价值，因为我看到了孩子们在唤醒生命中，学会了规划成长。

一、引导学生明确目标，自觉主动进行学业规划

教师是播种梦想的人，没有梦想就不会有远方。未来考什么大学？学习什么专业？这些具体而现实的问题都是我的学生们即将面临的问题。从书信里我看到了刚踏进高中校园的他们自觉主动地进行了三年后的学业规划。

小祥这样写道：

三年之后，你应该已经收到了录取通知书，行走在大学的校园里了吧！不知你高考成绩如何？是去到你梦中的浙大，还是走向了其他大学？这些对我而言，还停留在时间的迷雾里。但对你来说，已经是心中有数了！不论如何，首先提前祝贺你考入浙大图灵班！

也许没有此次的唤醒教育，大多数同学可能还只是活在当下，而我的学生早已立足当下去考虑未来了。当然我们在工作中还要开展具体的有针对性的学业规划，但是我觉得无论什么事情在被动做之前，学生们能主动去思考的效果会更好。

二、引导学生挖掘潜能，自觉主动进行职业规划

凡事预则立，不预则废。站在更长远的角度来规划成长，那就要进行具体的职业规划了。虽然我知道即使学生们的未来不一定按照预设的目标前行，但是自觉主动做出职业规划一定不是一件坏事情，这至少让学生们的努力方向感

更加明晰，学生可以提前研究他们喜欢的职业需要什么样的能力和素养，从而提前做好提升规划，真正地为未来走入社会做好更全面的铺垫。

小凡这样写道：

对未来的我的定位还是十分迷茫，不知未来的"你"会从事什么职业，"你"小时候梦想做科学家，后来觉得太过宏大，"你"又想成为一名医生，救死扶伤。无数的职业你都想过，你不甘于平凡，想变得伟大且闪耀，现在想想平凡又何尝不是一种伟大呢？

青春期的孩子身心状况都急剧变化着，他们日渐成熟，对不同学科领域有了不同的了解，他们的身体和思想都在变化，他们的未来职业理想规划当然会发生变化，所以教师要允许这种变化的发生。

三、激发学生热爱生活，期待未来，赋能成长

教育的终极目标就是教会学生生活，教会学生将来顺利地走向社会，所以唤醒学生对美好生活的热爱，是现代教育的题中之意。我想，一个热爱生活的人，运气一定不会太差；一个对未来生活充满期待的人，一定懂得去努力和奋斗。学生在书信中这样描述自己的未来：

我期待认真投入的自己，期待新的朋友，认识更多优秀的同学，期待三年后，走进大学。与其说这是写给未来自己的一封信，不如说这是我畅游在一笔一画写下的未来蓝图中，愿成长的道路上五彩斑斓，鲜花盛放。

现在的你应该在高考的冲刺阶段了吧，高中三年过得如何，应该充满挑战吧？三年之中你克服了重重困难，经历了无数考试的磨砺，感受了同学们带给你的温暖，老师带来的鼓励，成为一个有着坚定信念与远大理想的成年人了

吧。高中校园就是一个孕育生命的摇篮，进去时我们是嗷嗷待哺的凤雏，而出来时我们已是一只展翅翱翔的凤凰了。现在的你没有了童年的稚气，已是一个成熟而稳重的成年人了。

学生把自己的生命描写得多么美好啊。色彩斑斓，鲜花盛放，退却了幼稚，逐步走向成熟，这不正是教育所期待的结果吗？

四、促进学生的精神意识自主，调整心态，梳理情绪

学生成长过程中一定会面临各种考验，在各种考验中一定会萌生出各种情绪。在写给三年后的自己的书信中，学生懂得了调整自己面对各种复杂情景时的心态，学会梳理各种情绪。

在这三年中，不知你是如何度过的，是乐观迎接，还是垂头丧气，怨天尤人？这三年中，你固然经历了悲欢离合，也看惯了阴晴圆缺；享受了学习与相处的快乐，也曾被沉重的学习压力压得抬不起头。当你看到这封信的时候，你是喜悦、自豪、悲伤还是捶胸顿足？高中三年，你是每天都快乐、充实地度过，还是日日浑水摸鱼、虚度光阴？

在快节奏、高压力的高中学习过程中，作为教师的我们是否审视过学生的情绪问题？是否引导学生们辩证地看待和解决自己的情绪问题呢？很显然，唤醒教育中，学生对自己的关注会更加全面和理性。

除了关注情绪，唤醒学生的生命自觉，也要引导学生正确看待压力，缓解压力。唤醒学生预设到未来三年成长过程中自己所要面临的各种压力，最重要的是学会找到适合自己的方式舒缓紧张情绪、缓解压力。

185

高三是不是压力山大啊？唉，悲惨的小姐姐一枚呀。哈哈哈，多少有点儿自己心疼自己了。不过，如果压力很大的话，可以多听听音乐，这真的有效！或者也可以去看看海，吹吹海风，听听浪潮，把最近的烦恼都抛进深不见底的大海里，又何尝不是一个好办法呢？

有时，老师、家长过度担心学生无力应对学生压力，但或许，直面压力是成长的必经之路，老师和家长需要做好的是鼓励、支持、陪伴。

五、唤醒学生行为自觉，自我期盼，提升能力

唤醒不仅是站在当下看未来，我们也要激发学生站在未来看当下。学生在书信中学会用理性思维分析自己面对未来所需要的各种能力，以及立足当下积蓄力量来提升这些综合能力。他们虽然不知道从现在开始努力能否达到对自己的期盼，但是他们相信付出多一些努力就可以让三年后的自己更加优秀一点。

希望我能与他人形成良好的人际交往关系。高中生活就像是一个小型的社会，如何与他人建立良好的关系，是我们立足于社会的关键。处理好人际关系，在社会上我们就会闯出一片天地，处理不好人际关系，我们就会深陷泥潭无法自拔。为了处理好良好的人际关系，我应该尽量考虑他人的感受和利害关系，尽己所能地帮助他人，对待他人礼貌等。这样的话，等到自己有困难的时候，别人就会尽可能地伸出援助之手。

六、唤醒学生过程自控，总结过去，吸取教训

我们知道一个人的成熟往往是从学会理性地分析自己的过去开始的，唤醒

也意味着引导学生站在现在看过去，过去的自己有哪些成功的经验值得今天乃至未来继续推广？过去的自己曾经有哪些失败的教训应及时改正避免重蹈覆辙？在这种辩证的反思中学生将变得更加理性。在对过去的总结中，才能把今天的事情做好，才能让明天更有希望。

想到过去的自己，在休闲时痴迷于游戏，不愿与现实世界发生任何更深层次的交流，有时会因为沉迷游戏而影响学习，有时会因为游戏的不如意而破坏生活。虚拟世界的变化深刻地影响了我过去的现实生活。而我相信未来的我，不仅足以把控虚拟世界的诱惑，而且能使自己的精神世界更加强大与坚韧，不需任何有别于现实的麻醉。

我希望你记住你初中时踩过的坑，掉过的沟，不要再重蹈覆辙重复中考的闹剧。高中只是一个起点，但不是考试的终点，高考只有一次，没有人会同情你的失败，命运也不会多给你打开一扇窗，只有一步一个脚印，才能行至千里。

中考的结果已经落幕，再多的不甘与悔恨也应化为一潭清水，在记忆中被时间晒干。初三时的拼搏，也难以弥补初一、初二时的懒散，还记得初中第一次月考的无所适从，排名的巨大落差让我一下失去了对未来的希望，或许在重点班，垫底的冷眼持续到第二年后，当中考近在眼前，我才真正意识到因为一次小失败而持续的摆烂是多么愚蠢的举动。

七、引领学生自我反思，回归理性，唤醒内心的温柔情感

一个成熟的人能够控制好自己的情感和情绪，能够和谐地处理好与自己、与他人的关系。学生在书信中学会了自我反思，用理性唤醒自己内心温柔的情感。

此时的你应该十八岁了吧，在法律意义上是长成大人了。你还会跟妈妈吵架吗？还会因妈妈的唠叨而不耐烦吗？还会因情绪激动而掉眼泪吗？我希望答案是否定的，若遇到讲不通的事就坐下来和妈妈好好谈谈吧，好好地沟通，好好地交流，听听那些唠叨，改一改身上那些被唠叨的缺点，隐藏自己的情绪吧。开心一点儿，万事总会过去的。

八、唤醒学生放眼未来，规划现在，激发自律自觉

活在当下，珍惜当下就是对未来的责任，人不能活在空想之中。我们的唤醒教育不是不切实际的空想。引导学生从放眼未来中看待当下，认真规划好当下的学习生活，才是真正的自律自觉。

当然，我也会努力达到你的期望，毕竟未来不是畅想就能拥有的。送你点儿建议吧，记得做好计划，我知道你不喜欢这个习惯，但不得不承认，它真的非常有用。要自律，有规律地作息，不要因沉迷于手机的快乐而浪费时间，没有做想做的事情，这是最重要的一点，你的生活不仅仅只有学习，也不应只有学习。你看看你的爱好，多得数不过来，不过要记得合理安排时间哦，还有比较重要的一点，一定要学会分清主次，避重就轻，记得多运用"四类坐标"分配法，效率会提高很多。

九、培养家国情怀，唤醒生命自觉，激发内生动力

诗人艾青有句名言：为什么我的眼里常含泪水？因为我对这土地爱得深沉。家国情怀是一种源自内心的淳朴情感，也是我们的安身立命之本。常怀感恩之心、砥砺家国情怀，自觉把个人的前途命运与国家、民族、社会紧密地融

合在一起，这是新时代对青年人的召唤。我很高兴地看到我的学生们能够写出这样深沉的语言：

科技是第一生产力，看到如今我国的高新技术行业仍落后于其他国家，面临技术"卡脖子"等一系列问题，每每看到这些新闻，一股热血就在我心中燃起，我想为国家高新产业做贡献，成为一名科研人员。

十、懂得用发展的眼光看待自己，把自己放在生命长河中去理解

我认为唤醒的最高境界，就是引导学生懂得用发展的眼光看待自己，善待自己，学会把自己放在生命的长河中理解自己。得失、对错、喜悲都可能是一时的，而每一个人的生命才是一世的。学生如果懂得了这个道理，一定会走得更远。

我们的一生有无数趟旅程，结束小学六年之旅来到初中，结束初中三年之旅步入高中，开启高中三年之学，再进入大学。在数不清的旅程中成长，离别、遇见、相遇，有交心的伴侣也有擦肩而过的路人，不朽的只是自己。

高一结束时，写给期末统考的你

——唤醒学生学习动力自主

2020 年 7 月恰逢南科大附中创校一周年，一所新学校在深圳市教育局和南科大的领导下破土而出，仅仅一年时间就创造了深圳基础教育界的奇迹。当然 7 月份我们首届荣誉学子也即将参加深圳市的统一考试，这也是我们的学生在深圳市第一次亮相的机会。为了鼓舞士气，年级组织了期末统考动员大会，我作为班主任代表给高一年级所有学生送上一封亲情书信《点燃学习激情 成就青春梦想》，表达了全体教师对学生们的殷殷期望和嘱托。

尊敬的各位老师，亲爱的同学们：

大家上午好！

对于每一位高中生而言，6 月的炽热，始于时序，盛于高考，终于每一滴汗水和每一份执着。今天，全国高三学子还有 12 天就要走向高考的考场，完成最具爆发力的冲击。我们也将乘着高考季绵远博厚的热度，迎来一个具有挑战意义的考试—— 35 天后的全市统考。我们都知道这是南科大附中参加的第一次深圳市统考，这次考试不仅是对在座每一位同学的一次检测，更是对南科大附中这所全新学校的一次重大考核。

那么，我们就将目光聚焦于学习。学习是什么？学习对我们的价值和意义是什么？学习是人们安身立命、为家为国的重要途径与手段；学习是学生必须履行的责任义务和价值所在；学习也是每一位教育工作者对学生永远的希冀和厚望。无论身为一名班主任，还是作为你们的长辈，我希望在校园里，随时随处都可以：眼见——手不释卷，耳闻——书声琅琅，我希望南科大附中的学子们笔下千端，胸中万卷，言语不媚，举止不凡。

然而，每每走在校园中，我都会喜忧参半，思虑重重。

的确，我们周围不乏一些博学善思的同学，他们热爱学习，勤奋进取。同时，我也痛心地看到，有的同学还没有达到理想的学习状态：不想学习、不愿学习、不会学习的现象客观存在。在这里，请同学们随着我的设问认真思考：你是否具有家长逼着、老师盯着才学习的慵懒随性？你是否存在上课不注意听讲、课后不做作业的想法经历？你的学习方法是否得当，是否偶尔出现大题不会做、小题总出错等一系列问题？

没错，学习就是这样一个混杂了"爱恨情仇"的矛盾体，作为学生的你，以学为生、为学而生，学习是你们当下所面临的首要任务，你不愿面对却也不可回避。既然如此，我们不妨直面它、攻破它、战胜它。树立良好的学习态度，养成良好的学习习惯，掌握正确的学习方法，塑造积极的学习品质，让学习真正成为你们生活中的一部分。

今天金老师就与大家交流一个话题：我们因何而学习？

先请大家思考四个问题。

第一，谁说年轻不堪大任？谁说青春一定迷茫？众所周知，中国共产党100周年的伟大征程，始终是一部依靠广大青年砥砺奋斗的青春交响乐章。一百多年来许许多多像你们一样的年轻人，在最美的年华里，奉献了宝贵青春乃至生命。只因他们心系国家，心怀信仰。中共一大13位代表的平均年龄只有28岁，最小的只有19岁。二万五千里长征红军的平均年龄只有22岁。抗美援朝中国人民志愿军12军35师103团的战士的平均年龄只有十六七岁。同学们，是的，我们时逢盛世，国泰民安，我们无须为一张安稳的书桌而痛心泣血。但是，你们有没有想过？当中华民族繁荣复兴的大业落在我们肩上时，我们靠什么去担当和传承？

第二，南科大附中作为一所全新的学校，才刚刚起步，却正蓄势待发。学校发展的命脉就握在你们——首届创校荣誉学子手中，大家是否思考过，我们如何通过自己的一份努力为学校的发展添砖加瓦、增添荣光？可以说，你们的样子就是南科大附中的样子，你们的成绩就是南科大附中的未来！你们未来高考的成绩，以及本次第一次全市统考的成绩都将载入学校发展的史册。同学们，请记住王佩东校长的这句话：对于我们这所新学校而言，慢进则退，不进则亡。你们感觉到身上的使命感和责任感了吗？你们既然冠上了"南科大附中首届创校荣誉学子"的称号，就该与南科大附中的发展同呼吸、共命运。

第三，我们的父母双鬓渐白，年华老去，有朝一日我们用什么去回报他们的脉脉目光，殷切期望？

他们不辞辛苦，努力工作，就为了让你们能坐在一个安静舒适的教室学习；寒冬酷暑，他们不介意出去再做一份短工，想着至少也能给你们再买几本参考书；新上市的肉品、蔬菜，他们挑来拣去，思考着怎么才能给你们补充到营养……

从你们出生的那一刻起，父母就开始了无怨无悔的付出，把自己能拥有的最好的东西都给了你们，心甘情愿，不求回报。

第四，大浪淘沙，千帆竞潮，在同辈人中，你自甘做一个庸常之辈，还是做一个出类拔萃、一马当先的时代精英？

可能有同学会说，文凭只不过是一张纸，未来才是一幅画，但面对竞争日益激烈的未来，你们的核心竞争力又是什么呢？你们将用什么来画好这幅画？

四个问题听完了，无论于国家、于学校、于家庭，还是于自己，我相信大家都已找到了答案。那就是在应该拼搏、学习的年龄，一定要竭尽全力，让自己优秀起来、强大起来，唯有这样，你才将拥有更多选择的机会，创造一个幸福完满的人生。

同学们，刻苦是青春最丰富的营养，行动是理想最高贵的表达。那就从现在做起，从认真备战期末统考做起，加倍努力！你可以一天认真上好十节课、两节晚自习，你可以一天写完两支笔芯练习至少三套卷子，你可以早来到教室十分钟记几个单词和成语，你可以用玩手机的时间弄懂一道数学题，用看杂志的时间写完一篇英语阅读，你可以把浏览 B 站、打游戏的时间都用在学习上……其实总有人比你努力，可怕的是比你牛的人比你还努力。

努力吧，奋斗吧，同学们！鲜花着锦，烈火烹油，你的青春燃烧在一个最澎湃的时代，你的梦想徜徉在一块最膏腴的土地，属于你的那面战旗已在远方招展！等着你，万水千山跋涉而去；伴着你，春风得意而归！

永远爱你们的金玲老师

2021 年 5 月 24 日

高二启航时，写给两年后的你们

——唤醒学生学习过程自控

2021 年 6 月 7 日，我们迎来了 2021 年高考。南科大附中作为全新的一所学校，也开学一整年了。但是我们还没有自己的高三年级，校园里仅有一届高一学生，长期观察，发现这届孩子的学习习惯不是特别好，学习动力也不足，总感觉是处在被老师看着学、赶着学的状态，我觉得他们可能对高考的感觉还不是太强烈。于是，在今天这样一个对于所有高中老师和即将要参加高考的学生来说都具有标志性的一天，开展唤醒教育再好不过了。于是在周一的晨会为全体高一学生做了《日拱一卒无有尽，功不唐捐终入海——致所有今天高考的考生及两年后高考的你》的演讲，来唤醒学生们的学习过程自控与自觉。

尊敬的各位老师，亲爱的同学们：

大家早上好！

2021 年 6 月 7 日，也就是今天，是高考的神圣日子。有人说高考是凤凰的一场浴火，也有人说高考是良玉的一次雕琢。因为高考是一场不凡的战斗，它昭示着破茧成蝶，蕴藏着新生能量。

还有将近一个小时，也就是 8：30，全国的 1078 万高三学子即将走进高考考场，十年寒窗苦读，一朝即见分晓。

还有两年，在座的你们即将走进高考的考场！迎来属于自己的高考。那时的你是自信从容？还是万分紧张？是底气十足？还是追悔莫及？有人说人生是一辆单程列车，世界上也没有什么后悔药，我们如何从现在做起，迎接两年后属于自己的高考呢？

昨天王校长在德育干部群里转发了一位高三学生母亲写给孩子的一封信，

今天金老师分享给大家！希望所有听到这封信的你有所感悟，有所触动，有所成长！

亲爱的孩子：

高考，是孩子的成人礼，也是父母的告别式。从此，故乡于你而言，只有冬夏，再无春秋。我对你有无限的期盼，也有无数的嘱托，今天一并说给你听。

一、关于读书：世间之路千万条，读书依然是最好走的那一条。

还记得去年湖南省高考状元何润琪吗？

他父亲是一名普通的钢筋工人，高一时妈妈因病去世，奶奶年迈，嫂子在家带3岁的侄儿。家里的全部开支，就靠父亲和哥哥打零工维持。一家六口，挤在老破小的房子里，白日里都看不见亮光。

去年疫情期间，他家里没有电脑手机，连作业都无法完成。直到班主任知晓了这个情况，把自己的手提电脑和手机借给他，他才能正常上网课。即便条件如此困窘，他依然在去年的高考中取得了总分707分的好成绩，成为湖南省文科状元，被清华大学录取。

出身普通，家境贫寒的何润琪，如果没有高考，该靠什么去实现人生阶层的跨越？不管处于什么样的时代，读书依然是最容易争取核心竞争力的机会，也是改变命运最好的捷径。因为知识不会因为每个人的背景好坏，就把人分为三六九等。它能带你去到更大的世界，不断开拓你的眼界，鼓舞你的精神，从而帮你打破命运的藩篱，成为更好的自己。

世间之路千万条，读书永远是最好走的那一条。

二、关于努力：所有横空出世，都是蓄谋已久。

罗振宇曾在《时间的朋友》里说过这么一段话：这世上所有的成功，背后要么是无数的血汗，要么是大把寂寥的时光。所有横空出世的奇迹，都是努力的代名词。

去年，华科博士毕业生——左鹏飞收到华为年薪201万元offer的消息，惊艳了众人。据左鹏飞自己说，他只给华为、腾讯、阿里和深信服四家公司投了简历，而这四家公司，都同时对他抛出了橄榄枝。

在所有人挤破了头在人才市场穿梭时，左鹏飞的经历，颇有些"一出道，即巅峰"的意思。但左鹏飞却说："我最要感谢的，就是曾经拼了命努力的自己。"他的作息时间表，是这样的：早上6点起床，一直到晚上10点多才回宿舍睡觉。在长达5年的时间里，他每天都要在实验室待上13个小时，从未间断。

哪有什么天才和奇迹，有的只是苦行僧般的自律。

孩子，上天从不会无缘无故眷顾某人。某一天你如果看到了别人的好运降临，那一定是因为他的努力，积攒到了一定程度。这个世界从来没有不劳而获的成功，所有令人惊艳的成绩，背地里必定是无尽的苦熬。

日拱一卒无有尽，功不唐捐终入海。

三、关于心态：唯有保持乐观，才能让你将崎岖之路走成坦途。

高考结束之后，几家欢喜几家愁。考得好的，笑容满面；考得不尽如人意的，垂头丧气。妈妈当然希望你在高考时能取得一个好的成绩，但你有没有想过，万一结果不尽如人意，你要怎么办？

去年高考结束后，江苏文科状元白湘菱上了微博热搜。

这位被称为"最惨状元"的女孩，考出了优异的成绩，却无缘清北，甚至连国内很多985、211都上不了。江苏课程改革后的高考政策，选修是要算等级的，很多知名高等学府，基本都要求选修科目等级必须在A级以上。而白湘菱的历史选修课只有B+，寒窗苦读数十年，仅仅因为一个字母的差距，就让她与顶尖学府失之交臂。换作别人，或许早就捶胸顿足、呼天抢地了，但是她没有。面对镜头，她淡然一笑说："虽然觉得有些遗憾，但也不是非要上清华北大，未来才能一片坦途。接下来我会在能力范围内选择最好的学校。"

人这一生，难免经历挫败，等你长到足够大，就会发现人生多的是事与愿违：去不了心爱的学校，做不了喜欢的工作……

狄更斯曾说：一个健全的心态比一百种智慧更有力量。

孩子，妈妈希望你优秀，如果不能，我希望你保持乐观。拓宽你的视野，着眼于整个生命长河你会发现：你错的每一道题，都是为了遇上对的人；而对的每一道题，是为了遇见更好的自己。不管对错，都是人生的答案。

四、关于成长：学习是一时的，成长是一世的。

人生是一场漫长的马拉松，高考，只是中间站，而不是终点站。

学习是一时的，成长才是一世的。

记得前些时候，一位阿姨火遍了全网。武汉 61 岁的万雪琴阿姨，原本是老年大学的学员，疫情期间不能出门，学校就开通了"空中课堂"，茶艺、隶书、唐诗宋词、中国画……阿姨每天抽出时间来学习，短短几个月时间，竟然通过小程序上了 160 多门网课，还获得 160 多门"学习标兵"证书。

阿姨白天需要照顾外甥女，每天晚上到了 10 点多，才有时间学习，每天学习 4~6 小时，最晚的时候，学到凌晨 5 点多。60 多岁，已是很多人安享晚年的年纪了，可阿姨还在孜孜不倦继续求知，令人动容。

反观很多处于人之初阶段的孩子呢？在最好的学校，最好的年纪，却把大把的时间花在游戏上，躺在舒服的被窝里。现在是舒服了，可是未来长长的一生怎么办？

亲爱的孩子，我希望你记得，这是一个适者生存的世界。唯有不断精进自己，才能在瞬息万变的世界，有选择的自由和底气。时光不会重来，人亦不复少年。

愿你勤奋自持，持久自律，在未来的路上越走越宽广。

一位高三学生的母亲

2021 年 6 月 5 日

亲爱的同学们，还有两年，你们即将走进神圣的高考考场，希望今天这封信会让大家对高考和学习有一个全新的认识；希望这席话能够触动你们的心灵，激发你们的斗志；希望在未来的两年中，大家牢记王校长在开学典礼上的嘱托："志不立，天下无可成之事。""执其业者，精者进而堕者退。""让十年后的你，感谢今天更加努力的自己。"希望每一位南科少年经过两年的拼搏努力，都能创造出属于自己的高考奇迹！最后祝福今天所有的高考考生：高考成功、名题金榜！谢谢大家！

高二积淀时，成创新型济世之才

——唤醒学生厚植家国情怀

党的十八大以来，习近平总书记把创新摆在国家发展全局的重要位置，高度重视科技创新，不断强调科技创新在全面创新中的引领作用。习近平总书记在中国科学院第十七次院士大会、中国工程院第十二次院士大会上指出："只有把核心技术掌握在自己手中，才能真正掌握竞争和发展的主动权，才能从根本上保障国家经济安全、国防安全和其他安全。不能总是用别人的昨天来装扮自己的明天。不能总是指望依赖他人的科技成果来提高自己的科技水平，更不能做其他国家的技术附庸，永远跟在别人的后面亦步亦趋。我们没有别的选择，非走自主创新道路不可。"

2022 年政府工作报告提出，要推进科技创新，促进产业优化升级，突破供给约束堵点，依靠创新提高发展质量。如何实现科技创新与经济高质量发展的良性互动，解决好"卡脖子"技术问题，则尤为关键。

美国对华为的新禁令，芯片断供让人们再度感受到了"卡脖子"的切肤之痛。形势逼人、挑战逼人、使命逼人。现实深刻警醒我们，关键核心技术是国之重器，拿不来、买不来、讨不来，面对少数西方国家不断升级的遏制和防范，必须把科技的命脉牢牢掌握在自己手中，不断提升我国发展的独立性、自主性和安全性。

青年学生是国家的未来和希望，是国家未来的支撑。青年强则国强，青年有担当，国家有希望。如何唤醒学生的远大志向，激发学生的爱国热情，把自己小我的发展，融入国家和民族的发展洪流之中，是我们应该在教育教学实践中不断思考和践行的课题。

这不禁让我思考，如何唤醒学生思考自主创新的时代意义？如何看待美国对我国在高科技领域的打压？如何引导学生把自己的前途命运融入民族发展之中？如何抓住学校提供的机会和平台，顺势而上？这些都成为摆在我们面前的时代之问。于是提起笔给学生写了这封信《乘颠覆性创新之风 成未来济世之人才》，并在周一班会课上给学生读了此信。

亲爱的同学们：

大家早上好！

我们生活在一个创新的时代，一个技术变革的时代。

人类历经三次工业革命，下一阶段革命性新技术、颠覆性创新将会在什么领域出现？

2021年3月20日举行的中国发展高层论坛上，中国科学院院士、南方科技大学校长薛其坤与美国特斯拉公司首席执行官埃隆·马斯克，围绕"下一个颠覆性创新"的话题展开对话。

基于光电效应的太阳能高效利用与可持续循环、数字医疗、自动驾驶汽车、跨星际旅行等，这些颠覆性创新技术，不仅冲击着我们的视野，也将改变人类未来的生产和生活。

我相信同学们在观看了这场科技领域的高端对话后，有的不仅仅是对颠覆性技术创新本身的视觉和听觉震撼，更多的应该是发自内心的深层次思考。那就让我们一起思考以下两个问题：

一、你是否真正了解创新的时代意义，把自己的前途命运与祖国的繁荣发展紧密联系起来，厚植家国情怀，以创新贡献国家？

同学们，当今世界正经历百年未有之大变局，我国发展面临的国内外环境正发生着深刻复杂变化，我国"十四五"时期以及更长时期的发展对加快科技创新提出了更为迫切的要求。我们必须充分认识到，加快科技创新是推动高质量发展的需要，是实现人民高品质生活的需要，是构建新发展格局的需要，是顺利开启全面建设社会主义现代化国家新征程的需要，也是我们将来走入社会适应未来社会发展的需要！

同学们，没有自主创新就会受制于人。安卓系统的收费再次敲响中华民族自主研发的警钟，美国对中兴的打压，对华为的技术封锁，这些都是我们不能忘却的耻辱。还是那句话，落后就要挨打，没有自己的高科技和自主创新，我们还是要挨打。同学们，你们是祖国未来的希望，你们的今天的样子就是祖国未来的样子。祖国的发展比以往任何一个时期都需要科技创新型人才，你们要勇担重担，勇立潮头，把自己的小我融入祖国的大我、人民的大我之中，厚植家国情怀，以创新贡献国家。

二、你是否认真思考如何抓住南科大附中为你成长成才提供的机会和平台，珍惜时间、顽强拼搏，成未来济世之人才，以适应未来颠覆性创新时代的需要？

大家知道，南方科技大学附属中学，本着"致知、求是、创新"的育人理念，致力于创办一所以科技创新教育为主要特色，兼具人文精神的创新型卓越高中，一所有别于传统名校的未来学校，一所世界一流的学术性研究型高中。

可以说，我们的育人理念和办学目标都契合了为未来社会培养创新型人才的需要，高中高校贯通培养，五大学科竞赛培养，院士大讲堂、科学大讲堂等系列活动，都为你们适应未来颠覆性创新时代的需要提供了更高的平台。大家能否抓住学校为大家提供的各种学习机会和成长平台，努力成为那个最好的自己。

"志不立，天下无可成之事。""执其业者，精者进而堕者退。""让十年后的你，感谢今天更加努力的自己。"请同学们一定牢牢记住王佩东校长在开学第一堂思政课对同学们提出的三点期望，始终不忘南科少年的历史使命，不忘附中学子的时代担当，积极阳光，勇敢坚强，不断为自己的凌云之志而奋斗，不断为民族和世界的明天而奋斗，不断为创造更美好的人类文明而奋斗！

就在上周五，华东师范大学首批终身教授、博士生导师陈玉琨教授莅临我校进行指导，并作了题为"如何建设一所研究型的高中"的主题报告。陈玉琨教授鼓励每一位南科大附中学子，努力成为人生观、世界观、价值观、国家观、历史观端正的优秀人才，你们要学会像科学家一样思考，像工程师一样创造发明，像艺术家一样做出自己的作品，像各行各业的领军人物一样成为国家的"智库"。

同学们，今天，中国正处在"两个一百年"奋斗目标的历史交汇点上，全面建成小康社会、第一个百年奋斗目标已经实现，全面建设社会主义现代化国家新征程即将开启，向第二个百年奋斗目标进军的号角已经吹响。在今天，在座的所有青年人都迎来了大有可为的发展战略机遇期；但是请同学们永远记住，社会进步、财富创造的原动力永远来自科学技术！一个科技不领先的国家就难免受气挨打！科学技术是最终的话语权！

在这样一个大格局下，你们这一代人肩负重任。你们每一个人都要应该以天下为己任，当我们面临人生重大选择之时，要回归价值理性，不再用金钱作为衡量成功的唯一指标，而应该更多地思考你的行为对百姓、国家乃至世界有什么意义？同学们，未来已至，少年可期。希望大家"乘颠覆性创新之风，成未来济世之人才"！

想唤醒你们为民族发展而觉醒的班主任：金　玲

高三启航时，致明年今天的自己

——唤醒学生学习行为自觉

有一种青春叫高考，有一种奋斗叫青春，有一种情怀叫教育。

我相信 6 月 7 日对于每一位有高考情结人来说都有着特别，我自己也不例外。尤其是自己当班主任之后，陪伴每届学生参加高考复习、直到走进高考考场的一幕幕都历历在目、记忆犹新。作为班主任的我们如何抓住高考这一特殊的时间节点对学生们进行恰如其分的引导和教育，也应该成为自己不断研究的课题。

也许是自己教政治的缘由，我经常会用敏锐的眼光和嗅觉感知世界上发生的事情，大到国际国内的时政，小到学校里、班级内发生的事情，都能成为我的教育资源，我会把握时间节点，根据当时的内容和情境，对学生们开展适时和有针对性的教育。

明天就是 6 月 6 日，高考前的一天，这也意味着还有正好 365 天，我的学生也即将走进高考的考场。晚上我辗转反侧，感慨时间的流逝，一转眼这届学生已经即将迈进高三的行列。这么重要的日子，必须重视起来，于是我奋笔疾书，写下了自己想对学生们说的一段寄语——《致明年今天的自己》。

亲爱的高二（14）班的孩子们：

你们好！

提起笔，不知不觉间我们发现时间已然从我们的记忆中划过，我们来到美丽的附中已经满满两年时光。两年对你我意味着什么？你的身体越来越结实？你的思想愈发成熟？你的知识更加丰富？你的眼界更加宽广？美好的瞬间，定格成永恒的记忆；奋斗的画笔，挥洒出梦想的华章。恭喜你们，伴随着 2022

年高考铃声即将响起，你们也即将迈进属于自己的高三殿堂。

你们对于金老师来说是特别的，因为你们是我来深圳后的首届学生。我不会忘记那些和你们一起携手前行、披荆斩棘的日子。当这一切显得弥足珍贵时，我们才发现我们已经来到了高三。金老师会一如既往地严格要求你们，陪伴在你们身旁，助你们奋力拼搏。当然在这一过程中，我也希望我们共同的家园14班会给大家带来无穷的力量，那就是优雅的学习环境、温馨的互助氛围、团结的比拼精神、上进的气质品格。

转眼两年，匆匆又夏！

高三已至，未来可期！

听闻少年二字，应与平庸相斥！

高三即将启程，它对你我又意味着什么呢？

高三是痛苦的，因为我们都要风雨兼程，努力到无能为力！

高三又是快乐的，因为低头抬头都是为了奔赴下一场山海！

高三是紧张的，因为我们都会刻骨铭心！

高三是充实的，刻苦之心，笔芯可鉴！

高三是漫长的，它可能是365天，8760个小时……

高三又是短暂的，其实它就是从今天到明天！

高三是最幸福的，因为你心仪的大学录取通知书上一定会写着你的名字！

让我们不畏风雨，一路同行！

铺卷执笔，写满青春，以博未来青睐！

希望你们永远带着14班的精神印记畅游在青春奋斗的征程里，祝我们在接下来的365天里，无所畏惧、不留遗憾！乾坤未定，你我皆是黑马；同是寒窗苦读，怎愿甘拜下风？2023高考加油！

爱你们的班主任：金玲老师

2022年6月6日

在周一的班会课，我给学生们诵读了我写给他们的信。我看学生们听得津津有味，很有感触。突然灵感爆发，我在黑板上写下一行字：

写给明年今天的自己……
落款：某某同学
时间：2022 年 6 月 6 日

因为明年的今天孩子们即将踏上高考的考场，还好现在还有 365 天，你有什么心里话想倾诉给自己呢？你有什么小秘密讲给明年今天的自己呢？……提起笔，洋洋洒洒写下一份心情、写下一份嘱托、写下一份期许、写下一份美好……教育如此简单、如此惬意、如此诗意……这就是为师的幸福。

我相信学生们在此情此景之下，心里面一定酝酿了许多情感和语言，如果让他们一个一个地表达，一是时间不够，二是语言未必有文字有力量。因此我想到了这样一个"金点子"。我给孩子们配上舒缓沉寂的音乐《半山听雨》，教室里特别安静、除了音乐，我只听到了笔尖在信纸上"沙沙的"摩擦声。看到孩子们写得如此投入，看到他们如此认真地思考自己的未来，把未来的 365 天认真梳理和计划，把人生的理想认真勾画，看到他们把自己内心深层次的想法尽情表达……我相信这是一种压力的释放，我相信这是一种人生态度的表达。

学生书信内容摘录如下：

希望明年的你一切都好，可以安心地上考场了，可以微笑到最后一刻，希望你在收卷那一刻满心欢喜，毫无遗憾！

我知道你会紧张，一定会想到失利，但是千万不要心慌哦，因为我一直有护身符的！

你已经幻想这一次很久了吧？我希望今天的你不要对过去感到遗憾。希望今天的你可以充满信心地迎接高考的到来！

不要没有信心，在考场上的你一定可以超常发挥，大放光彩！

不再多言，你一定比现在的我成熟，经验更加丰富，我相信你能处理好自己的问题！

不要觉得孤独，你不是一个人，还有朋友、亲人、老师，在不同的地方，与你一同努力着。如果有些东西抓不住，就洒脱放手，我会喜欢这样的你！

恭喜你，你已经走完完整的高三一年的学习，这段生活必然辛苦，必然枯燥，必然会有崩溃与失落，但是恭喜你，你走下来了！

马上就要结束穿校服的时光了，你的语文作文应该能拿到50分了吧？你已经找到学习数学的独家方法了吧？你买的英语语法书都看完了吧？

考试的时候，不要心急，把握好时间，把会做的题先做完，不要受任何人的影响，不准过度思考，也不许轻易地改答案。考完试不许去对答案，不许上网浏览，要给下一科考试做足准备。

还记得，之前的你，有许多不足。其中最大也是最致命的缺点就是懒。愿那时我已经克服。相信你会对明天的考试有所期待，是迫不及待，期待着将这12年所学一一发泄出来，同时迫不及待地去拥抱属于自己的光明未来。而不是像你12年里每一次小考一样，考前恐惧没有复习好，考后躺平无动于衷。

可能这一年会遇到若干挑战与挫折，或许会流泪，或许会质疑自己，或许更多是未知、不可预测。希望此时此刻，看到这些文字时，你可以自信地说："我做到了！"

放心大胆地去迎接新的、美好的篇章吧，无论结果如何，都是上天安排的最好的结果。

无论高中三年有如何的快乐或难过，此时的你应该都做好了最后一战的准备，而此时的我也正满心期待着那时的我是全副武装、信心满满的。我现在常常想，我能用这一年达到我的目标吗？这也需要收到信的你来回答了。

读完孩子们写给未来自己的信，感动、欣喜！感动他们的率真，欣喜他们的沉着。不管是对未来的担忧，还是对未来的憧憬，只要他们认真思考过了，我相信结果都不会太差。

我想这就是一次有效的唤醒教育，把今天作为起点，唤醒孩子们对未来一年高三学习生活的勇气和期待。高三可能会有挑战，也有挫折；可能会有惊喜，也有忧虑；可能会有欢笑，也有泪水；可能会有进步，也可能有倒退……当孩子们用自己的笔触把这些对未来的种种预测梳理清楚，他们就会懂得高三到底应该怎么充实而有规划地度过，他们就可能会对自己未来的理想进行一个理性规划。

说实话，即使不看书信的内容，我觉得教育的目的已经达到。这就是恰当的时间节点开展唤醒教育的神奇之处。作为班主任的我们抓紧时间行动起来，看看那些重要的时间节点，开展一些什么形式的唤醒教育，能够真正激发学生们对学习的热爱，对生活的热爱，对生命的热爱！

本章小结

今天的教育如果老师不生活在未来，未来的学生将生活在过去。

——杜　威

真正的教育不是什么都管，也不是什么都不管，在管与不管之间还有一个词，叫"唤醒"。唤醒的目的是唤醒学生内心深处的真善美，挖掘学生的潜能，唤醒学生的学习欲望，激发学生的生命自觉。

唤醒教育一定是抓住现在的教育资源，点燃学生对未来生命、未来生活的美好向往，为学生们未来走入社会做好各种充足准备。现在的教育资源在哪里？就在现在，在国家社会发生的每一件大事里，在学校家庭发生的每一次具有教育意义的活动中，在班级发生的一件件有意义的小事里……因此，班主任要有职业敏感度，懂得捕捉唤醒的契机；班主任要有专业眼光，善于挖掘唤醒的素材。

于是有了写给三年后的自己，写给考场的你及两年后步入考场的你，写给明年今天的自己，疫情线上教学期间写给学生们的一封信，疫情返校复课写给孩子们的信，乘颠覆性创新之风，成未来济世之人才。一次高考的日期、一次线上教学的开展，新冠疫情中无数感人的事迹，中国科技发展所面临的困难……用这些活生生的教育资源来唤醒我们的学生，唤醒每个孩子的内心深处藏着的美好品格，唤醒他们的生命意识、自我规划意识，从而激发出生命的原动力。

唤醒教育可以是和风细雨，润泽心灵；也可以是惊雷般催生生命破土而出的力量。我们在书信中用心设计，有声表达，捕捉契机，唤醒隐藏在孩子内心深处的潜能和良知，激发学生的自主意识，和对生命价值深层次的感悟和体察，激发出学生的认同感和内驱力，从而让学生积极、主动、自觉地成长。所以我们不仅要关注孩子们的当下，而且要关注孩子们的未来；不仅关注自己的小我，而且关注国家和民族的命运。我们要创设一个个情境，在师生有效沟通中，让孩子们体验到被发现的喜悦，获得探索的成功，品尝到被认可的开心，在生命的唤醒中孩子们的生命获得增值。

书写锦囊

1. 书信书写契机

唤醒一定要掌握适当的时机，可以是新入学第一天，也可以是高考、成人礼等重要的日子。因为在这样的时间更能够唤起孩子对自身成长的体察。我们要善于发现和捕捉良好的教育素材。可以是国内外重要的时政热点，如挖掘地震中生命教育的宝贵资源，唤醒孩子们对生命的敬畏和热爱；面临中国在高科技领域被"卡脖子"，唤醒孩子们为中华民族伟大复兴而奋斗的决心。

2. 书信书写内容

在唤醒生命的环节，我们可以和学生们聊当下正在发生的、能够激发他们关注度的热点问题，如"卡脖子"问题、孟晚舟事件等等；我们可以创设一种代入式的情境，引导学生站在当下看未来，自己有何畅想，有何希望；自己有什么规划和决心；可以引导孩子们站在未来看待现在，我现在应该以怎样的状态打造未来能令自己满意的自己；我应该做什么样努力才能够换来明天的成绩。唤醒的目的在于引发学生们自我内省、反思、规划、努力，从而找到自己前行的目标、动力，实现生命的自我规划和成长。

3. 书信书写情感

唤醒书信一定要在了解和理解学生的基础上书写。唤起他们对生活的热爱，对学习的欲望，对未来的畅想和规划。杜威在《我的教育信条》中提出：教育必须从心理学上探索儿童的能量、兴趣和习惯开始。唤醒书信要多一些正向引导，教师要站在更高的角度和更长远的视角来设计唤醒教育的场域。唤醒要直击学生心灵，在这样的对话中学生与老师更容易产生情感共鸣。唤醒要以实现学生自我价值为目的。我们要尝试点燃学生，点燃学生的生命欲望和成长欲望。

4．书信书写主体

唤醒书信要以教师为主导，创造性寻找教育素材，主动把握唤醒的时机，创设唤醒的情境。

5．书信书写的效能

唤醒书信主要对学生发展产生深远的影响。引导学生自觉主动规划，明确目标，规划学业；挖掘潜能，自觉主动进行职业规划；热爱生活，期待未来，赋能成长；促进学生的精神意识自主，调整心态，梳理情绪；唤醒学生的生命自觉，缓解压力，舒缓情绪；唤醒学习行为自觉，自我期盼，提升能力；唤醒学习过程自控，总结过去，汲取教训；引领学生自我认知、自我反思，回归理性，唤醒内心的温柔情感；放眼未来，规划现在，激发自律自觉；促进学生自我发现、自我完善，思考成长、挖掘潜能；懂得用发展的眼光看待自己，把自己放在生命长河中去理解；培养自己的家国情怀，唤醒生命自觉，激发内生动力。

金"育"良言

唤醒要不断地持续和强化。我们不能祈求一封信就把学生点燃和唤醒，我们一定是在自己的教育实践中循序渐进，不断反复和强化，引导学生渐入佳境。只有持续表扬和激励，才能唤醒孩子们的内驱动力。

唤醒教育一定是抓住现在的教育资源，点燃学生对未来生命、未来生活的美好向往，为学生们未来走入社会做好各种铺垫。

唤醒其实就是激发学生自我规划。在当今时代背景下，可谓无规划不人生，懂得规划的人生如鱼得水，不懂规划的人生如履薄冰。

唤醒教育是需要教师的教育智慧，我们要学会形成对社会生活各种现象的独到见解，能够见人之所未见，觉人之所未觉。

我们创设一块心灵的沃土，让孩子们畅所欲言，说出来、写出来，写着写着，他们慢慢地就找到了自己努力的方向了。

唤醒多一些正向引导，教师要站在更高的角度和更长远的视角，来设计唤醒教育的场域。

班主任要用温暖的、理解的、关爱的、包容的语言，唤醒孩子内心深处的美好，从而引导学生进行生命意义的认知，和未来成长的建构和规划。从而实现由"要我学"到"我要学"的转变。

为了唤醒学生，我们在教育过程中要永远把学生看作发展中的人，因为教育的核心任务就是帮助孩子们积淀走入未来社会的能力和素养。

请大家不要忘记"学生"是他们一时的角色，"人"才是他们永恒的角色。

教师要有一双慧眼，善于挖掘教育契机，打造唤醒每一个学生生命自觉的磁场。

　　唤醒，从小处着眼是基于学生生命个体的自主发展，从大处着眼，我们要围绕"为谁培养人，培养什么人，怎样培养人"的教育主旨，培养学生的家国情怀。

　　活在当下，珍惜当下就是对未来的责任，人不能活在空想之中。我们的唤醒教育不是不切实际的空想。引导学生从放眼未来中看待当下，认真规划好当下的学习生活，才是真正的自律自觉。

　　作为班主任的我们，抓紧时间行动起来，看看那些重要的时间节点，开展一些什么形式的教育，能够真正激发学生们对生命的热爱，对学习的热爱，对生活的热爱！

　　我认为唤醒的最高境界，就是引导学生懂得用发展的眼光看待自己，善待自己，学会把自己放在生命的长河中理解自己。

　　唤醒要直击学生心灵，在这样的对话中学生与老师更容易产生情感共鸣。

　　唤醒要以实现自我价值为目的。

　　我们要尝试点燃学生，点燃学生的生命欲望和成长欲望。

第五章

激扬生命　双向成长

教育的路是生命的路，这条路随着生命成长而逐渐延伸。当"生命"走出来，和"教育"并肩，教育就有了前行的目标与勇气，它知道，教育必须对"生命"承担责任，必须为这个生命走向美好的人生做些什么，必须对美好的人生有所作为。

——李政涛

教育是什么？教育绝对不是简单的"成事"，即传授知识和答题技巧，教育在于"成人"，是一种生命的成长活动。

也就是说教育要能够激扬学生的生命，使学生充满着幸福感和成就感，感受到生活的美好和快乐。教育的宗旨是打造出人格健全、心理健康、充满活力、充满创造力的真正意义上的人。

激扬生命理念下的教育活动，是充分利用生命成长机制，向学生传递生活经验，为未来走入社会做好准备。从教育目标、教育途径上，我们都应该尊重学生的生命成长规律。在和谐的师生关系中（学生获得充分的尊重、信任、爱和关心），激发学生生命成长的内在动力，让他们的成长由被动变为主动，就像小草拼命向阳而生，唤醒学生的生命自觉，他们热爱生活、热爱生命，学会主动规划，自我反思，自我超越，最终实现自我成长；而在师生共同经历的生命成长历程中，教师从学生生命成长给自己带来的价值感和成就感中得到自己生命的成长，这就是一种生命的双向奔赴、双向成全、双向成长。

214

　　激扬生命理念下的书信班级管理，立足班级实际、学生实际，强调在一种平等和谐、温馨的师生关系中增进师生之间的理解、尊重、包容。通过书信沟通，激发学生潜能，涵养学生积极情感，培养学生优秀品质，提高学生关键能力，树立崇高的理想信念，从而激扬出学生的生命良好状态。经过多年的书信教育实践，学生情感丰富、积极乐观向上，他们能够与老师主动沟通交流，懂得自我反思和建构，他们关注社会、胸怀天下，他们综合能力得到提高，包括时间管理能力、人际交往能力、阅读能力、写作能力等得到全面提升，从而获得自由而全面的发展，生命如此绚烂多彩。

　　激扬生命，是教师对学生生命的激扬，也是学生对教师生命的激扬。教师通过生命关怀、生命尊重、生命体悟，唤醒学生自我意识和生命觉醒，实现学生对生命的自我建构，从而促进学生的全面发展；学生在自己生命的成长过程中，用自己的生命转换过程，温暖了教师，激发教师生命的价值感和职业的归属感，促进教师的生命成长。

　　一届届学生，匆匆而过。三年作为一个高中完整的教育周期，对于生命而言不算太长，但是对于每一位班主任来说，似乎都刻骨铭心，而且你一定有这样的感受，新的班级里，总似乎有过去曾经毕业的某位同学的影子。没错，因为他们都曾在青春最美的高中岁月中与你一同走过。从班级组建，邂逅了一个个鲜活的生命开始，遇见生命，期盼成长；到后来通过书信彼此沟通，对话生命，理解成长；再到后来发现不同，懂得差异，理解生命，尊重成长；教育有时也是点燃、唤醒生命，规划成长。如今看到自己的学生离开了高中，奔赴更好的大学，找到自己喜爱的专业，找到自己喜爱的愿意为其奋斗一辈子的工作，组建了幸福的家庭，有了自己的孩子，他们在这个社会中健康、快乐、幸福地生活着……这一切不正是教育的初心和使命吗？教育绝非控制生命，让这些可爱的生命遭到暴力袭击，教育应该是激扬生命，激发出生命的本真。

一次特殊的产假，一份特别的礼物

——我们用生命温暖并鼓励着彼此

　　今天收拾书柜，突然滑落出来一本特殊的日记，扉页上画着可爱的卡通形象，是两个学生对着一位教师倾诉着什么。我想起来了，这是 2016 年 12 月我生二孩休产假时，2015 级 14 班同学们送给我休产假的礼物：班长带领全班同学写的一本祝福的微日记。读着读着，我的眼睛湿润了，心逐渐温暖起来，记忆从模糊变得清晰，俨然转到 2016 年那个冬天，那一张张亲切的面孔。

　　2016 年 3 月 5 日，学校分班考试后，新的班级成立了，我正式接手了 14 班。伴随着国家二孩政策的放开，我也响应国家号召，准备要二孩。似乎是一个两难问题，非常巧合的是，接手新的班级和怀二孩在我身上却同时发生了。很多好朋友也都劝我，既然知道自己怀孕了，而且又是二孩，本身年龄都算高龄产妇了，抓紧时间去找领导申请，辞去班主任，安心养胎，以防万一遇到班级里淘气的学生顶撞到自己动了胎气。其实这种担心完全是正常的，而且我自己也知道在家长和孩子们眼中，甚至是学校领导眼中，班主任，而且是一个新班级的班主任怀孕简直是"天要塌下来"的难题，没有意见是不可能的。所以我当时的压力是蛮大的。正动摇之时，一个孩子的一句话彻底改变了我的想法。他是小陈，一个我看来似乎有点儿内向的男生，上课也总是低着头，不敢抬头看老师，下课也很少看到他与同学交流，总是自己一个人独来独往。多年班主任的直觉告诉自己，这个学生应该是有点儿问题的。果然分班还不到半个月，他的家长打来电话，向我哭诉，说这个孩子从小就很自卑，不愿意与其他同学交流，还偶尔会轻微地自残。

　　刚接手新班级，没有经过考试，我还不知道他的成绩，但是通过一周的观察，我发现他的习惯不是很好。就是这样的一个学生，有一天跑到我的办公室，开心地告诉我："金老师，分班后知道您是我的班主任，我知道自己有救了，我一定会获得新生的。"就是这样一句话，在我的心里久久不能平静。我想，如果我这个时候辞去班主任，这个学生会有什么想法呢？突然一个大胆的想法从我的头脑里冒了出来，为什么不趁这个机会给孩子们来一次生命的教育呢？于是我暗暗下定决心，坚定地把班主任工作继续做下去。我想通过自己的努力让孩子们感受到生命的坚强，想让我的学生们一起目睹孕育一个生命的艰辛历程。于是我一路艰辛地走过来，走过了温暖的春天，又经历了炎热的酷暑和秋高气爽的秋天，经过寒冷的冬日，我挺着不适的身体，一路陪伴着14班的孩子们。整个孕期克服了各种身体的不适，上课累了，我就坐一会儿；雪天路滑，我就慢点儿走；孩子们遇到各种困难时，我依旧找他们聊天，鼓励他们。就这样我陪着学生们走过了十个月，和所有的班主任一样见证了一个班级从分班组建，到经历学校大合唱，到秋季运动会等大型活动，班级风气越来越好……当然，让我感动的是14班的学生们也陪伴我走过了整个孕期的十个月，当我累了，他们会帮我搬来小板凳；每节课上课前，孩子们会把我的水杯接满温开水，放在讲桌上；当雪天来临，孩子们又给我买来了暖手宝，并轻轻地叮嘱我走路时一定要慢些……我想这就是用生命感染生命，用生命感动生命，用生命激扬生命的价值。

还记得学生在日记中这样写道：

在几个月之前，班里的同学渐渐都关注到了那宽大的衣服下遮不住的秘密，而几个月之后，正有一个即将到来的生命在静静沉睡。回想起来我竟在不知不觉中见证了一个生命的成长。在我的眼里您脚步飞快，雷厉风行。那时门外有高跟鞋作响，您走进来，满室的寂静。但后来，高跟鞋声音没有了，我看见您左手拿着水杯，身边跟着课代表，缓慢地穿过走廊打闹的人群，逆着人流走进14班的位置。那时您声音抑扬顿挫，回身在黑板上写下一行行板书，后来您坐下了，扶着腰撑着讲台，给我们讲创新、讲矛盾、讲人生价值，把书讲得只剩几页，您的声音有时也带着喘息了。

　　马上即将迎来预产期（2016 年 12 月 16 日），我一直坚持到了 12 月 1 日，笨重的身体加上东北寒冬腊月，已经不允许我再坚持了。于是在周一下午的班会课，我向领导请完假后，与 14 班的学生进行了简单的告别。还记得当时看着座位上 50 双充满不舍的眼睛，我鼻子微酸，我知道孩子们已经习惯了我的陪伴，他们不忍我的离开，但是他们又是那么有爱心，希望我尽快回到家中歇息。我知道，他们真正担心的是怕我再也不回来给他们当这个班主任了。于是我哽咽地给他们保证："金老师是不会放弃你们的，经过寒假，金老师会马上返回工作岗位，继续陪伴你们走完高中的学习生活。"孩子们听了，感动地流下了眼泪，并报以热烈的掌声，这句话也长长地留在了他们的心中。

　　于是就有了这本日记的诞生。他们用文字感谢我对他们的关心与教导、鼓励与包容，他们用文字表达着对我的佩服和敬意，他们用心感受着我这位如母亲般的教师对他们担忧，他们用文字表现出他们的善解人意和日渐成熟。

　　当时并没有觉得自己的行为如何不同寻常，直到现在细细读来，才发现我的行为会对学生产生如此深远的教育和影响。

　　孩子们在即将分别时道出了我的坚强深深地感染着他们，他们也用懂事温暖着我。

　　小佳在信中这样写道：

　　金老师，分班以后您一直都很照顾我，不仅在学习上帮助我很多，也会在生活上教会我许多道理。您这段时间的坚持与付出，我们都很感动，也很心疼，是您用实际行动亲身教会我们什么困难都不是困难，不管有多难都可以克服，要学会用乐观的心态对待生活。还记得上学期期末考试您找我"谈话"，就像认识多年朋友一样聊天，您说我们关系好，您说我最让您满意，我很激动，很荣幸，也很自责，对不起老师，一次次让您失望。我觉得我很幸运，最苦最难的一段时间有您陪伴，您陪我成长，我不孤单。希望您注意好身体，生一个胖胖的孩子。我们会非常听话的，知道您很累很忙，不能帮您分担什么，至少不让您操心。您的教导就像人生准则一样，我会一直记在心里，我会很想您。您给了我们太多，多到在这个班级没有人能代替您，没您不行。

嘉晴这样向我述说：

亲爱的金老师：

首先恭喜恭喜呀！大宝贝马上出生喽！在您孕育生命的整个历程中，我们与您从熟识到更深地了解；我们 14 班也随着小 baby 的成长，在曲折中前进！

谢谢您出现在我生命中最珍贵的三年，教会我知识，更教会了我爱与责任！您把小宝贝的成长渗透在哲学原理中："意识对于人体生理活动具有调节和控制作用。""前途是光明的，道路是曲折的。"……这是我目前听到过的最深刻最有爱的讲解方式了吧。

您在家养身体这段时间，一定一定要放心我们！关于政治这一科我会比以前更积极地督促咱班同学，领着他们整理知识点、抄笔记、发卷子、做题、查作业等，您尽管相信我！路一天比一天滑，咱班同学这段时间也总会讨论："雪这么大，金老师到了没啊……"都很心疼您，所以您在家要吃好休息好，路上注意安全，不许让我们担心哦！最后祝身体一天比一天棒！祝幸福！

万宁这样写道：

大概多年之后我仍能记得，我的高中班主任在怀孕时仍挺着大肚子给我们上课，老师那么难受都坚持下来了，我有什么理由去放弃呢。您曾说过比起教我们知识，您更想教会我们怎么做人。您用自己的实际行动诠释了这一切，您教会了我们什么是坚毅，什么是负责人。有时在走廊碰到您，和您打招呼，您会点点头或是对我微笑一下，每次您嘴角上扬回以微笑时，我都感觉到了您身上散发着阳光般的温暖。最后，老师您一定要健康哦！照顾好自己！我们会在您休假期间乖乖学习的！希望您永远乐呵呵，会因为一件喜欢的新衣开心一整天，因为一顿美食一扫阴霾，因为一首好歌原谅世界。

孩子们说，我用自己的身体力行，教会他们很多珍藏一生也不为过的东西。我带给他们的，远不仅是知识，还有很多经年不逝的温暖。他们说接近一年的朝夕相处，有我陪伴在他们的左右仿佛已经成了一种方式、一种习惯。我一离开，就好像打破了这种方式一般，好像一下子没了动力……是啊，毕竟，在他们自制力不足之时，我给了他们及时的鼓励与督促。学生说："您给了我们太多，多到在这个班级没有人能代替您，没您不行。"这是多么深沉的眷恋呢。

从文字里，我已经感受到从分班到现在，我做的一点一滴似乎都烙印在了他们的心中。或许他们不善表达，我在的时候从未向我说过什么甜蜜的语言；或许他们有些笨拙，有时考试成绩不尽如人意；或许他们有些调皮，总做一些让我生气的事情。曾经看着他们问题百出，让我黯然神伤，我自己也曾经想过放弃，但是今天看到他们的这份沉甸甸的礼物时，我发现原来"万物皆有缝隙，那就是阳光照射进去的地方"，我们要在自己的教育实践中找到学生的缝隙，把温暖的阳光照射进去，我相信生命成长的漫长河流中，14班的孩子们一定会交出最完美的一张答卷。

亲爱的金老师：

不知不觉间，一个小生命逐渐成熟、长大，并且马上就要降生。我们很替老师开心，也很替这位小天使开心。但是我们又不得不面对高二（14）班没有您的日子。大家很不舍，很多事情直到分开的时候才会变得更为深刻。很多时候会觉得咱们班好像因为您才会存在。但老师也放心，您离开的这段时间大家会很懂事儿的，也会继续努力地学习。虽然您在的时候我们很调皮，但我们也深谙您怀孕时带我们的辛苦。最近这几天看老师讲课时会大口喘气，其实同学们内心也在跟着上下波动着。听闻其他老师怀孕时早早离开工作岗位，我们真为我们自己遇到您感到幸福骄傲。

老师，坦白说，看着您挺着大肚子在教学楼里来回奔波，有时候还带着您家大儿子，我们真的很心疼您。我们女生在私下里也说过，老师太不容易了，回家安心准备生宝宝，比什么都强啊。特别是现在外面天这么冷，地也很滑，来回奔波，太危险了！可您的举动又一次一次地感动着我们。您站不住，但坐时间长又不行，可您却仍在自习课、晚自习，坚守在教室里陪着我们，您的所作所为都已一点一点铭刻在我们心里。

分别的日子近了，大家对您的感情又加重了一层，分离的不舍与小宝宝降临的喜悦交织在一起。安心回家吧，老师，14 班怎么可能只是个区区文科 B 类班，我相信我们 14 班一定能在接下来这段时间里再创辉煌，为老师增光！

雨 薇

我们在自己的教育实践中总会遇到这样或者那样问题百出的孩子，我们也总是头疼，试图寻找到一把转化后进生的金钥匙。通过这次特殊的产假，我发现世界上教育人最有效的方法就是"言传身教"，我用自己的实际行动感染着这样一个个所谓的"后进生"。因为在日记中，我发现原来一些表现不太出色的学生，似乎也受到了更大感动，他们在回忆着我的温暖，诉说着自己的缺点，更让我感到温暖的是，他们还向我表着决心。

经文写道：

金老师：转眼间，距离分班已经过去了大半年，我很庆幸能与您相遇，并在您最可爱的时候与您相识，陪您度过了一段快乐的孕期。感谢您在这段辛苦日子里的坚持，我的心里既感动，又愧疚。期中考试的失利导致我分班以来首次成绩下滑，在反思中，我在下半学期必会努力学习，不辜负您对我的期望。

长久以来，作为 14 班的卫生委员，我有很多的不足，改正的过程亦是我成长的过程。您休假的时间里，我保证不会让咱班在卫生上扣任何一分；同时，作为课代表，我也会尽心尽力，尽职尽责。

对于我们来说，和金老师相伴的日子还很长，虽然我也曾因为金老师的批评而怨气冲天，但更多的是被您真挚的话语感动。您不是我的母亲，却总让我感受到母亲的关怀，仿佛我的妈妈就一直在我身边。金老师的教诲，教我一点点认识到如何实现自己对他人、对社会的价值。前途是光明的，不论道路有多曲折，我相信，坚持前行，一切都将更加美好！

新宇在日记中写道：

金老师：非常感谢您在怀孕的情况下，还风雨无阻地坚持给我们上课。您的奉献精神，乐观积极向上的生活态度让我非常感动。

因为学习成绩不好，各方面都不优秀，我一直很无助和自卑，但是您没有批评我，还对我抱以很大的期望，让我感受到了家的温暖。我心里非常非常懊恼愧疚，所以在今后的日子我也会更加努力地学习！请您放心，好好爱护自己的身体，每天进行适当的休息、锻炼，相信同学们也会很乖的。祝老师和宝宝都健健康康，以后的日子甜甜蜜蜜红红火火。

浩宇这样表达着自己的决心：

金老师，人生有三大幸事，即遇到好父母、遇到好老师、遇到好伴侣。我觉得，我真的是一个很幸运的人，因为我遇到第一件幸事之后，又遇到了第二件。我知道我学习不是特别好，也不是特别让人省心的孩子，尤其是有时情商低，贪玩，很不让您省心。但是老师一直很关心我，什么事情都为我着想，从来没有放弃我。虽然您在的时候我倔强地不乐意表达，但是我心里一直很感激您。像您这种情况，别的老师的话，估计早就休假了，而您一直坚持到现在，我真的很感动。所以请您放心，在您离开的这段时间，我也会践行学生的本分，我一定努力学习，不给老师惹任何麻烦，您大可放心，愿您迎来一个健康可爱的新生命，我也一定会以更好的姿态迎接您的归来。

我用自己孕育生命的全过程，给孩子们上了一堂生动的生命教育大思政课。原来生命真的可以感动生命，生命可以激扬生命。特别喜欢尼采发出的这句生命呐喊：控制知识冲动，回归生命！我们是否真的要把自己的注意点全部放在知识教育上。当我们感动了学生，让他们对生命本身有了全新的认识，知识自然会水到渠成。其实教育真的没有那么复杂，其实教育就是把小事用正确的方式做好，为孩子们的成长撑起一片天空。

教师从事教育活动，自身必须具备两方面的条件，一是丰富的科学文化知识，一是崇高的道德修养，这是教师教育劳动过程中发挥作用的两个主要教育因素。因此，教师道德行为的典范性是教师职业劳动的客观要求。它要求教师行为一方面符合教育与教学的社会目的与内容，即促进塑造有理想、有道德、有文化、有纪律的一代新人的行为才被认为是道德的；另一方面是在组织教育活动的过程中，教师的行为应最大限度地提高教育效果，这种行为才被认为是道德的。

教师行为的典范性是教师建立威望感染教育学生的主要原因。教师是靠自身的知识和道德在学生中建立起教师的威望，这种威望在学生中具有磁石般的吸引力和号召力。在教育实践活动中，一个有威望的教师和没有威望的教师，其教育和教学效果是截然不同的。加里宁说：如果教师很有威望，那么这个教师的影响就会在某些学生身上留下永久的痕迹。教师的威望之所以产生如此巨大的力量，是因为学生十分信赖教师，把教师的话当成真理，从而产生一种愿意接受、积极实践的自觉性和主动性。

通过学生的日记，我感受到了他们对生命的敬畏，我感受到了他们对母亲的理解。这难道不应该成为我们教育所追求的吗？

杨丽这样写道：

嗨！金老师。当您看到这封信的时候，你应该已经可以窝在棉被里期待新的希望了，而我们正在北方大雪纷飞的冬日里刻苦学习。回想起夏天的时候，你微微隆起的肚子让每个同学都有点儿惊喜，同时也有担忧，但是一句"金老师不会放弃大家"的话，让我又一次重新感受到了眼前这位平凡老师内心所绽放的强大力量。

随着时间一点点地推移，我也从妈妈那里了解到了孕育一个新生命所要经历的百般不适，更何况金老师还要坚持在工作岗位上，做每一位同学的摆渡人，帮我们度过高二学习的艰难阶段。"我这么做是为了告诉大家，人其实没有那么脆弱。"这句话又一次让我眼前一亮，真的，老师，您用您真实的行动又一次刷新了我对您的敬佩程度。

也许"母亲"这个词并不只是我所想到的那种简单的含义，它还可以有更深、更广的含义。这些含义在您身上得到了充分的体现。我想，赞扬您的话我就不用再说一遍了。最后，祝您及您的宝宝健康平安快乐，我期待着您的"凯旋"。

艺萌这样说：

金老师：我们亲眼见证了您孕育小 Baby 的过程，也十分期待 Baby 的出生，这是我第一次对生命如此敬畏和期待。您让我想起了自己的母亲也曾如此辛苦地带着慢慢长大的我寸步不离十个月之久。对我来说，您给予我的人生教育比政治知识还要丰富，还要重要。您今天讲"人生价值"，并谈到您的希望，其实您的希望已经实现了，您对我们 14 班每一位同学的人生都有着不可忽视的影响，您未来三年对我们的未来都有着重大意义，难以想象，当您的职业生涯结束时，您会对多少家庭，会对多少人产生影响。

在您休假期间，我相信 14 班会一如既往地好下去，不让您在休假期间还惦记着我们，我们五十个大 Baby 会一起把班级经营好，我也会更加努力地学习，让自己取得进步。我一直没有感觉到您已经休假了，反而更加觉得您一直在我们身边，让我们犯一点点小错误时都更加不舒服、更加愧疚。我们都期待着您某一天带着小宝宝来看我们呢。最后祝老师和小 Baby 身体棒棒的！还有，我们爱您！

这些文字，当时只道是寻常，如今读来却泪湿眼眶。尤其是那几个淘气的男孩子，平时我在的时候把我气得不行，但关键时候真的很懂事、很仗义。其实老师的一言一行都在无形中感动着、教育着孩子们。记得当时怀孕，每天坚持着给孩子们上课，一直上到孩子出生……今天才发现原来学生们一直被自己的坚强感化着……所以只休了一个月产假，我就重新返回班级，紧接着当高三的班主任，一直陪伴他们走进高考的考场……这就是教育的力量吧！其实教育工作者在面对各种挑战时，不要因噎废食，要让事情发生，发生之后的教育意义一定远远大于我们的想象……也许在许多学生、家长或者领导心中，班主任怀孕生宝宝是多么不可理喻的事情……可是我的这段经历却成为教育孩子们最好的故事和素材……我相信这届孩子在成长的道路上，无论遇到什么困难时都会勇敢坚强地面对……恰巧的是他们也是 14 班，与我共同见证了生命孕育的 14 班，2015 级 14 班，我永远的骄傲。

一场难忘的电影，一次青春的激扬

——在电影情境中激扬出生命能量

今天读了黎志新老师的《做一个智慧班主任》，其中黎老师把影视艺术引入德育活动，影视艺术让德育活动充满活力。她在文章中引用了蔡元培老先生的一句话：电影是唤起民众之利器，也是教育之有力工具，电影对兴我中华大有用处，得教育者得人心，得人心者得天下。爱因斯坦也在写给纽约罗里奇博物馆的信中提到：电影作为一种对人类精神幼年时期的教育方法，是无与伦比的。因为电影可以使思想剧情化，这就比用任何其他的方式更容易为儿童所接受和理解。

提到电影，可能自己也是一个爱电影的人吧，特别的亲切。当然提到电影，也勾起了十多年前自己高中时代的记忆。当时的网络刚兴起，手机也不智能，我们接触外界事物的渠道特别有限，所以当时学校每月都要组织全年级的学生到县城的工人俱乐部观看电影，想起一群年轻的、有理想的、可塑性很强的孩子曾经为一部电影或欢声雀跃或潜然泪下，是怎样的一种感动。

随着人工智能时代的到来，现在孩子接触新事物的渠道更多、更广了，但是也可以说他们更多被一些碎片化的浮躁化的小视频蒙蔽了双眼，进而导致有时他们的人生观、价值观的扭曲，所以频频导致各种骇人听闻事件的发生。所以在庞杂的外界信息中，作为老师要帮助学生筛选，选择一些积极进步的、对学生有引导性的、能触动他们心灵的或是引起他们共鸣的好的作品。所以每当自己看到觉得有教育意义的好电影时，我总是迫不及待地与学生分享。今年各个导演把目光都定位到了青春这一主题，也许是这一主题能迎合大多数人的心态吧，所以各种青春题材的电影陆续登上荧屏。

那天休闲在家，偶然看中央 6 套正在播《青春派》，看了两分钟，我就被里面的情节所吸引，这部电影真的很原生态地反映了现在高考重压之下的孩子们高中生活的酸甜苦辣。这里有高考压力与青春荷尔蒙的冲击，有青春期的孩子与更年期母亲的冲击，还演绎了负责人的老师与淘气孩子的心理碰撞……太真实了，这才是我们现代教育的一个缩影。为了更好地了解内容，我把这部电影下载下来从头到尾看了一遍，觉得真的适合学生们观看后，在周一的班会课我带领学生观看了这部属于他们的"青春派"。观看过程中，我发现似乎每个学生都能在电影中找到自己的原型，剧中的撒老师被秦海璐演绎得惟妙惟肖，学生说金老师很像撒老师。我很庆幸，撒老师是一个负责的老师，用心良苦的老师，如果学生把我比成她，也算学生对自己的认可吧。

在观看之前，我给学生留了作业：写一篇观后感。因为我是带着教育目的让孩子们观看这部电影的。我希望学生们看后脑子里留下的不仅仅是几个画面，更多的是一串串思考。

以下是孩子们交上来的观后感，真的是有感而发，他们主要从以下几个维度：青春、奋斗、理解、宽容、早恋、理想、母爱、老师等方面重新解读了属于自己的"青春派"，他们似乎读出了一丝生命的真谛！

一、"早恋"——一把双刃剑

剧中的小主人公叫居然，感情压抑了三年，在即将分别的那一刻，他鼓起勇气向自己喜欢的同学告白，为了不影响到即将到来的高考，那个女孩欣然接受了他，可是在家长和老师们重重阻拦下，居然带着伤病和无限的思念走进了高考考场，而答题卡上只留了三个字——黄晶晶。就这样，他落榜了，被所有的大学无情地淘汰掉了，重新走进了高中的校园，进入复读班。联想我们自己是否也演绎过居然走过的道路呢？观看别人的故事，思考自己的人生，他们的懵懂，他们的轻率，是否能够在此刻变得理智和清醒呢？

王轩在观后感中这样写道：

我们正处于美好的花季，拥有对未来的向往，对美好生活的追求。处于青春期的我们，心里也许都有一个自己喜欢的人，一份难能可贵的感情。高中生的爱情，更多的是懵懂和不成熟。但是它真诚，不利益化，是纯洁的感情。我们中很少有人能够做到成绩优异又能同时拥有我们所谓的爱情。我身边就有同学尝过早恋滋味后成绩下降，得不偿失。如果一个人连成绩都不好，做学生最起码的事情都做不好，又有什么能力去爱护、照顾他喜欢的人呢？

透过她的文字我看到了学生变得更加理性，学会辩证地看待青春期的情感。

二、家长——温馨的保障

每一名学生的成功，都离不开家长温馨的保障。学生们通过电影反观自身，一样的桀骜不驯，一样的叛逆不听从管教。他们甚至嫌弃父母的话语太过唠叨，喋喋不休；抱怨父母给自己的成长设置这样那样的规矩，让自己透不过气来。隔着代际的隔阂，孩子们眼中的父母根本不懂得生活，也不懂什么是轰轰烈烈的青春，叛逆期的时候他们自己也曾跟父母顶撞。通过电影中母亲角色的刻画，孩子们突然理解了父母。

秀云在观后感中这样描述：

我总是在侧躺着看书被妈妈大喊：眼睛要坏掉！我总是在把东西这扔一个那扔一个的时候被妈妈骂：你这样以后肯定嫁不出去！我总是在每次考试成绩不理想时被妈妈罚做好多卷子，外加听她一晚上那喋喋不休的唠叨；而现在，当我走过更多的路，行过更多的桥后，猛然发现躺在床上看书眼睛真的会近视的，为了漂亮穿迷你裙惹上风湿真的是治不好的。原来妈妈的话并不都是"废话"。故事中的主人公，家长居然为了他能够在优秀的学校读书，两地分居，在学校附近租房子住。然而得知他第一次高考失败后，家长的一切希望都破灭了。主人公的妈妈说过一句话，这句话让我刻骨铭心："为了你我吃吃不好，睡睡不香，你要是连个大学都考不上，这辈子就完了。"所以我自己也暗暗下定决心，现在就算是为了家长，我也要咬牙挺过去，争取考上一个理想的大学！

通过观看《青春派》，孩子们不仅增加了对父母的理解，同时也升腾出前进的生命力量。

三、友情——彼此的支撑

青春期的学生在成长中是需要朋辈之间彼此支持的，这有利于他们社会性的养成，为未来走进社会奠定良好的生存基础。可是学生们是否能够正确看待友情的重要性呢？电影中主人公和室友共同奋斗所表现出的兄弟情，对紧张学习中的学生起到了很好的示范作用。

李明在观后感中这样表达了自己对朋友的观点：

朋友，除了与你兴趣、个性相投，我认为还有一个很重要的就是他身上有你不具有的特质，这些特质，能够让我们取长补短，丰富完善和发展自己。自从上了高中我和很多初中特别要好的朋友的联系减少了很多，但是每次见到依然那么亲密。我感谢并且感激一路上有他们的支持、鼓励，他们是我除了家人以外最坚强的后盾。但人有悲欢离合，毕业后各奔东西，不知道下一个七年我们会走向哪里。人活在当下，就要珍惜眼前的时光，珍惜这些来之不易的友情。

四、老师——奔流的溪水

作为高中的老师，我们就像是奔流的溪水，三年一循环，将一股股支流送入大海。这里有险滩，也有暗流，教育学生的过程充满了曲折和挑战。唯有用责任和爱心，我们才能克服困难，让教育水到渠成。电影中的撒老师对学生极其负责，但是也正是因为如此，同学们都不喜欢她，直到最后自己出了车祸，班级里没有一个同学去看望她。但是她不后悔，她对同学们说："我带给你们的只能是高考和压力，尽管你们恨我，我只是希望你们能够有一个美好人生，我爱你们！"可以说撒老师的经历正是我们这些一线班主任工作的真实再现。有时我也在想自己工作中的严厉付出能否得到学生的理解呢？

佳楠在观后感中这样表达了对我的理解：

看完这段后，我的内心出现了一个数学等式：撒老师＝金老师。我们是平行班又是文科班，班主任管理起来非常困难，有时明明是好心帮助同学们改正错误，但换来的却是不理解甚至威胁。但是就像班主任对我说的那样："我这个人就是爱较真，不管他们怎样说，我还是要管他们，就算他们恨我。因为他们早晚有一天会明白！"金老师，在这里我也跟您表个态：说句心里话，就算有一天您为了管理班级得罪了班级所有同学，我也想告诉您，我一定不会名列其中，因为我坚信您所说的每一句话都是为了我们好，您不会骗我。就像我给您写的：您是我在这里最信任的人。您陪我们度过一个艰苦漫长而又短暂的一年，我想对您说："我们爱您！"尽管走下去，不必逗留，采着鲜花来保存，因为在这路上，花自然会继续绽放。

通过一部电影，激发出学生对我的理解，我感受到了电影的力量，我感受到了学生对我的爱。突然如释重负，原来的担心都是徒劳。在班主任的工作岗位上，坚持本真，坚持对学生负责，一定能够换来他们的成长，足矣。

一部电影让我的学生们从青春期中一步步走来时，感悟到了人生的价值和生命存在的意义，从背叛到成熟，有欢笑、有泪水、有冲动，也有青春的激情，每个人都要经历这样一个阶段，都说青春无悔，而作为教师的我们又能给这些青春期的学生们留下了什么样的回忆，值得深思。

什么是有意义的生活？有人说过，只有把工作当成一种享受时，生活才显得有意义。如果把教育当成一种负担，那你永远会生活在束缚中。我没有什么突出的事迹，但我觉得如果把平凡工作中的点滴小事都做得有滋有味，那也是一种享受！我爱着我的工作，因为它平凡，因为它充满了创造性，因为它塑造着伟大的人格！我们要冲破教育的功利性，在一种创造与体验中体会它给我们带来的点滴快乐！感受着学生随时可能给我们带来的教育灵感，这个灵感也许是他们的小进步，也许是他们的大飞跃，也许是他们的暂时的不理解抑或是他们对你的小小抵触，也许是他们和你的心心相印或是他们努力过后的理解与支持！我愿意用我三年的青春换来孩子们的一次开花结果，用自己的努力激扬出生命的成长。

一条深情的短信，一段难忘的记忆

——在反复教育中激扬一名后进生

　　我们的教育经历告诉我们，班级里什么性格的孩子都可能遇到，外表张扬调皮捣蛋的、内心有事不外显的。多年的班主任经验告诉我，那些外向的孩子相对好教育，而那些内向的心思重的孩子反而要花费一些心思。所以作为班主任就应该因材施教，教育孩子的手段方式要结合孩子的具体性格展开。

　　2015 年 6 月 5 日，我被市教育局抽调为全市中考生出中考试卷，需要在命题基地保密 20 天，所以那年的高考我不能亲自把我的学生们送入高考考场了。在去往命题基地的大巴车上，我的手机铃声响起，我收到了这样一条短信：

金老师：

　　您好！

　　我是小旭，您对我说的话我都记住了，放心吧。您当了我三年的老师，毕业以后还会是，但您更是我的亲人，这三年来我的不懂事，您的包容；我的成长，您的鼓励，都会是我最好的记忆。我会带着这份记忆，和您的祝福上考场的，为了我的父母，也为了不辜负您对我的信任。等您回来，一定会收到我的好消息的，到时就像咱俩说好的，我请您吃饭，您必须来。老师这是我的手机号，以后我会经常给您打电话。您真的改变了我，让我从一个不懂事、不听话、不爱学习的小旭变为一个现在的我，没有您我可能真的会放弃。有太多话想说，但我都会留在我请您吃饭那一刻，因为一定会的。最后说一句不好意思当面说的话：老师我爱您！

　　看到这条短信我心里的暖流一下涌动出来，同时我也深深地松一口气。一段特殊的记忆涌现到心头。

小旭是一个倔强的女孩，没分班时就在我的班级里。黑黑的面庞，不大喜欢和同学交往，之前不爱学习，据说和家长关系也很僵，脾气又很倔强！刚来高中时不仅成绩不好，各种学习习惯也非常不好，真是所谓大错不犯小错不断，不是今天迟到两分钟，就是课上睡觉。这可能就是典型的后进生。教育的过程中难免要遇到这样的学生，通过对她的教育她的转变，我充分认识到后进生是最需要我们这些为人师者付出更多心血的，因为他们既然来到学校，就是有着一颗向着好的方向发展的心。也许是因为家长的疏忽或者是家庭环境的影响，没有让这些孩子从小养成良好的学习或生活习惯。高中这个人生的转折时期他们已经接近成人，慢慢地认识到自己在价值观和人生观上的偏差，也会认识到自己行为方式的某些不足，也许就是无法把持自己吧！怀着这样的心情和对后进生的理解，我慢慢地接触这些学生，试图走近他们的心灵，试图给他们的人生轨迹带来转折机遇。

（一）不打不相识——一部手机引发的"信任"

还记得一天下午的自习课，我一推开教室的门，看见所有的孩子都在认真地学习，只有小旭猛地把头抬起来看了我一眼，又迅速地低下头。直觉告诉我这个孩子一定做了什么不太"光彩"的事情，才会对我的突然到来做出如此反应。果不其然，我看见她把手放进了衣服兜里。我走到她面前，她把手机从衣兜里拿了出来交给了我，因为开学初的入学教育我就告诉过孩子们，学校是不允许带手机的。她也是班级里第一个用手机的学生。我当时很冷静，因为毕竟是自习课，其他同学都在专心学习。我只是说了一句："这个手机我暂时替你保管！"

这件事情过去两周了，一天下午，我上完课发现办公室的桌子上放了一封信，是小旭写给我的。信的内容如下：

金老师：

　　您一定要看完我写的信，我作文都没写这么好过。

　　金老师，在这个世界末日的日子里（当时是 2012 年 12 月 21 日），我想求您一件事，希望您能答应我，就算不答应也要看完，因为我真的很真诚！

　　金老师，我……我不好意思，我想要回我的手机。因为我真的认识到我自己错了，在没手机陪伴的这些日子里，我想了很多。

　　其实，这几天我开始真的很痛苦，天天晚上习惯了玩手机，没了手机真的很不习惯。老师，和您说句实话，一开始您没收我的手机，我真的想不明白，有点儿生您的气！一开始您没收我的小说我也会生气。但在没手机的这段日子，我学习真的努力了很多，一开始我想要回手机，但后来我真的在学习中找到了乐趣，后来我渐渐习惯了没有手机的日子，现在我真的很感谢您！因为我没定力，即使在心里下定决心学习，不玩手机了，可是我坚持不住，不知道为什么这么上瘾。在您没收手机那天，我听见您来了的脚步声，但当时我玩得太投入了就没收起来，抱着侥幸心理，觉得您不会发现。但是我错了。其实老师我从心里不想向您要回手机，我说的是实话，因为我自控力不好，每次带来都想玩。但老师您也知道，马上就要到元旦了，放三天假，老师我初中的同学都不在这边，想联系他们真的很难，上回初中同学聚会全班就四个同学没去，老师都去了，我没去上，就是因为他们在手机里发的信息，我没收到。老师，当时我都哭了，因为怎么说也是四年同学，快三个月没见了，想聚会照个相。当时我真的很难受，但是我知道这是我一手造成的，我要是不把手机带到教室，不上课玩，就不会这样。老师我真的知道错了，请把手机还给我吧，我就想元旦这几天联系同学。老师我有一个死党，她在某某中学，以前她每周都给我打电话，她学习认真，一周只用一次手机，她总批评我，但是自从手机被没收了，我就和她失去联系了。我真想趁元旦这几天去找她和她说说话。

　　老师，我知道每个人都会犯错，我知道我犯的错有点儿多，但我真的知道错了，这段时间我真的很努力，其实在这所学校我压力挺大的，我成绩不好，但我一直在努力，我就写这么多了，趁世界末日我大胆一回，请把我的手机还给我吧！

您不听话、但知道悔改、又可爱的学生：小旭
写于 2012 年 12 月 21 日（世界末日书）

这哪里是一封检讨书啊？这不是一封真诚的心灵沟通的告白书吗？我很高兴，高兴孩子能这么信任我，这么真诚地和我沟通！

看完信，我的第一反应是这个孩子真的很信任我，出于信任的对等性，我也完全有理由相信她一次，于是我把小旭叫到办公室。和她说了我看到信后的想法："我觉得老师很佩服你有勇气，和老师说出事情的真相，同时我也被你的真诚打动了，老师相信你所说的缘由，同时我也相信真的如信中所说的那样，你也有一颗向着好的方向努力的心，既然这样，我会时刻监督你，在你打盹的时候，在你懈怠的时候，我来提醒你，你看怎么样？"我把手机还给了小旭。她一边听我讲一边不停地点头，并且向我保证以后一定不让这些纪律上的小事来给我惹"麻烦"了！

通过手机这件事，小旭开始相信我了，因为我没有因她用手机而劈头盖脸地批评她一顿，没有让她在班级同学面前丢了面子，关键是通过她自己和我的沟通，我充分相信了她用手机确实出于无奈，事出有因，因而把手机归还于她。我觉得一个学生能够主动给老师写信倾诉她的想法，本身就是对我最大的信任，一旦我们的学生信任了我们，和我们无话不说，教育起来就变得轻松多了。所以不管是年轻的班主任还是年纪大的班主任，我们在教育我们的孩子之前要想好一个问题，我们的教育对象是一个个活生生的人，他们有血有肉，有自己的想法，有自己的尊严，他们本身是需要被我们尊重的。如果我们将孩子

们本身有的小错误无限放大，这样他们就会失去对我们的信任，以后你再说什么他们都可能变得很反感，甚至像对待敌人一样。所以信任是教育的坚实后盾，这种信任有的源自老师的知识水平，有的源自教师的人格魅力，有的源自教师的教育方法本身。

（二）小旭"开始学习"了

自从手机事件发生后，小旭确实像变了一个人一样，每天按时来学校，再没有在课堂上睡过觉，而且课堂上表现得很活跃。

可是事情并没有这么顺利，接下来的事情真的令我头疼。由于高一一年没怎么学习，本来初中的底子就不太好的小旭，又出现问题了。那是高二期中考完试，她的家长打来电话说，小旭在家表现得很异常！把自己关在屋子里不让父母进去，还口口声声说不想上学了。听了家长的描述我还半信半疑！最近她在班级表现得很好啊。主动和同学讨论问题，还经常拿一些政治题来问我。更关键的是这次期中考试成绩从原来的倒数第一上升到班级中等水平。我和家长说孩子已经有了很大进步了，我还没来得及表扬她呢？她怎么就冒出退学的想法？

我告诉家长，先让她在家冷静几天，说不定她遇到了什么事情，想通了就好了。这样小旭连续3天没有来上课，说实话每天看着她那空空的座位，作为班主任真的很内疚。我怎么就没仔细观察这个孩子有这么沉重的思想包袱呢？我怎么没有早点儿和家长沟通，看看孩子在家都是怎样的表现呢？

第四天早上，小旭早早来到班级。我把她叫到了办公室，让她坐下来。我说："怎么冒出一个退学的想法？"她慢慢和我解释道："老师，我的确想好好学习，我努力了，可是我基础太差，我那么努力这次才考了那么点儿分。"我仔细听着，初步诊断，这个孩子是典型的习得性无助感，她坚持努力了半学期，结果考试的成绩大大低于她的心理预期，所以现在正处于习得性无助期。

我和她解释道:"首先,你树立了自己的目标,已经很难能可贵。但是我觉得你的目标有点儿高。你知道'够桃子'理论吗?就是定什么样的目标最能激发你的动力?我们的目标不能太高,如果超出了你的承受能力,那么久而久之,就会丧失信心。相反如果目标太低也起不到激励自己的作用。最好的目标就是踮起你的脚尖像够桃子那样,经过自己的努力就能够得到。"她好像听了进去。我接着问:"那你对这次期中考试定了什么目标呢?"她有点儿不好意思了。我说:"你笑,就代表你知道自己的目标太高了。你这次考得这么好已经证明你在学习上是有可塑性的!你不能和咱班第一的比,你们的起点是不一样的,就像老师对你们的要求不一样是一个道理。还有每个人的遗传基因、智力因素可能生下来就是有差别的,你能什么东西都强求吗?那不是难为自己吗?"她挠挠头说:"老师,我明白了。""明白了,就不要太难为自己,你父母都没给你太大压力呢!还有记住永远不要和别人比,你最大的敌人是你自己!每天朝着镜子和自己说今天的我比昨天的我做得好就足够了!"

通过这件事,我认识到了在教育学生的过程中,要想全面了解我们的教育对象,就千万不要忽略了和家长的沟通。因为我们每天在学校所看到未必是孩子们真实的自我。要想全方位立体化地了解我们的学生,必须取得家长的信任和帮助,与家长形成合力,这样才能使我们的教育更见成效!

(三)帮助小旭寻找学习的内在动因

今天,我的孩子们就真正进入高三的学习状态了,孩子们劲头很足,通过自习课的纪律和上课的状态就能体会到,那天在通勤车上,张老师还夸他们状态好,每每听到我的科任老师表扬班级整体好的状态时,我都从心底高兴。

昨天刚刚开了高三的第一次家长会。我觉得我说得很投入,也获得了家长们的充分肯定。家长会结束后,小旭的妈妈找到我,她说要告诉我一下孩子在家的状态。她说小旭一个假期都在认真地学习,每天晚上都熬夜到 12 点钟,除了认真完成学校布置的作业外，还在校外报了辅导班来学习，可是这次考试成绩还是没什么进步，这让她很失落。周末她爸爸请她吃晚饭，她竟然告诉父母说，还有 1 个月也就是在 9 月 18 日市里的一模，她要再努力坚持一个月，证明一下自己。并且告诉父母如果这次考试再发挥不好，她就证明自己不是学习的料，打算从此放弃学习。所以她的母亲被吓得没有了招数。只好到我这里来倒"苦水"！这种心情我真的太能理解了。

这么一个倔强的女孩子确实不是很容易教育。我曾经多次找过她，并且用欣赏的眼光和她交流过。我说："小旭，我知道你很倔强，但是倔强不是坏事情。金老师我也很倔强，关键是看你把倔强的这股劲用在哪里？如果都用在和父母闹矛盾上，这不仅影响父母和你的关系，而且自己过后也觉得很内疚。因为父母对你的爱永远是最真心的，不求回报的！比如我了解到你的母亲就为了你上学，放弃了单位很优厚的职位来陪伴你，你应该用什么来回报他们呢？"孩子听了若有所思地流下了眼泪！我看效果很好，就接着说："相反，如果你把你身上特有的那股倔强劲都用到学习上，那就是一种永不服输的气魄，还有什么目标达不到的呢？金老师喜欢倔强的孩子，人们都说有脾气的人干什么活也会不错的，我也相信你把这股子犟劲用在学习上一定会有所成就的！""老师，说实话，我真的很努力，可是我的进步特别慢！我觉得特别对不起父母和您。"其实孩子努力的原因有很多，我们试图去了解他们，才能有针对性地展开教育，看来小旭的学习动力单纯，就是对父母和老师的感恩。而这种外在的动力有时坚持下来很困难，因为这个孩子缺少内在动因。比如她害怕考试。而且，她在找内在动因时，却又陷入到矛盾的心情中，那就是美好的愿望和残酷的现实之间的矛盾。简单的说教已显得很苍白，我必须找到一些有感染力的例子。

于是我讲了马云高考的故事。阿里巴巴的创始人马云和新东方的创始人俞敏洪都曾经历过两次落榜。他们都来自教育条件并不好的地区，他们都历经过人生的坎坷，但他们都靠坚定的信念及不懈的努力，实现了自己的目标……高考只是人生中一个小小的门槛，迈过去之前，不妨让心灵先休息一下，放下压力，也许会考得更好。他们坚信人生之路，不仅是漫长的，更是充满坎坷、曲折的，若要有所成就，必将经历一番磨炼。对马云而言，人生路上的三次高考，已成为他生命旅程中最宝贵的财富。

我说："一个人最大的敌人不是别人就是自己，如果你内心足够强大，就不会为身边的繁杂小事所困扰，你就会朝着你的目标坚定地走下去。什么期中考试、期末考试都不足以说明什么的，要笑到最后才是真正的你自己！"

经过三年的朝夕相处，反反复复地说教和引导，一幕幕还历历在目。今天收到小旭的这条信息，我坚信经过风风雨雨、磕磕绊绊一路走来，小旭一定会有一个美好的明天！我所要的教育效果，它不一定非得用什么高考成绩来证明，我想用孩子将来的一生去证明。也许再过几十年，当她回忆起自己的高中生活，回想起这个伴她走过三年的金老师时，就是我的幸福！

一次特别的聚餐，一场意外的惊喜

——在社会情境中感受生命的本真

著名教育家李镇西在他的《师生可以而且应该成为朋友》中坚定地认为一名优秀的教师应该和学生成为朋友，敢于走进学生的心灵，与学生共同参加活动，体会学生的酸甜苦辣。

我也不反对教师和学生"打成一片"，只不过是要在这一过程中把握好一定的度。

高二上学期快结束了，马上放寒假了，一天早上我刚来到办公室，发现办公桌上放着一个信封，打开来是一张"邀请函"："金老师，您好，感谢您一学期以来对 29 班的倾情付出，我们都很感激您。明天就放寒假了，明天上午全班同学准备一起吃一顿饭，我们诚挚地邀请您一起参加。期待您的回复。"说实话，看到此信时我的心里就犹豫了。因为是在毫无知情、毫无准备的情况下接受邀请的，接下来班长又领着几个学生来办公室，软磨硬泡显得很有诚意，我当时答应了。可是经过一晚上的前思后想，我又徘徊了，还是不要去了，毕竟孩子们快放假了，想在回家之前放松一下，有什么知心话也可以相互倾诉一下，如果我去了一定会让大家觉得很压抑施展不开。因为在我心里觉得自己平时对他们要求很严格，很多学生一定打心眼里排斥我吧。这件事在我脑海里盘旋了一晚上。第二天早上，我很早来到班级，把我的真实想法告诉了班长，很明显看出孩子失落的表情。班长坚持和我说："老师，您一定要去啊！因为我们要给您一个惊喜。"于是为了不扫大家的兴，我还是去了。记得当时去的是万达广场的一家自助餐厅，我到达时，孩子们都陆续到齐了。"老师，您喜欢吃什么啊？我去给您拿！"平时大大咧咧的萌萌主动来帮我端各种食物，真看不出来，这个女孩心思如此细腻，还懂得照顾别人，这真的让我觉得很意外。意外的还有很多，几个平时不多言不多语的男生到饭桌上还挺能张罗。平时在班级里被学业"压"得喘不过气来的他们，很多才能和优点可能都无从施展。还真多亏参加了他们的聚会，让我了解到了他们可爱的另一面。比如男孩子般的欣语对各种食品的解读，例如什么地方有哪些好吃的之类的。比如平时淘气的男孩子，在"酒桌"上的"江湖义气"……看来，我们的教育平时过于呆板，过于局限，学生很少有机会回归到社会生活中。在学校里，他们的角色变得单一，而在社会生活中，他们担当了更多的角色，也更能体现本真的自我。看来我们这些所谓的教育者，真应该为孩子们的成长多创造一些具有生活气息的情境。

　　大家高高兴兴地吃了一会儿，一个男孩子端着一杯饮料来到我的面前："金老师，我从前不懂事，不理解您，您管我我还和您对抗过。在这里我和您说声对不起，这个寒假过后，新的学期，我一定让您看到一个全新的自我。"孩子说得如此煽情，这明显是在"真情告白"。我说："我相信你这个七尺男儿的话。"这个男生刚进入新班级的时候成绩排在班级前面，后来因为早恋被学校处分，又经常和各科老师顶撞，考试时还给我交过白卷，我曾经多次和他谈心，可能是由于他处在叛逆期，无论是动之以情还是晓之以理他好像都"油盐不进"。直到有一次，我把他叫到办公室，我突然觉得对于一些"顽固不化"的孩子"软"的不行，就来"硬"的，于是我把他从开始进到这个班级的种种表现一一细数，而我是如何帮他挽回颜面，他听后不禁流下眼泪，我相信那不是"鳄鱼的眼泪"。回想起来这件事已经过去一个学期了，在今天这种场合，他会主动找到我和我表白，我真觉得很惊喜。看来这个孩子是真的往心里去了，他也许真的想明白了老师对他的良苦用心吧！

　　其他同学都好像被此情景感染了，几个原来让我头疼的、经常捣乱的孩子也纷纷和我拥抱、敬酒、表白。杨洋的话我至今仍记在心里："老师，刚刚进到新班级的时候，我真的很怕您，您管理得太严格了，甚至我曾经和几个同学想和您作对，可随着时间的推移，在接下来和您接触的一年多时间里，我越来越喜欢您了，喜欢您的智慧和正义，体谅您对我们的一片良苦用心，我一定会努力，不让您失望!"是啊，孩子们的话一下子把我拉回到了一年前，刚刚接手这个班级的时候，十足让我头疼了一阵儿，可谓是全校纪律最差的班级，其中体育特长生 9 人，他们的作息时间和普通孩子不一样，他们的纪律不好，坐不住冷板凳，各种违反校规的行为在他们身上时常发生……我当时想给他们一个"下马威"，威慑住他们，的确十分严厉，各种违纪现象被我一一解决，所以当时决定要来参加此次活动时，我犹豫再三。可这次活动真的架起了我和这帮孩子沟通的桥梁，拉近了我们心与心的距离。原来的许多不理解在此时化开了。看来，"爱"要大声说出来，包括我们对孩子们的，也包括孩子们对我们的! 而这种感情的表白，有时真的需要创设一种社会化的情境，因为只有在这种情境中，真情的流露才是发自内心的，是不自觉的。而此时的沟通也是真诚的、有效的，只不过是我们平时的教育情境过于严肃和呆板，我们过于瞻前顾后，不敢尝试。我这次"赶鸭子上架"的聚会还真的收到了意外收获，这也给我们今后的班级管理提供了一条线索，也给了我们的同行一些借鉴。

一封特殊的书信，一份长久的情谊

——在生命成长中收获教育的幸福

教师不应该是学生生命成长里的匆匆过客，我们的教育除了关注学生的当下，还应该关注教育给学生带来的长期影响。在经历了三年的高中教育后，他们走入社会后都过得怎么样？我们终究把学生培养成什么样的人才？他们幸福吗？他们快乐吗？他们的事业发展将如何？……这一切问题萦绕在我的头脑里。于是发起了毕业七年共叙师生情活动。我提起笔写了一封信，发到班级群里：

亲爱的 29 班的孩子们：

你们好！

是不是大家都不曾想到，会收到金老师的来信吧？是啊，今年教师节前夜，我翻开一张我们在 2014 年运动会上的合影，突然眼睛就湿润了，真的觉得时间过得太快了，一晃，距离你们高考已经过去了七年，距离我们 2012 级29 班班级成立也快过去近十年了。我的记忆似乎还停留在 2012 年的冬季，和你们的第一次见面，写给你们的第一封信，和你们一起看过的电影《青春派》，和你们斗智斗勇的情形……一切似乎还历历在目……"草木会发芽，孩子会长大，岁月的列车不会为谁留下。"特别喜欢歌曲《人世间》中的这句歌词，是啊，岁月的列车不会为谁停留，你们的人生列车又把你们载到了哪一个站台呢？

也许我们当中的大多数人，从高中毕业就再也没有见过面吧？刚毕业时大家可能还会偶尔相聚，然后是在班级成立日时我还会收到大家发来的视频……真的很想念大家，也惦记大家。七年间大家身上都发生了哪些精彩故事呢？当时高中的梦想是否都如愿以偿？现在的你们都好吗？在全国甚至全世界的哪里驻足呢？过得都好吧？研究生也应该毕业了吧？创业的都成了小老板了吧？考公务员的也都适应了吧？有没有遇到那个心仪的他或者她？是不是有的同学都已经成为了别人的新娘或者新郎？……

一声老师，一生为师，作为你们高中阶段曾经的"大家长"，金老师有太多的惦念，我也不希望高中的记忆随着高考的结束就戛然而止。就想起还是用我们的老方式，用一封书信开启我们今天的话题——毕业七年共叙师生情。大家可以回忆高中的两年半里自己记忆犹新的瞬间，也可以和金老师分享在高中毕业后的七年里自己的所经所历，抑或是和我分享值得你自己骄傲的事情，也可以是让你苦恼的经历，可以和我分享自己的奋斗历程，也可以是未来的人生或职业规划……

总之，能听到你们的回音，金老师就倍感熟悉和亲切！

你们永远的班主任：金　玲

2022 年 9 月 12 日

过去的七年间，学生们经历了大学时代的成长，经过了三年社会的历练，由当初的懵懂青年，逐渐成长为儿时口中的"大人的模样"。成长过程中，有喜悦、有惊艳，当然也有辛酸。毕业多年，我与学生之间已经超越了师生关系，我们更像朋友，他们似乎有着与我说不完的话。

我是翔，我想您了，转眼间毕业已经七年。人小的时候只顾一头向前，随着阅历的积累，真的变得喜欢回忆起来。时常翻看以前我们那个大集体的照片，陷入深深的怀念当中，嘴角上扬，鼻子发酸。

收到孩子们的纷纷来信，我又何尝不是鼻子发酸，心底泛起了思念的涟漪。

一行行文字陆续映入我的眼帘，透过这些文字，我似乎看到了一个个多姿多彩的生命个体，他们曾经带着高中时代或者之前教育的记忆或者痕迹走入大学，迈入社会。他们是否已经收起了原来的叛逆不羁和桀骜不驯？初为人母、人父的他们是否多了一份对父母的理解？他们是否已经实现了当年自己立下的宏伟目标？

从学生们的一封封书信中，我得以了解我的学生们的近况，我感受到了教育的幸福。有的同学向我汇报了目前的生活状态：有的同学按照中学时立下的目标，实现了自己的愿望；有的同学又经历了大学四年的迷茫期，最终在各种尝试中逐渐觉醒；有的考博了，有的正在读研，有的本科就就业了，有的已经自己创业了，当然也有出国留学的，有的马上步入婚姻的殿堂，还有的已经当了爸爸或妈妈……他们遍布在北京、上海、深圳、重庆、南京甚至国外的某一个角落……读着读着觉得生命真好，无论当时多么淘气的学生，在经过岁月的洗礼之后，如今已经成熟、稳重了许多，他们几乎都实现了年少时立下的理想和目标，并在此目标的引领下，精益求精，做到最好，因为他们都想发挥自己所学，做一个对社会有用的人。作为班主任一定要学会把孩子们放在人生发展的河流中，用生命的长度来衡量他们的高中三年，你会发现，一切问题都是成长的必经路。随着孩子们年龄的增长，有些话，有些事，有些你对他们的好，他们都会慢慢用心体会。

其实作为他们的老班主任，我真想听听他们走入社会后，对当时高中的生活是一种怎样的评价。真的发现学生们在书信中回忆着高中时代学习生活的难忘瞬间，评论着高中时代同学间纯真的友谊。

小翔这样述说着高中同学之间的情谊：

最纯真、最无瑕的同窗之情师生之情，在这一瞬间，脑海中所有的画面再一次地回到了那个校园、那个班级、那段属于我们独有的记忆……同学间的情谊是最为真挚、单纯的，也只有同学间才能够畅聊往事，抒发自己内心中的真情实感。之前的同学聚会我没有去参加实在遗憾，现在有聚会的话我一定积极参与，同学间确实要多联系、多交流，互帮互助，成为彼此间人生路上宝贵的财富。

轩琪说：

虽然七年未见，但是和恩师的师生情是牢固的。当初在 29 班的时候，您真的是格外地照顾我，无论是学习还是做人，还有一些学校日常生活方面的细节，包括心理方面的疏导，时至今日回想起那些点滴，心里还很暖。我记得高三的时候您知道我经常困，告诉我早自习起不来的话，让我过了早自习再去学校就可以。我当时都蒙了，过后有一种非常奇妙的感觉，想想自己都笑了，平时那么严厉的金老师能给予我这么大的照顾空间。这只是三年中记忆的一件趣事，点点滴滴。三年，金老师给我的印象从来不是单一的严厉，而是会很细心地照顾自己的学生，紧张的学习生活中，还不时创造一些"浪漫"来激励我们，比如读自己学生时代的信件等等，让我们去感悟人生，感受生活，真的用心良苦。

时过境迁，我还能通过学生的笔触来找回当时教他们时的一点点记忆，这是多么难能可贵啊。原来自己用真情设计的小活动例如给孩子们的亲笔信，给予某些同学特殊的"关照"，都会促使他们用心去感悟人生、感受生活。每每想到这些，一种幸福感都会油然而生。我想这就是我们彼此对生命的激扬，对成长的成就吧。

　　还记得我们第一次在万达四楼敞开心扉，还记得我们在运动场上打下的传奇，还记得我们在寒冬腊月撕名牌，还记得我们每一次惹您生气，还记得您为我们写的每一封信件，还记得您带领我们看过的一部部电影……在这一刹那，全部映入眼帘。如今七年后的我们，遍布在各行各业，有白衣天使，有蓝衣卫士，有育人园丁，有主持人，有建筑师，等等。联想起上学时谈及的理想，仿佛大部分同学都在沿着儿时各自的梦想道路而打拼！然而，越是成长，越是感慨，越是期待着我们彼此的相聚……

　　佳楠的这封信让我回忆起了那三年的点点滴滴。我们的教育是需要开发和利用有效的德育资源来激扬学生对生命的热爱，对生活的热爱的。因此在教育实践中，我们要善于抓住一切教育资源，可以是一部精彩的电影，可以是一曲动听的歌曲，也可以是一次大型的劳动……利用它们、开发它们的德育价值，这样会使我们的教育更具说服力和感染力。

　　学生们用自己的真情诉说着我们之间的故事。我想这就是教育，真正的教育就是当你离开学校后，忘记了曾经所学的知识，而留在你的生命里的东西。那作为班主任的我们，又打算以怎样的方式留给孩子们更多的东西呢？陶行知先生曾说过：我们必得会变成小孩子，才配做小孩子的先生。想想如果我们都回到十五六岁的年龄，是否会多了一份对这群孩子们的理解呢？自己在你那个青春年华又有多少值得回味的镜头呢？所以想办法给孩子们留下一些美好的回忆吧，因为青春不可逆转，年华不可重来。

　　一声老师，一生为师，这始终是我的教育信条。我也感动于多年之后，我的学生还能清晰地记住班级里发生过的点点滴滴。我也很庆幸，他们已经步入社会，还把我当成那个"班主任"，感到迷惑时还想来和我述说，请求我为他们指点迷津。他们从当年的少年成长为如今的青年，而我也从当初的青年迈进到中年的行列。想想自己曾经用满腔热情带领这群十五六岁的学生走过了他们的青葱岁月，激扬他们生命的成长；而今学生们用自己的生命成长丰盈了我的教育生命，让我感受到了教育的真正幸福，这就是激扬生命，双向奔赴，双向成长。

"离别虽半步即是天涯，思念何必泪眼，爱长长，长过天年……天之大，唯有你的爱是完美无瑕，天之涯，记得你用心传话……"喜欢歌曲《天之大》这几句歌词。教师对学生的爱就如同父母之爱，都是为了更好的离别。一届届学生，来到了我的教育生涯又离开，但是我相信他们都不会真的离开，因为在教育实践中我时刻告诫自己："记得你用心传话，那些一封封曾经写给学生们的书信不就是自己在用心传话吗？"

本章小结

师生在彼此生命现场遇见、对话、触碰、交流、激荡，留下或深或浅的成长痕迹，成为或刻骨铭心或风轻云淡的往事，于是生命中便多了一抹身影，一段记忆，一个故事，一批批，一届届……有看到他们进步时的喜悦，也有看到他们淘气时的失落；有他们曾经在我们眼皮下的真实展现，也有多年后他们走进大学，走入社会后生命的真正发展。

班主任与学生的相遇是一次次生命的遇见，因此班主任必须肩负起唤醒生命、提升道德自觉、寻回道德品格、促进生命创造性生成发展的使命。只有认识到每个生命的独特性，用生命对待生命，才能让生命呈现出最自然的状态，生命就会变得生动多彩。因此在班级管理中，班主任要用生命聆听生命，用生命理解生命，用生命影响生命，用生命开启生命。激扬生命，强调在尊重自然生命成长规律的同时，唤醒生命的主体意识，顺遂学生的学习规律，促进身心的全面发展。在延续生命长度，拓展生命宽度，提升生命高度的基础上，彰显出生命的亮度。

一封封信见证了一位普通教师对班级学生的倾情投入，思想引领。也道出了师生之间的一个个感人的故事和一缕缕浓浓真情。看到孩子们在我的指引下习惯逐渐养成，成绩逐渐提高，思想越趋成熟，这是一场心灵的碰撞，这是一段生命的激扬。

读完了孩子们的书信，似乎所有的故事都还在眼前，都还在昨天。如果不是这些保留温度的文字，可能我们之间的好多故事都会被淡忘。这些文字背后的故事，还有背后的感情，那么丰富和饱满，充满着浓浓的生命气息。教育似乎很复杂，其实也很简单，育见生命，激扬生命。

人到中年，更是多了一份对生命的理解、尊重、包容，永远把学生看作发展中的个体，永远学会用包容的心态看待他们……因为种种迹象表明，多年之后，无论当时班里多么"顽劣"的孩子，在后来都会变得可爱。你觉得当时学习成绩差的，后来可能考上了名校的研究生……你觉得当时早恋的孩子，最后走进了婚姻的殿堂，过得很幸福……你觉得和你隔心的孩子，在毕业后经常回来探望你……教育其实就是允许生命的成长和发生……我们有什么理由阻止一切发生呢？

我用生命感染着、感化着我的学生，同时他们也用生命的成长感动着我。育见生命，激扬生命，双向奔赴，双向成长。让我们真正把班级还给学生，让班级充满成长气息；让我们一起把生命的主动权还给学生，让班级充满勃勃生机！

书写锦囊

1. 书信书写契机

经过十多年与学生的书信沟通交流，此时的书写似乎已经成为我与学生之间的一种默契或一种习惯。我们已经习惯了这种心心相印的方式，得意或是失意时，离别或者相聚时，开心或者忧伤时……书信书写，已然成为我与学生之间的一种相处方式，我们彼此喜欢的方式。

2. 书信书写内容

此时的内容也不再是生硬的套路，不再拘泥于具体的内容，而是一种有感而发，或是回忆难忘纯真的高中岁月，或是告诉我他们大学的艰辛历程，或是现在自己的生活状态，我们彼此牵挂，彼此想念，彼此记得曾经的一切……

3. 书信书写情感

在书信中，我读出了真挚、热烈、浓郁的情感。我的心被他们的真诚融化、感动……突然觉得原来我们彼此都懂得，原来生命中所有的付出都有回响，原来生命可以激扬生命，原来教育如此迷人。

4. 书信书写的效能

书信不仅仅是师生沟通交流的方式，也是德育的有效手段，写出一个美好的故事，写出一段美好的记忆，写出一个美好的班级，写出一个个鲜活的生命。我们在书信中诉说着、表达着、倾听着、铭记着。一封封信中有开始遇见时的委婉说教，有承载班级精神回忆的班级日记，有一封封指点迷津的个性化书信，有一封封自我反思与总结，有向我一次次的真情表白……突然觉得教育真好，育见生命，激扬生命，是我毕生的追求。

251

金"育"良言

教育是人的教育，每一段教育都应该是一段生命历程，尊重生命成长规律，激发生命成长的内生动力，为生命赋能。

今天指向学生核心素养的教育改革，决不能只由课堂来落实，在班级管理中同样承担着提升学生核心素养的责任。

教育不应该是"成事"而应该是"成人"。

我想教师不应该是学生生命成长里的匆匆过客，我们的教育除了关注学生的当下，还应该关注教育给学生带来的长期影响。

原来生命中所有的付出都有回响，原来生命可以激扬生命，原来教育如此迷人。

教育一定是生命与生命的遇见，生命与生命的沟通，生命与生命的走近，生命与生命的影响，生命与生命的成全。

教师行为的典范性是教师建立威望感染教育学生的主要原因。教师是靠自身的知识和道德在学生中建立起教师威望的，这种威望在学生中具有磁石般的吸引力和号召力。

教育把师生的生命彼此联结，在教育中师生相互成全，双向奔赴，共同成长。激扬生命，是教师对学生生命的激扬，也是学生对教师生命的激扬。

作为班主任在班级管理中一定要学会爱我们的学生。唯有爱才算真正的教育。

教育绝非控制生命，让这些可爱的生命遭到暴力袭击，教育本应该是激扬生命，激发出生命的本真。

其实教育工作者在面对各种挑战时，不要因噎废食，要让事情发生，发生之后的教育意义一定远远大于我们的想象。

特别喜欢尼采发出的这句生命呐喊：控制知识冲动，回归生命！我们是否真的要把自己的注意点全部放在知识教育上，当我们感动了学生，让他们对生命本身有了全新的认识，知识自然会水到渠成。

"万物皆有缝隙，那就是阳光照射进去的地方"，我们要在自己的教育实践中找到学生的缝隙，把温暖的阳光照射进学生的生命之中。

其实教育真的没有那么复杂，其实教育就是把小事用正确的方式做好，为孩子们的成长撑起一片天空。

教师的文字一定是要有艺术性，要多一点儿理解，多一份包容，多一些鼓励，更要有人文关怀，应该是润物细无声的，而不是居高临下的，应该多站在学生的角度思考问题，以结果倒逼过程，那么结果就是让学生变得更优秀，应该充分发扬"良言一句三冬暖"的风格，老师应该既是学生的好朋友，更是他人生的同行者！

其中最重要的原则就是尊重孩子们，真诚对待孩子，做到情感的真实流露和表达。

我所要的教育效果，它不一定非得用什么高考成绩来证明，我想用孩子将来成长的一生去证明。

在班主任的工作岗位上，坚持本真，坚持对学生负责一定能够换来他们的成长，足矣。都说青春无悔，而作为教师又能给这些青春期的学生们留下了什么样的回忆。

我没有什么突出的事迹，但我觉得如果把平凡的工作中的点滴小事都做得有滋有味，那才是一种享受！

我爱着我的工作，因为它平凡，但又充满了创造性，因为它塑造着伟大的人格！

我们要冲破教育的功利性，在一种创造与体验中体会它给我们带来的点滴快乐！感受着学生随时可能给我们带来的教育灵感。

　　我愿意用我三年的青春换来孩子们的一次开花结果，用自己的努力激扬出生命的成长。

　　多年的班主任经验告诉我，那些外向的孩子相对好教育，而那些内向的心思重的孩子反而要花费一些心思。

　　我觉得一个学生能够主动给老师写信倾诉她的想法，本身就是对我最大的信任，一旦我们的学生信任了我们，和我们无话不说，教育起来就变得轻松多了。

　　看来我们这些所谓的教育者，真应该为孩子们的成长多创造一些具有生活气息的情境。

　　"爱"要大声说出来，包括我们对孩子们的，也包括孩子们对我们的！

　　作为班主任一定要学会把孩子们放在人生发展的河流中，用生命的长度来衡量他们的高中三年，你会发现，一切问题都是成长的必经路。

　　随着孩子们年龄的增长，有些话，有些事，有些你对他们的好，他们都会慢慢用心体会。

　　我们的教育是需要开发和利用有效的德育资源来激扬学生对生命的热爱，对生活的热爱的。

　　所以想办法给孩子们留下一些美好的回忆吧，因为青春不可逆转，年华不可重来。

　　想想自己曾经用满腔热情带领这群十五六岁的学生走过了他们的青葱岁月，激扬他们生命的成长；而今学生们用自己的生命成长丰盈了我的教育生命，让我感受到了教育的真正幸福。